Korea UNIV 10인
히타이트를 발굴하다

진인진

:::글쓴이

이홍종 고려대학교 문화유산융합학부 교수
이희진 고려대학교 문화유산융합학부 교수
김현석 고려대학교 문화유산융합학부
손정미 고려대학교 문화유산융합학부
김요빈 고려대학교 문화유산융합학부
서승현 고려대학교 문화유산융합학부
최승주 고려대학교 문화유산융합학부
장주석 고려대학교 문화유산융합학부
지예선 고려대학교 문화유산융합학부
구정봉 고려대학교 문화유산융합학부
김지은 고려대학교 문화유산융합학부
최지연 고려대학교 문화유산융합학부

:::사진촬영

하재령 한국고고환경연구소

Korea UNIV 10인 히타이트를 발굴하다

초판 1쇄 발행 | 2017년 5월 23일

지　 음 | 이홍종 외 11인
편　 집 | 배원일
발 행 인 | 김영진
발 행 처 | 진인진
등　 록 | 제25100-2005-000003호
주　 소 | 경기도 과천시 별양상가 1로 18 614호(별양동 과천오피스텔)
전　 화 | 02-507-3077~8
팩　 스 | 02-504-3079
홈페이지 | http://www.zininzin.co.kr
이 메 일 | pub@zininzin.co.kr

ⓒ 진인진 2017
ISBN 978-89-6347-331-4 03900

머리말

2015년말 조윤수 주 터키 한국대사님이 최종택 교수를 통해 터키와의 학술교류에 대한 제의를 해 주셨다. 그래서 2016년 2월 최종택 교수, 조윤재 교수, 이희진 교수 3명이 선발단으로 터키로 답사를 가서, 조윤수 대사님을 비롯해 앙카라대학교 및 하제테페대학교 고고학과 교수님들과 인사를 나누고 향후 MOU체결 등 일정에 대해 논의하고 귀국하였다. 이후 이희진 교수를 통해 양 학과의 입장과 교류내용 등 다양한 논의를 진행한 후 마침내 합의점을 찾게 되어 6월에 앙카라대학교와 하제테페대학교 고고학과 교수 4분이 우리 학교를 방문하게 되었다. 방문기간 중 '초기문명의 탐구'라는 주제를 가지고 우리에게는 다소 생소한 히타이트의 여러 문화에 대해 강연을 해 주셨다. 그리고 이 때 고려대학교 고고미술사학과(올해부터 문화유산융합학부)와 앙카라대학교 고고학과 사이에 학술교류 MOU를 체결하게 되었다. 향후 한국과 터키 학생들이 방학을 이용하여 상대국가에 체류하면서 고고학 발굴과 실습을 경험하게 하자는 내용이었다.

먼저, 우리가 학생들을 보내기로 하고 발굴경험이 있는 학생 중 10명을 선발하였다. 드디어 7월, 본과의 이희진 선생과 하재령 연구원, 충남대 박순발 교수(개인자격으로 참가) 그리고 10명의 학생들과 함께 터키를 향해 출발하였다. 간략하게 이스탄불을 답사한 후 앙카라로 건너가, 학생들은 각자 일정대로 발굴 참여 프로그램을 시작하였다. 그리고 우리 일행은 약 10여 일간 터키 측에서 계획하고 준비해 준 대로 주요 고고학 유적을 답사하고 학생들이 있는 유적을 돌아보고 귀국하였다. 학생들은 6주간의 프로그램을 성공적으로 완수하고 8월 26일에 돌아왔다. 우리가 터키로 출발하기 전 테러도 있었고 체재 중에는 쿠테타가 발발 하는 등 여러 우여곡절도 있었으나 앙카라대학교 고고학과 교수님들의 전폭적인 지원과 보살핌 덕에 매우 특별한 시간을 보낼 수 있었다. 세계적으로 유명한 히타이트 고고학 유적지를 직접 눈으로 본 것도 감명 깊었고, 학생들은 장기간 체류하며 현지 문화를 체험하고 터키학생들과 마음을 터 놓고 교류하는 뜻 깊은 경험을 할 수 있었다.

그 동안 수 많은 해외 답사 경험이 있지만, 유독 터키에서의 2016년 여름은 우리 모두에게 가슴 깊은 울림으로 남아있다. 그래서 우리의 소중한 추억과 감동을 수기로 남겨 오랫동안 간직하고자 이 책을 내놓게 되었다. 이 책은 학술서적이 아니기 때문에 학생들이 느낀 소감을 가식 없이 생생하게 기술하다 보니 서로 중복되고 일상적인 생활묘사에 치우친 감이 많은 점을 널리 양해해 주시기 바란다.

그리고 지면을 빌어 인사하고 싶은 고마운 분들이 계신다. 고고학에 깊은 관심을 가지고, 양국 간의 교류를 장려해 주신 조윤수 주 터키 한국대사님, 차와 운전기사까지 제공하시며 지원을 아끼지 않은 에르칸 이비스 앙카라대학교 총장님, 언제나 격려해 주시는 고려대학교 염재호 총장님과 세종캠퍼스 선정규 부총장님, 박물관 견학과 유적 답사에 편의를 제공해 주신 초룸주 박물관의 온도르 관장님, 남부 콘야주의 주요 유적을 안내해 준 하제테페대학교의 얼빌 교수님, 이제는 은퇴하신 여성 원로학자 오즈탄 교수님, 터키어-영어 통역을 담당하신 이스탄불 공과대학교의 아리칸 뷸란트 교수님, 우리 학생들을 맡아주신 에스키야파르 유적의 툰치 교수님과 알라카회위크 유적의 치나로그룹 교수님, 그리고 오르타쾨이 유적의 쉬엘 교수님, 카파도키아를 안내해 주신 괴뢰메 박물관 관장님, 그리고 우리의 일정 중에 도움을 주신 모든 터키 스태프들에게 깊은 감사의 마음을 전하고 싶다. 그리고 그 누구보다도, 이 모든 일정을 책임지고 학생들이 귀국하는 마지막 날까지 정성스럽게 돌보아 주신 앙카라대학교 고고학과 타이푼 교수님과 피크리 교수님께 진심으로 감사드린다.

겨울방학에는 앙카라대학교 고고학과 학생 12인이 한국을 방문하여 유물 실측방법, 캐드 도면작성, 유물보존처리 등을 공부하고, 주말에는 다양한 한국의 문화를 체험할 수 있는 기회를 제공하였다. 터키 학생들은 매우 만족해서 돌아갔고, 이를 보고받은 앙카라대학교 총장님이 직접 감사의 편지와 더불어 초청장을 보내주셨다. 이번 7월에도 우리 학생 15인과 함께 또 다시 히타이트로 날아갈 것이다. 이 특별한 만남과 행복한 교류가 앞으로도 순조롭게 이어지길 기원한다. 그리하여 한국과 터키 고고학의 다음 세대에게 세계를 바라보는 시야를 넓히고 그들의 인생에 영감을 주는 소중한 기회를 계속 제공해 주고 싶은 것이 우리의 마음이다.

2017년 4월
고려대학교 문화유산융합학부
교수 이홍종

앙카라대학교 총장님께서 보내주신 감사편지와 초청장

March 29th 2017

Prof. Dr. Hong-Jong LEE
Korean Institute for Archaeology and Environment
Sejong, Korea

Dear Professor,

I have been informed by Prof. Dr. Tayfun Yıldırım from our University's Department of Archeology about the wonderful hospitality and training that has been provided to our students who visited Korea last February. He has also informed me about your personal efforts which made this organization possible. I would like to thank you very much for your kindness and invaluable support.

I also learned that our students not only benefited very highly from the laboratory facilities and work but also greatly enjoyed the social and cultural aspect of this visit, especially getting to know the unique Korean culture and people.

As a token of our appreciation, I would like to invite you to visit Ankara, at a date in July or later this year.

Thank you again and we look forward to welcoming you at Ankara University.

Sincerely,

Prof. Dr. Erkan İBİŞ
Rector
Ankara University

Congratulatory message

In June 2016, an agreement with mutual trust was signed between the Faculty of Languages and History-Geography at Ankara University and Department of Archaeology and Art History, Korea University. Upon the kind support of the head of Archaeology and History of Art at Korea University (Sejong City), Prof. Dr. Hong-Jong Lee and with the support of the esteemed Rector, this agreement allowed Korean students of archaeology to visit Turkey in order to enrich their knowledge and experience about archaeology in Turkey. Based on the protocol signed, 10 undergraduate students were sent to excavations in central Anatolia that cover Hatti, Assyrian Trade Colony and Hittite periods during 6 weeks.

Prof. Dr. Hong-Jong Lee led the group of Korean students, for the excavation project. These students, each of whom also acted as a cultural representative, not only gained experience and increased their knowledge, but also had a chance to observe Turkish culture, values, and ways of life closely. Although Turkey and Korea are physically distant countries, the fact that people of both countries are connected through history, with similarities in their mind-set, and mutual sympathy, which allowed Korean students to easily adjust to our country.

These students were quickly adapted to the excavation discipline, harmoniously worked with teams that they were assigned to, and they established memorable friendships with Turkish students.

No matter how far Korean students were from their country, even under the most difficult conditions, they proved that they could accomplish the responsibilities they were given. Their desire to learn more about archaeology as well as to understand our cultural heritage is most appreciated and respected.

After the first year of collaboration between the universities of these two countries in the field of archaeology, we are always happy to host our Korean academic friends and students. At the same time we will do our very best to maintain the sense of security and mutual trust that Korean academicians and families of Korean students have towards us. With these thoughts, I congratulate and extend my gratitude towards Prof. Dr. Lee and his team in their effort to publish our Korean friends' trips in Turkey and the Korean students' experience at archaeological excavations in a book format.

Prof. Dr. Tayfun Yıldırım
Head of the Department of the Near Eastern Archaeology
Faculty of Languages and History- Geography, Ankara University

앙카라대학교 고고학과장 발간 축사

2016년 6월, 앙카라대학교 언어와 역사-지리학부와 고려대학교 고고미술사학과는 서로에 대한 믿음을 가지고 협력의 조약을 체결하게 되었습니다. 고려대학교 고고미술사학과의 학과장이신 이홍종 교수님의 지원과 존경하는 총장님의 격려에 힘입어, 이 협약을 통해 고고학과의 한국 학생들이 터키에 와서 지식을 습득하고 여러 경험을 할 수 있었습니다. 협약서에 기초해 10명의 학부생들이 6주간 아나톨리아 지방에 있는 하티, 아시리안 식민시기와 히타이트 시기에 속하는 발굴현장에 파견되었습니다.

이홍종 교수님께서 인솔해오신 한국 학생들은 그룹별로 발굴 현장에 참가하였습니다. 이 학생들은 개개인이 (한국)문화의 전도자 역할을 했고, 지식을 쌓고 경험을 넓혔을 뿐 아니라 터키의 문화, 가치 그리고 삶의 방식을 가까이서 살펴볼 수 있었습니다. 비록 터키와 한국이 거리상으로 멀리 떨어져 있음에도 불구하고, 두 나라 사람들이 역사적으로 유대했었다는 사실, 유사한 정서, 그리고 상호 간의 공감이 한국 학생들이 우리나라에 쉽게 적응할 수 있도록 했다고 생각합니다.

학생들은 발굴현장 수칙에 빨리 익숙해졌고, 같이 일하는 팀원들과 조화롭게 어울렸으며 터키 학생들과 잊을 수 없는 우정을 쌓았습니다. 한국 학생들은 자신의 나라에서 멀리 떨어진 곳에서, 심지어는 어려운 환경에서도, 책임진 일을 성취할 수 있다는 점을 증명해 냈습니다. 그리고 고고학을 배우고, 터키의 문화 유산에 대해 알고자 하는 그들의 열정을 매우 높이 평가하는 바입니다.

고고학을 통해서 두 나라의 대학 사이에 이루어진 첫 번째 공동 프로젝트를 마치고 나서, 우리는 언제나 한국의 학자들과 학생들이 오는 것을 환영합니다. 동시에 우리는 최대한 안전을 보장하고, 그리고 우리를 향한 한국 학자들 및 학생 가족의 신뢰를 지키고자 최선을 다할 것입니다. 이 같은 마음을 담아 학생들의 터키에서의 경험과 발굴 체험을 책으로 출간하게 된 것을 매우 축하하며, 이홍종 교수님을 비롯하여 힘써준 관련자들에게 감사를 표합니다.

타이푼 일디림
앙카라대학교
언어와 역사-지리학부
중동고고학과장

목 차

머리말 ___3

앙카라대학교 총장님께서 보내주신 감사편지와 초청장 ___6

앙카라대학교 고고학과장 발간 축사 ___9

터키 히타이트 답사 및 발굴 ___12
- 터키 히타이트 문명의 흔적을 돌아보다 이홍종 ___15
- 터키 히타이트 유적에 대한 간략한 소개 이희진 ___35
- 터키 히타이트 유적 발굴 체험 프로그램 개요 김현석 ___63

터키답사여행 - 터키 히타이트 유적에서 ___70
- 간장계란밥으로 소개한 한국의 문화 손정미 ___73
- 레술로글루의 태풍 김요빈 ___93
- 해바라기가 피고 지고 서승현 ___123
- 장기 학술 발굴의 정수를 경험하다 김현석 ___143
- 터키CNN에 출연하다 최승주 ___165
- 공놀이로 다진 우정 장주석 ___177
- 에스키야파르의 안내 지예선 ___199
- 내 인생의 터닝포인트 : 터키 해외 발굴 구정봉 ___221
- 잊지 못할 터키에서의 생일 파티 김지은 ___247
- 딸처럼 보살펴 주신 툰치 교수님 부부를 기억하면서 최지연 ___273

터키
히타이트
답사 및 발굴

터키 히타이트 문명의
흔적을 돌아보다

이홍종

2016년 6월 1일 터키 앙카라대학교 근동고고학과 교수 4분이 고려대학교 세종캠퍼스 고고미술사학과를 방문하여 교수와 학생들의 상호교류를 위한 MOU를 체결하고 터키의 선사, 고대유적에 대해 강연을 해주셨다. MOU는 학술교류에 관한 것으로써 상대학교의 발굴조사 등에 학생들이 참여하고 공부하는 기회를 주는 것이었다. 그리고 이를 토대로 하여 향후 교수 간의 강의 및 학술교류 등을 추진하게 되었다. 터키 학생들은 겨울방학을 이용하여 한국 고고학체험을 하도록 조율하였다.

사실 터키 고고학에 대해서는 세계문화유산으로 등재된 차탈회위크 유적, 히타이트 제국 시기의 유적 등 매우 피상적인 것밖에는 알고 있지 못했지만 고고학자로서 매우 호기심이 가는 지역임에는 틀림없고, 무엇보다도 우리 학생들에게 외국에서 그곳 교수님이나 학생들과 더불어 발굴을 체험할 수 있는 기회를 준다는 것이 무엇보다도 기쁘고 의미 있는 일이라 생각하였다. 협정은 바로 발효되어 여름방학을 이용하여 우리 학생들이 약 7주 간의 일정으로 발굴에 참가하기로 결정하고 참가자수는 10명 내외로 구성하여 나중에 연락하기로 하였다.

먼 타국에 가서 발굴에 참가하는 도전정신도 중요하지만 그렇다고 경험이 전무한 학생들을 보낼 수는 없었다. 함께 참여하실 터키 교수님들이나 학생들에게 비웃음을 당할 것은 불 보듯 뻔한 사실이고 나아가 학교 망신이고 나라 망신이기 때문이다. 그리하여 한국에서 1개월 이상 발굴 경험이 있는 학생들을 중심으로 참가신청을 받으니 10명의 학생이 가기를 희망하였다. 10명의 학생들은 방학을 이용하여 한국고고환경연구소에서 실시했던 발굴에 참여한 경력이 있어 최종적으로 신청한 10명 모두에게 기회를 주기로 하였다. 앙카라대학교가 발굴하는 히타이트 유적은 아나톨리아 전역에 여러 개소가 있었으며, 협의를 통해 우리 학생들은 2인 1조로 나누어 최소 2개의 현장을 경험하도록 안배하였다.

발굴현장이 시작되는 7월14일에 맞추어 앙카라에 도착하기 위해 7월 12일 이스탄불로 출발하는 항공권을 예매하고 간단한 터키어와 현지 문화나 역사 그리고 우리가 갈 유적에 대해 학생들과 함께 자료집을 만들면서 공부하게 하던 중, 6월 28일 이스탄불공항에서 테러가 발생하여 공항이 마비되고 많은 사람들이 희생되었다는 뉴스가 보도되었다. 인솔책임을 맡고 있는 나로서도 곤혹스러웠지만 학생들과 학부모들도 먼저 말은 못하고 은근히 포기하기를 간절히 원했을지도 모르는 일이었다. 출발 10여일을 앞두고 정부에서도 여행 자제지역으로 선포하니 나로서도 난감한 처지에 놓이게 되었고 양단간의 결정을 내릴 수밖에 없는 시간이 다가오고 있었다. 주변에서는 모두 가지 말라고 만류하였지만 하루 정도 고민하다가 '그래 원하는 사람만 가자'로 가닥을 잡고 항공권 취소도 해야 하니 6월 30일 오전까지 부모님과 상의해서 결정해달라고 학생들에게 전달하였다. 그 결과 지원한 10명의 학생 중 8명은 가기로 하고 2명은 부모님의 뜻을 거스를 수 없어서 포기하겠다고 전해 와서 부랴부랴 2명의 항공권을 취소하였다. 그런데 그날 저녁 한 여학생의 어머니로부터 한통의 전화가 걸려왔다. '하나밖에 없는 딸이라서 걱정이 되어 고심 끝에 안 보내기로 했는데 다른 학생들이 가기로 했다는 소식을 듣고 어젯밤부터 밥도 안 먹고 울다가 소리 지르다 야단법석을 떨면서 앞으로 아빠 엄마 얼굴도 안보겠다는 등 고집을 부리니 자식 이기는 부모 없다고 어찌하면 좋겠습니까'라는 내용이었다. 한국에서 볼 때, 매우 위험한 지역이라서 저로서도 부모님들의 뜻에 따를 수밖에 없는 입장이지만 발굴현장은 이스탄불에서도 비행기로 1시간 남짓한 앙카라로 가서 다시 차량을 타고 4~6시간 정도 떨어진 한적한 곳이라 테러와는 전혀 무관한 지역이고 자신들과 함께 생활하니 안심하고 와도 된다는 터키 교수님의 말씀을 전해 드리자 죄송하다는 말씀을 하시면서 다시 합류할 수 있도록 부탁하기에 취소했던 항공권이 남아있는지 알아보고 연락드리기로 하고 전화를 끊었다. 전화를 끊자마자 포기했던 또 한명의 남학생으로부터 전화가 와서는 자기도 다시 가기로 부모님과 합의 했으니 갈 수 있게 해 달라고 사정하였다. 나중에 알았지만 둘은 캠퍼스 커플이라 여학생의 뜻에 따라 남학생이 오락가락 했던 모양이다. 이제 그곳에서 장시간 머물면서 학생들에게 필요한 물품과 그곳에 줄 선물을 준비하였다. 야외에서 활동해야하니 그에 필요한 약간의 구급약과 입맛이 없을 때 가끔 먹으라고 통조림 김 등 한국 여행자들이 외국갈 때 가져가는 것들을 준비해서 학생들에게 나누어주었다. 그리고 터키 쪽에 줄 선물은 발굴할 때 편리한 주머니가 많이 달린 조끼, 한국을 방문했을 때, 우리현장에서 사용하는 발굴 호미를 너무 부러워 하길래 호미 100자루를 준비하였다.

　어쨌든 잠시나마 우여곡절이 있었지만 애초에 정해진 대로 10명의 학생들은 7주간의 일정으로 인솔자인 나를 포함하여 섭외로 모신 충남대 박순발 교수, 통역을 맡아줄 우리 학과 이희진 교수, 하재령 연구원 등 4

인은 12일간의 일정으로 7월 12일 오후 늦은 11시 터키행 비행기에 탑승할 수 있었다.

　11시간의 비행 끝에 13일 새벽 5시 이스탄불 아타튀르크 국제공항에 도착하여 입국수속을 마치고 정해진 시내호텔로 가니 아침 7시가 되었다. 친절한 호텔 측의 배려로 아침 식사를 공짜로 제공받고 일정상 하루밖에 시간이 없어 아쉬웠지만 이스탄불 곳곳에 산재한 유적과 박물관을 둘러보고 시간이 없어 2층 버스를 타고 시내 곳곳을 둘러 보기로 하였다. 버스에 몸을 싣고 유럽과 아시아를 연결하는 보스포러스 다리를 넘나들면서 드넓은 이스탄불을 한 눈에 조망해 볼 수 있었다. 그때는 상상도 못했지만 우리가 이곳을 떠난 이틀 뒤, 바로 이 보스포러스 다리에서 터키 군부의 실패한 쿠테타가 시작되었다.

　14일 오전에 국내선 비행기를 타고 앙카라로 이동하였다. 앙카라 공항에는 앙카라대학교 고고학과의 일디림Yildirim, 쿨라코글루Kulakoglu 두

이스탄불에서 학생일동과 함께

| 흡연구역을 분리하는 황색선

분의 선생님과 하제테페대학교 고고학과의 얼빌Erbil 선생님이 직접 나와 맞아주셨다. 대학 측에서 제공해준 학교 숙소에 짐을 풀고 구내 카페에서 잠시 담소를 나누다가 백화점으로 가서 학생들이 핸드폰 칩을 구입하는 동안 나와 클라코글루 교수는 야외 맥주집에서 맥주 한잔 하면서 기다리기로 하였다. 맥주집 테이블 바닥 중간에 노란 선이 있는 것이 궁금해서 무어냐 물어봤더니 금연과 흡연을 구분해 놓은 것이라 한다. 나처럼 애연가에게는 참으로 반갑고 참신하다는 생각이 들었다. 학생들의 쇼핑이 끝나고 5명의 학생은 6시간 걸리는 카이세리 주에 있는 유적인 퀼테페로 서둘러 출발하였다. 원래 2명씩 한 조가 되어 앙카라대학교에서 관장하는 유적에 4개조, 영화로도 유명한 트로이유적에 1개조를 배치시킬 계획이었으나 항상 변수는 있는 법, 2명의 학생이 가기로 했던 트로이유적이 시리아 난민 등의 문제로 늦게 신청한 우리 학생의 발굴비자가 나오지 않아 할 수 없이 포기하고 히타이트 유적으로 바꾸게 된 것이다. 5명

을 먼저 떠나 보낸 후, 나를 포함한 나머지 일행은 부드러운 일디림 교수와 친절한 부인 그리고 상냥한 딸이 환대해 주는 자택에 초대되어 만찬을 즐기면서 앙카라에서의 일정을 시작하였다.

다음날 15일 나머지 학생들을 모두 현장으로 보낸 뒤, 앙카라대학교 총장님의 배려로 앙카라대학교 최고의 베테랑 기사인 총장 기사가 직접 운전하는 승합차를 타고 남쪽부터 둘러보기 위해 콘야시를 향해 출발하였다. 나중에 앙카라로 돌아와서 앙카라대학교 총장님을 접견할 때 들은 얘기지만 총장님은 우리에게 기사를 내주시고 그동안 예비 운전기사가 수행했다고 들었다. 참으로 죄송스럽기도 하고 어찌 감사해야할지 그저 감사합니다(테쉐퀴르 에데림 Teşekkür ederim)라고 연발한 기억이 새롭다.

이번 발굴 프로그램은 앙카라대학교에서 조사해온 터키 문명의 발상과 성경 속 초강대국으로 묘사되고 있는 히타이트 Hittite 문화기와 그 전후 시기의 유적조사에 참여하는 것이다. 한국인으로서는 처음으로 히타이트 발굴조사에 참여한다는 것도 행운이지만 터키 학생들과 함께 발굴 현장에서 만들어간 추억들이 우리 학생들에게는 결코 잊지 못할 소중한 자산으로 남을 것이다.

일반인들에게 히타이트 문명은 기원전 1274년 히타이트의 왕 무와탈리스와 이집트의 파라오 람세스 2세가 격돌한 카데쉬 전투와 기원전 1258년 이집트의 람세스 2세와 히타이트의 무와탈리스의 아들 하투실리 3세가 오랜 적대적 관계를 종식시키고자 맺은 카데쉬 평화협정으로 널리 알려져 있다. 히타이트제국은 터키 중북부의 아나톨리아 지방에서 기원전 18세기 경 형성되어 제국이 멸망하는 기원전 12세기 까지 근동지역의 대제국으로서 주변의 국가들을 위협하는 강대국으로 위용을 떨쳤다. 이후 남부 아나톨리아 지방에서 신 히타이트 왕국으로서 한동안 명맥은 유지되지만 이전의 영광을 되돌리지는 못하였다.

아나톨리아 지역에서는 히타이트가 성립되기 이전 청동기시대부터 여러 소왕국들이 있었는데 이들은 메소포타미아와 활발한 장거리 교역을 통해서 도시국가로 성장하게 되었다. 특히 대규모의 아시리아의 상단이 각 도시에 카룸Karum이라는 구역을 형성하고 체류하며 후에는 지역민과의 결혼을 통해 융합하여 장거리 교역을 지속하였다. 이 과정에서 쐐기문자가 처음으로 쓰이게 되고, 메소포타미아의 선진문물과 법체계와 같은 제도가 소개되어 대대적인 사회혁신을 이끌어 내었다. 이 시기를 아시리아 식민시기라 한다. 한편 북부 아나톨리아에서는 인도유럽어를 쓰는 이주민들과 재지계의 하티인들을 중심으로 히타이트 왕국이 성립되었고, 곧 아나톨리아 전역으로 세력을 확장하여 지역의 소규모 왕국들을 제압하면서 후에 히타이트 제국으로 거듭나게 되었다. 히타이트의 유적은 보존상태도 좋고 유물도 많이 출토될 뿐 아니라 무엇보다도 점토판에 적힌 히타이트어가 해독되면서 당시의 경제, 정치, 문화에 대한 풍부하고 생생한 이야기가 전해지고 있어 고고학 연구의 매력이 배가되는 곳이기도 하다.

14일 저녁과 15일 아침에 걸쳐 학생들을 각 유적으로 떠나 보내고 우리 일행은 터키 학자들이 준비한 루트대로 주요 고고학 유적을 답사하면서 학생들이 있는 현장도 둘러보는 일정을 보내기로 하였다.

15일에는 얼빌 교수가 우리를 안내해서 남부 콘야주로 내려가 이 지역 전통의 바삭한 피자를 점심으로 먹고 13세기의 대표적인 이슬람신학자 메브라나Mevlana의 영묘인 박물관을 살펴보았다. 메브라나는 남자들이 긴 흰색의 치마를 입고 빙글빙글 도는 세마춤으로 유명한 말라위 교파의 창시자이다. 이곳은 이슬람교의 중요한 사원 중 하나로 성지순례를 온 사람들과 관람객으로 북적이고 있었다. 그리고 히타이트 제국기의 주요 의례 중심지였던 에프라튠피나르Eflatunpınar 유적을 방문하였다. 이는 사각의 석축 연못지인데 주변에서 지하수가 끊임없이 샘솟는 곳으로, 주신인 날씨와 천둥의 신 테슙과 그의 아내 태양의 여신의 형상과 각종의 신상과 성스런 동물들의 상으로 꾸며져 있다. 히타이트 왕이 국토의 남부를 순시할 때 성스런 제의를 행하던 주요 장소라고 한다. 일부 석상들은 저수조에서 위치가 이탈된 상태였는데, 원 위치에 대해서는 의견이 분분하다고 한다. 향후 디지털 시뮬레이션 기법으로 유적 복원을 하는 것이 공동연구 주제가 될 수도 있을 것 같았다. 늦었지만 길도 포장되지 않은 시골마을로 들어가 파슬라 모뉴먼트를 보았다. 여기에 거대한 테슙 신의 신상이 누워있어 에프라튠피나르 유적 석상의 원석을 채석한 곳으로 추정하고 있다고 한다. 저녁 8시쯤 콘야시에 있는 호텔에 돌아오니 분위기가 어수선 하였다. 이스탄불을 떠나온 지 이틀째인데 쿠테타가 났다는 것이다. 같이 동행한 얼빌 교수도 당황했지만 외국까지 온 우리로서는 그저 황당하고 책임자인 나로서는 학생들 생각이 먼저 떠오를 수밖에 없었다. 앞으로의 일정보다도 학생들의 안전과 혹시 모를 외국인에 대한 적대적 감정이 있지는 않을까 하는 생각에 저녁도 먹는 둥 마는 둥 마치고 얼빌 교수와 나는 TV에서 눈을 떼지 못한 채 여기 저기 연락을 취하였다. 다행히 학생들은 안전하다고 하고 그 곳 교수님들도 현장은 시내와 떨어져 있어 안전하고 자기들이 책임지고 보호할테니 걱정하지 말라고 위로해 주었다. 그런데 그 다음이 문제였다. 한국에서 전화가 오기 시작하면서 학부모들한테 학과로 전화가 오고 모두 심각하게 생각하고 있으니 모두 빨리 철수하라는 것이다. 쿠테타가 일어난 곳과는 정 반대지역이라 괜찮다고 해도 현재 상황에서는 무조건 철수밖에 없다는 것이다. 그러나 여담이지만 우리에게는 철수할 곳이 없었다. 항공기를 타려면 이스탄불로 가야하는데 그곳이 폐쇄되었으니 우리가 있는 지역에서 가장 가까운 시리아로 가서 난민선을 탈 수도 없고 말이다.

아침이 되면서 사태는 수습되고 안정을 되찾았지만 밤새 잠 한숨 못 자고 신경쓰느라 몸은 천근만근이지만 우리 일행은 일정대로 16일 근처의 유명한 신석기시대 유적인 차탈회위크Çatalhöyük를 방문하였다. 세계 최초의 도시형 취락인 차탈회위크의 주거지에는 당시의 생활을 보여주는 화덕 및 내부 공간이 잘 남아있다. 또한 원시형 오븐 등을 이용하여 양, 염소, 소 및 각종 곡물을 요리하는 도구들도 있어 당시의 생활상을 엿볼 수 있었다. 특이하게도 주거지 바닥에는 구멍을 파고, 죽은이의 시신을 묻어 무덤을 만든 부장풍습이 있었으며 종종 두개골은 점토를 씌워 얼굴모양을 성형하기도 하였다는 것이 밝혀졌다. 또한 주거지의 벽면에는 황소사냥 등을 묘사한 벽화 등 신석기인의 생활과 사상에 대한 풍부한 정보가 잘 남아있어 세계문화유산으로 등재된 유적이다.

이후 얼빌 교수와 작별하고 8월 67세로 정년을 눈앞에 두신 여성원로 고고학자인 오즈탄Öztan 교수님을 만나 맛있는 점심을 얻어먹고 담당하고 계신 아쳄회위크Acemhöyük 유적현장을 답사하였다. 이곳에는 히타이트의 성립 이전 및 동시기에 해당하는 소왕국(Burushattum/Purushanda)들의 궁성과 성벽이 남아있었다. 기후와 지형이 좋고, 교역 물품의 산지여서 한 때는 아카드 제국 사르곤왕이 원정 와서 눌러 앉았다는 일화가 남아있는 곳이기도 하다. 그리고 우리 일행은 오즈탄 교수님과 아쉬움을 뒤로하고 동쪽 카파도키아를 향해 떠났다. 밤늦게 카타도키아에 도착하여 클라코글루 교수가 마련해 준 동굴호텔에 묶게 되었는데 같이 동행한 이희진 교수와 하재령 연구원은 아직 젊어서인지 마냥 싱글벙글이었지만 나에게는 그저 축축하고 불편하다는 생각밖에 안 들었다.

다음날인 17일 아침에는 풍선을 타고 유명한 관광지이자 특이한 자연환경으로 인해 세계문화유산에 등재된 카파도키아의 경관을 살펴보았다. 수 억년전의 화산분화 후에 마그마가 굳어지면서 생긴 응회암지대가 이후 지각변동과 침식에 의해 마치 굴뚝 같은 형상의 암석군을 만들

쿨테페 유적에서 클라코글루 교수님 및 학생과 함께

어 냈다. 그 기괴한 경관 자체도 장관이지만 초기 기독교인들이 모여 살며 동굴교회를 조성하는 등 역사적 의의도 큰 곳이다. 점심 경에 근처에서 멀지 않은 쿨테페Kültepe를 담당하고 있는 클라코글루 교수가 우리 학생들 5명을 모두 데리고 나왔다. 불과 사흘 전에 헤어졌지만 쿠테타를 겪으면서 걱정을 많이 해서 그런지 모두 건강한 모습을 보자 너무 기뻐서 서로 부둥켜 안고 기쁜 재회를 만끽하였다. 그리고 다 함께 괴뢰메 야외박물관에서 10~13세기의 기독교인들이 만든 동굴 교회를 답사하고, 개인이 기부하여 만든 토기 박물관에 들러 수집한 아나톨리아 선사와 고대의 토기와 도자기 등을 살펴보았다. 그리고 지하도시라고 부르는 여러 개의 석실을 지하에 연결시켜 만든 땅속 마을을 구경한 다음 현장이 있는 카이세리시 호텔로 가서 짐을 풀고 저녁 만찬을 준비한 쿨테페 현장 발굴 숙소로 향하였다. 쿨테페는 장기간 발굴을 하면서 여러 채의 건물이 있는 캠퍼스라 부르는 숙소가 있는데 전속 요리사와 학생들이 야외 화덕에서 터키피자 피데를 굽고 꼬치 케밥을 만들어 주어 맛있는 터키 맥주를 함게 마시면서 밤늦게까지 재미있게 친교의 시간을 보냈다. 그런데 그날 나는 호텔로 돌아가지 못했다. 학생들 5명이 머무는데 책임자인 내가 편하게 호텔로 가서 잠을 잔다는 것이 마음에 걸렸기 때문이다. 나머지 일행 3명은 호텔로 돌아가고 나와 클라코글루 교수는 한국 터키학생들과 더불어 새벽 늦게까지 맥주와 터키 증류주인 라크를 취하도록 마시면서 즐거운 시간을 보내다 우리 남학생 방에 마련해준 작은 침대에서 하룻밤을 보냈다.

다음날인 18일 아침에 학생이 깨워서 일어나 보니 식당에 모두 모여 기다린다는 것이다. 할 수 없이 대충 준비하고 식당으로 가니 모두들 탁자에 앉아 기다리는 것이었다. 그리고 클라코글루 교수가 안내한 내 자리는 회의를 주재하듯 정중앙에 배치하였다. 한사코 거부하였으나 여기서는 가장 연장자가 앉아서 식사 시작을 알려야 비로소 모두가 편안하게 식사를 한단다. 할 수 없이 가르쳐준 대로 식사 시작을 알리는 '아피에트 오순'(맛있게 식사하자)이라고 말하자 모두가 아침식사를 시작하였다. 옛날 어렸을 때 시골에서 할아버지 아버지가 들어오셔서 수저를 드시기 전까지 배고파도 먀냥 기다렸던 생각이 문득 떠올랐다. 참 좋은 예절인데 터키에 와서 어렸을 적을 회상하니 이곳 사람들에게 더욱 친근감이 갔다.

식사를 마치고 숙소와 붙어있는 퀼테페 유적을 답사하였는데 공교롭게도 이날이 이상기온으로 가장 더운날이었다고 한다. 더위를 무릅쓰고 과거 카네시의 궁전과 신전이 입지한 상부도시와 저지대에 위치한 아시리아 상단이 거주한 카룸을 살펴보았다. 지금과 달리 과거에는 주거 구역 사이로 여러 하천이 흘러 물이 풍부한 환경이었던 것으로 추정된다는 설명을 듣고 보다 정밀한 지형환경복원을 해달라는 제안을 받았다. 실은 한국에 방문하였을 때, 고지형환경분석에 대해 이야기를 나누고 실제 우리가 특허를 받아 활용하고 있는 장비를 보여주며 설명한 적이 있었고 터키에서 직접 현장을 보며 자세한 의견을 나누자는 제안을 받았었다. 나와 클라코글루 교수는 2시간 가량 구체적인 의견을 나누면서 필요한 자료를 한국으로 보내면 우리가 분석해서 결과를 알려주기로 하는 의견의 일치를 보았다. 이 유적은 약 70여 년에 걸쳐 꾸준하게 발굴되어 오고 있으며, 2년에 한번씩 히타이트학 전문가들이 전세계로부터 방문하여 국제학술회의를 개최하고 있다. 퀼테페는 유적의 크기 뿐만 아니라 이곳에 자리했던 왕가가 하튜샤로 옮겨 히타이트 왕조를 창시하였기 때문에 히타이트 문화의 뿌리로서 학술적으로 매우 중요한 위치를 차지하고 있는 곳이다. 유적 주변의 도로는 발굴조사에 헌신하고 현재는 고인이 되신 전임 발굴 책임자의 이름을 따서 명명하였다고 한다. 이 유적의 학술적 중요성과 함께 그것을 세상에 알린 학자들에 대한 존경과 그리움을 동시에 엿볼 수 있는 장면이다.

이후 북쪽으로 4시간을 달려 초룸Çorum주에 도착하여 그곳의 한 유적을 담당하고 있으면서 학생들의 모든 행정적인 업무를 처리해준 고고학과 학과장인 타이푼 교수를 다시 만났다. 친구인 초룸박물관 온도로Önder Ipek관장이 자택의 초대를 받아 저녁식사를 함께하게 되었다. 자택은 나무가 우거진 산 중턱에 위치하고 있는데 뒤에 위치한 정원에는 각종 과실수와 채소를 키우고 있었다. 이를 구경하며 이 지역의 식생환경에 대해 이야기를 나눈 후 전통적인 가옥의 테라스에서 84세이신 박물관장의 부친, 모친, 형님 등과 함께 담소를 나누며 준비해준 저녁을 맛있게 먹으며 초룸주에서의 첫 날 밤을 시작하였다.

19일에는 초룸박물관을 방문하였다. 이곳에는 초룸 지역에서 출토한 주요 히타이트 유적과 유물이 상세하게 설명되어 있어 좀 더 구체적으로 히타이트 역사를 이해하는데 도움이 되었다. 박물관 내에는 일반인들도 체험할 수 있는 다양한 시설과 특히 어린이들이 숙박을 하면서 체험할 수 있는 장소가 있는 것이 인상적이었다. 오후에는 히타이트 제 2수도였던 오크타쾨이Ortaköy에 가서 관청건물과 제의구역을 방문하였다. 희생가축을 파묻은 수혈이 줄지어 있는 곳은 다른 주거구역에서 쉽사리 볼

초룸 박물관장님댁에서

초룸 박물관장님댁에서

수 없는 구조로 매우 인상적이었고, 광활한 산사면의 초지에 건물의 잔해만 남아있는 오크타콰이의 경관은 낭만적이고 신비스러운 분위기를 자아내기에 충분하였다. 이후 발굴현장인 에스키야파르Eskiyapar에 도착하였다. 이는 전 시기의 문화층이 중층적으로 모두 확인이 되어, 편년작업에 기준을 제시하는 중요한 유적이다. 두 명의 우리 학생들이 일하는 장소이기도 해서 내심 같이 밥 한 끼라도 하고 싶었는데 일정상 늦어서 이

곳에는 머물 수 없다하여 얼굴만 잠깐 보고 돌아서는데 2학년인 예선이의 빨간 눈시울과 마주치자 가슴이 아려왔다. 다행히 다른 현장숙소보다 각 방에 화장실 및 기타 시설이 모두 갖추어진 최고의 원룸식 숙소여서 이를 위안으로 삼으며 웃는 얼굴로 작별은 하였으나 미안한 마음을 한동안 떨쳐버릴 수가 없었다.

다음날 20일에는 알라카회위크Alacahöyük을 방문하였다. 터키공화국이 수립된 이래 최초의 발굴이자 국부로 추앙받는 아타튀르크의 지원 아래 발굴조사가 시작된 곳이며, 이후 정부가 적극적으로 학술발굴을 지원하는 전통이 처음 이곳으로부터 시작된 유서 깊은 유적이다. 이 유적에서는 청동기시대 13기의 왕묘가 발굴되었는데 각종의 금은 및 청동장신구, 특징적인 원반형의 장식품 등이 풍부하게 부장된 무덤으로 이 지역 선사문화의 정수로 꼽히고 있다. 그리고 히타이트기에 조성된 왕궁에서는 당시의 경제활동을 짐작할 수 있는 대형저장혈인 실로silo를 비롯해 생산시설인 청동기 공방 등 많은 유구가 확인 되었다. 남쪽 성문은 스핑크스 조각으로 장식되어 있으며, 다른 성문은 특이하게도 지하에 조성한 암굴문

알라카회위크 유적에서 일디림 교수님과 치나로그룹 교수님 및 터키 발굴단과 함께

으로서 유사시에 왕가가 도피할 수 있도록 설계되었는데 구조가 잘 남아 있어서 다 같이 컴컴한 암굴문과 통로를 체험할 수 있었다. 발굴은 오래 전 앙카라대학교에서 은퇴하신 치나로그룹Çinaroğlub 교수님께서 은퇴 이후에도 계속해서 현장을 지휘하고 있었다. 우리 학생 두 명도 이곳에 참여하고 있었는데 숙소에는 작은 전시관이 있고 노교수님이 늘 책을 가까이 하라고 말씀하셔서 일과 후 공부하기에 좋은 여건을 갖추고 있다.

오후에는 이번 일정의 핵심유적이자 올해로 세계문화유산 등재 30주년을 맞는 히타이트 제국의 수도 하튜사Hattusha를 방문하였다. 점심때쯤 하튜사의 행정중심인 보아즈칼레에 도착하여 시장님을 비롯한 여러 관계자분들과 함께 박물관 정원에서 피크닉 시간을 보내고, 시장실로 이동하여 티타임을 갖으며 향후 주변지역 관광관련 개발계획에 대한 설명을 들었다. 그리고 시장님께서는 나에게 기원전 1258년 이집트와 히타이트 간에 체결된 그 유명한 세계최초의 평화조약인 카데쉬 평화협정 점토판을 선물로 주셨다.

하튜샤는 너무 광대하여 중요 관람 포인트를 차로 이동하면서 살펴보아야 했다. 주요 출입문으로 사자의 문, 암굴문, 스핑크스의 문 그리고 왕

보아즈칼레(하튜샤) 시장 집무실

보아즈칼레 박물관 정원에서 점심식사

광활한 하튜샤 유적에서 학생들과 함께

의 문이 있는데, 이중으로 문이 설치되었으며 각각 특징적인 조각으로 장식되어 있었다. 성벽과 성문은 규모면에서 압도적이며, 성내의 상부에 위치한 도시는 30개가 넘는 신전건물이 확인되었으며 아래쪽에는 대신전과 왕궁이 위치하고 있었다. 왕, 왕비, 대사제만 들어갈 수 있었다는 대신전 내 지성소까지 군데군데 둘러보며 매일 신상에 음식과 와인을 봉헌하던 히타이트의 의례에 대한 설명을 들었다. 성문 앞에는 점토판 기록을 기반으로 전통적인 히타이트 건축물을 복원한 건물이 있었는데 높은 석재기단을 쌓고 내부는 흙과 자갈로 채운 후 위에 점토벽돌로 2층 이상의 건물을 올리는 형식이라고 한다. 입구에는 관광객을 위해 탑문을 복원한 구조물이 있는데, 올라가서 체험할 수 있도록 해 놓았다. 마지막으로 해가 지기 전 근처 아질리카야Yazılıkaya로 이동하여 일종의 장례신전으로 사용한 기묘한 암석군 내 부조들을 살펴보았다.

    21일에는 레슬로글루Resuloğlu 유적으로 이동하였다. 이 유적은 19세기 독일군 탐사대의 도굴기록에 근거해서 주변지역을 조사하던 일디림 교수에 의해 발견된 곳이다. 당시 도굴된 분묘가 남아 있어 이를 중심으로 조금씩 확장하면서 히타이트 이전 이 지역 청동기시대 취락과 생활상에 대한 전례 없는 자료들을 확보하여 히타이트 이전 이 지역 선사문화의 이해에 획기적인 전기를 마련하였다. 일반민과 구분되는 수장의 처소, 저장혈 내부의 특이한 출토물, 메소포타미아와 에게해 연안 그리고 흑해 연안에 이르는 광역적인 교역망을 추정할 수 있는 청동제품들이 출토되었다고 한다. 올해는 발굴과 함께, 이스탄불 공대 아리칸 뷸란트 교수와 고환경조사를 함께 진행하면서 과거 이 유적의 자연환경을 복원하고 당시 풍부한 농업 생산성의 근원을 추적하는 학술연구도 병행하려는 계획으로 진행될 예정이라 한다. 유적은 숙소가 위치한 마을로부터 차량으로 약 40분 가량 떨어진 황량한 구릉 정상부에 위치하고 있는데 구릉 아래는 하천과 평원이 펼쳐져 있어 농경 목축 교통 등 경제활동에 매우 유리한 지형조건만이 아니라 근처에 염호(소금밭)가 형성되어 있어 그야말로 3박자를 두루 갖춘 천혜의 땅이라 여겨졌다. 염호지역은 소금을 생산하며 전통적 생활방식을 고수하는 마을도 볼 수 있었다. 현장숙소로 돌아와 점심식사를 하였는데 요리는 그곳 주민들 중 가장 음식솜씨가 빼어난 분이 만들었다고 해서 그런지 터키에서 먹어본 음식 중에 가장 맛있었다. 우리 두 학생도 이곳에서 일하는데 협소하고 오래된 건물과 작은 콘테이너를 사무실과 숙소로 사용하고 있었다. 떠날 때, 착하고 순수한 모습의 터키 여학생들이 우리에게 물을 뿌려 주었는데 귀중한 손님에게 행운을 빈다는 의미란다.

일정이 빡빡한 관계로 서둘러 앙카라로 이동하여 앙카라 고고학박물관의 진품들을 짧게나마 살펴보는 시간을 보냈다. 다시 돌아온 앙카라는 그 동안의 소요에도 불구하고 평상시의 활기가 그대로 남아있었다. 시내에 위치한 군부대는 총을 든 군인은 안 보이고 잔디에 물을 주거나 축구를 즐기고 있었다. 마지막 저녁은 지역별로 나누어 우리를 안내해준 세 분 교수님들과 함께 만찬을 즐기며 향후 학생들의 활동과 앙카라대학교와 고려대학교의 지속적인 고고학 교류에 대한 이야기를 나누었다.

마지막 날인 22일 아침에는 앙카라대학교 총장님Prof. Erkan Ibiş과의 면담이 있었다. 앙카라대학교는 우리 고려대학교와 MOU를 체결하였고 한국어학과가 설치되어 있는 곳이다. 한국과의 교류에 큰 관심을 가지고 이번 여행에 여러 편의를 봐주신 총장님께 진심어린 감사의 인사를 드렸다. 내년에는 유적만 보지 말고 흑해와 지중해에 앙카라대학교의 숙소를 내어줄테니 가족들도 같이 꼭 방문하라 하신다. 총장실을 나와 일디림과 클라코글루 두 분 교수님이 앙카라공항까지 배웅해 주셨다. 작별을 고하고 앙카라에서 이스탄불로 다시 이스탄불에서 한국 인천공항으로 가는 여정을 남겨둔 채 우리 일행은 터키에서의 모든 일정을 무사히 마치고 귀국길에 올랐다. 물론 학생 10인은 8월 26일 귀국하기로 되어 있으니 한동안 발굴현장에서 땀 흘리며 좋은 체험을 쌓고 귀국할 수 있기를 간절히 바라면서 터키를 뒤로 하였다.

| 앙카라대학교 총장님과 면담

　귀국 후에는 아프진 않은지 잘 지내는지 걱정이 되어 카카오톡을 통해 안부를 묻고 학생들은 자신들의 일하는 모습을 사진을 찍어 보내왔다. 모두 씩씩하고 즐겁게 일하는 모습에서 그들의 젊음을 느끼면서 미래의 희망을 보게 되었다.

　매년 2월에는 앙카라대학교 고고학과 학생들이 한국에 와서 한국의 문화와 고고학실습 및 연구방법에 대한 교육의 기회를 가지기로 하였다. 그리고 매년 7월에는 또 다른 우리 학생들이 터키 현장으로 날아갈 것이다. 나의 바램은 고고학을 매개로 양국의 학생들이 멋지게 비행하는 모습을 오래오래 바라보고 싶을 뿐이다.

　이렇게 앙카라대학교와의 교류의 첫 삽을 뜨게 되었다. 터키는 신석기시대부터 로마, 비잔틴 그리고 근세의 오스만 제국에 이르기까지 세계

문명 발달의 중심에 있었던 지역으로 세계문화유산 급의 유적들이 헤아릴 수 없이 산재한 고고학의 보고이기도 하다. 이러한 곳에서의 고고학적 공동조사, 학술교류는 교수는 물론 학생들에게 큰 관심을 끌 것이며 이를 계기로 우리 학생들이 좀 더 넓은 세계를 경험하고 이를 바탕으로 자기 발전을 이룰 수 있도록 우리 학과 교수 일동은 간절히 바라는 바이다.

터키 히타이트 유적에 대한 간략한 소개

이희진

터키로 약칭되는 터키공화국(튀르키예 줌후리옛Türkiye Cumhuriyeti, Republic of Turkey)은 유럽과 서아시아를 잇는 교두보에 자리하고 있다. 이런 지정학적 위치로 인해 터키에는 근동과 서구 문명사의 중요한 순간이 모두 집약되어 있다고 말해도 지나친 과장이 아닐 것이다. 조금 더 터키의 지리를 자세히 살펴보자. 소아시아(아나톨리아 반도)를 중심으로 한 광활한 대지는 북서쪽으로는 불가리아와 그리스, 동쪽으로 아르메니아, 아제르바이잔, 이란과 조지아(그루지야), 남쪽으로는 이라크와 시리아와 맞닿아 국경을 이루고 있다. 터키의 영토 안팎으로 여러 개의 바다가 있는데, 북쪽으로 흑해, 남쪽으로 지중해, 서쪽으로는 에게해와 마르마라해와 접하고 있다. 이렇게 터키의 영토는 아나톨리아 반도 전부와 보스포루스 해협, 다르다넬스 해협과 마르마라해를 사이에 두고 유럽의 발칸 반도, 동트라키아 지방에 까지 미치고 있다. 따라서 서방과 동방의 문화가 서로 만나고, 다양한 국가와 민족 집단이 무수하게 오고 간 역사의 중심무대의 땅이 될 수 밖에 없었다. 선사시대에는 신석기시대 농경문화가 이곳에서 만개하여 이후 유럽으로 전파되었으며 그리하여 문명의 요람이자 전진기지로서의 역할을 하였다. 그리고 한참 시간이 흐른 후에, 그리스를 이어 로마제국 시기에는 터키 전역이 로마의 통치하에서 동방의 속주로 편입되면서 서구의 로마문명이 뿌리내렸다. 따라서 오늘날에도 다양한 시기에 조성된 로마의 도시유적이, 그 어떤 고대 로마제국의 영토보다도 더 많이 그리고 고스란히 보존되어 있다. 특히 터키의 대표적 도시인 이스탄불은 원래 동로마 제국의 수도 콘스탄티노플로서 15세기까지 서구 기독교 중세문명의 한 중심축을 담당하기도 하였다. 기독교의 신약성서에 등장하는 대부분의 장소가 터키에 소재하고 있으며, 비잔틴 제국의 본산이었던 탓에 기독교 성지로서의 중요성도 크다. 이후 중·근세에는 이슬람 세계를 이끌었던 오스만 왕조가 통치하며 오랫동안 이슬람 문화권의 종주국으로 위용을 떨쳤다.

그러나 제 1차 세계 대전 이후 오스만 제국이 무너지고, 1923년에 무스타파 케말 아타튀르크의 지도로 민주주의, 세속주의를 받아들인 입헌공화국으로 현대의 터키가 탄생하였다. 유럽과 아시아를 아우르는 지리적 위치와 독보적인 역사적 특수성은 현재 터키의 국제적 위치에 반영되어 있다. 유럽의 일원으로 1963년에 유럽 경제 공동체EEC의 준회원국이 되었고, 한편 이슬람 회의 기구OIC와 경제 협력 기구ECO에 가입하여 중동과 중앙아시아를 위시한 동양과도 문화·정치·경제·산업면에서 긴밀한 관계를 맺고 있다.

그렇다면 우리 한국에 있어서 터키는 어떤 곳일까? 유라시아 대륙의 서쪽 끝에 위치한 터키와 동쪽 끝에 있는 한국은 여러 번에 걸쳐 특수한 만남을 거듭하고 있다. 멀리는 고대 고구려가 중앙아시아에서 터키를 구성하는 주요 종족 중 하나인 투르크족과 조우한 바 있었고, 가까운 과거에는 한국전쟁 때 유엔군의 일원으로 미국과 영국 다음으로 세 번째로 많은 군대를 파견하기도 했다. 따라서 우리와 지리적으로는 멀지만 가까운 친구와 같은 나라로 많은 이들에게 인식되고 있다. 특히 이를 상징적으로 보여주는 사건이 2002년의 월드컵 4강전에 맞상대였지만 서로 응원했던 일로, 아직도 두 나라 사람들 사이에서 회자되고 있다.

　이 같은 특수한 역사적·외교적 관계를 제외하고라도, 우리가 터키에 관심을 기울여야 할 다른 이유는 바로 터키에 산재하는 찬란한 고고학 유적이다. 엄청난 규모와 뛰어난 보존상태를 자랑하는 이 유적지들은 단순히 터키만의 문화재가 아니고, 세계문명사의 결정적 순간을 증명하는 물질적 증거이자 인류 공통의 문화유산으로 그 가치를 인정받고 있다. 그 중 히타이트 문명은 매우 독특한 고대 문화로 손꼽히고 있다. 기원전 2000-1200년 경 아나톨리아 반도를 중심으로 하여 대제국을 이루었던 히타이트는 영역면에서 터키 고유의 고대문명이자, 그 흥망성쇠 과정이 뚜렷하지 않아 세계사의 미스터리 중 하나로 여겨진다. 여기서는 히타이트 유적이 입지한 지역의 환경적 특징과 간략한 연대 그리고 이번에 방문한 몇몇 히타이트 유적에 대하여 소개하고자 한다.

지리적 특성과 기후

　터키의 육상영토는 7개 권역으로 구별되고 있는데, 이들은 크게 아나톨리아 고원을 중심으로 하는 내륙지역(중부 아나톨리아, 동부 아나톨리아, 남동부 아나톨리아)과 여러 바다와 연접한 해안평야지대(마르마라해, 지중해, 에게해, 흑해)로 나누어 진다. 해안지역의 경우, 유사이래 바다를 통한 외부세력과의 접촉이 용이한 곳으로 그들과의 교류가 많은 곳이었다. 내륙지역은 해발 1,000m가 넘는 고원과 산맥이 교차하며 해안지역과는 확연히 다른 지형으로 이루어져 있다. 중앙고원은 동쪽으로 점점 높아져 최고봉인 아라라트산(5,185m)에 이른다. 이 아라라트산을 기점으로 하여 흑해를 따라 폰투스 산맥, 지중해를 향해서 남서쪽으로 타우루스 산맥과 안티타우루스 산맥이 이어진다. 서쪽으로는 서西아나톨리아 산맥이 북서에서 남동쪽으로 뻗어 가는 형국이다. 안티타우루스 산맥 남쪽의 평야는 시리아·이라크로 이어져 있으며 여기에서 메소포타미아 문명의 젖줄로 유명한 티그리스 강과 유프라테스 강이 발원한다. 이 같은 메소포타미아 지역과의 지리적 근접성 때문에 이후 장거리 교역을 통해 선진문물이 아나톨리아로 들어와 히타이트 제국을 성립될 수 있었다. 내륙에서도 히타이트 문명의 주무대가 된 중부 아나톨리아 지역은 앞서 말한 여러 개의 산맥으로 둘러 쌓였고 안으로는 완만한 구릉이 펼쳐지는 경관을 보인다. 이중 앙카라, 콘야, 에스키세히르, 카이세리 지역은 터키 최대의 평야지대이다.

지중해에 접하는 터키 서쪽의 해안지역은 지중해성 기후대에 속하는데 여름에는 고온 건조하며 겨울에는 한랭 습윤하고 온화한 편이다. 반면 내륙지방은 건조하며 계절차가 매우 큰 대륙성 기후가 나타난다. 동부의 산악 지방에서는 겨울에 기온이 영하 30도에서 40도까지 내려가기도 하는데, 여름은 덥고 건조해서 기온은 보통 낮에 30도 이상이다. 고도에 따라 차이가 있지만 연중 강수량은 평균 400mm로서 습도는 없는 편이다. 가장 건조한 지역은 콘야 평야와 말라티아 평야로, 이곳의 연중 강우량은 대개 300mm 이하이다. 주요 농산물은 밀이며, 목축이 고대부터 일상화 되어 있다. 중부 아나톨리아 지역은 대체로 건조한 스텝기후의 특성을 보인다. 그래서인지 히타이트 문화에는 특히 물과 관련된 의례와 저수조, 배수로 등의 유구가 많다.

고대 히타이트 문명과 주요 유적 소개

히타이트 문명은 일반인에게는 기원전 1285년 이집트의 파라오 람세스 2세의 대군을 맞아 회전을 치루고 이들을 물리친 카데시 전투로 잘 알려져 있다. 이 문명은 터키 중북부의 아나톨리아 지역에서 기원전 18세기 경 형성되어 히타이트 제국이 멸망하는 기원전 12세기까지 인근 대제국을 위협하며 맹위를 떨쳤다.

중부 아나톨리아 지역에는 히타이트의 성립 이전인 청동기시대부터 자생적으로 발달한 여러 소왕국들이 존재하고 있었다. 이는 도시국가 규모였는데, 당시의 가장 선진적인 문명지대였던 메소포타미아 지역과 장거리 교역을 활발히 하며, 장기적으로 번영을 누리게 되었다. 은을 비롯한 각종 원자재를 구하고자 메소포타미아에서 온 대규모의 아시리아 상단은 각 도시에 그들의 거주구역과 상거래 거점을 만들었다. 이를 카룸 Karum이라 한다. 상인들은 이곳에서 한시적으로 체류하는 정도를 넘어, 후에는 지역민과 혼인을 하기도 하는 등 재지인과 결합하며 메소포타미아-아나톨리아 간 장거리 교역을 지속하였다. 그런데 이러한 교역은 이 일대에 단순히 경제적 이득 외에도 더 큰 선물을 선사하게 되었다. 상인들에 의해 전래된 쐐기문자가 처음으로 쓰이게 되고, 메소포타미아의 선진문물과 법체계와 같은 제도가 도입되어 이전보다 한층 더 문명화된 단계로 사회가 도약하였던 것이다. 따라서 이 시기를 청동기시대와 다르며 이후 히타이트 문명의 기초가 세워지는, 아시리아 식민기Assirian colonial period로 부르고 있다. 그러나 정치적 권력은 여전히 재지 세력이 장악하고 있으므로, 일반적인 개념의 식민지로 생각하면 안된다. 그보다는 아시리아 상인집단과의 교류를 통해 사회가 전격적으로 변화된 시기를 지칭한다고 이해하는 편이 좋을 것이다.

한편, 아나톨리아 지역 내에서도 북쪽 인도유럽어를 쓰는 이주민들과

본문에 언급된 유적과 방문지를 표시한 지도

시기명	연대	특징
아시리아 식민기	기원전 1900년에서 1750년	아나톨리아 지역에 약 10군데의 상인 거류지가 설치되어 장거리 교역이 이루어짐, 이를 통해 사회 전반에 대대적인 변화가 발생, 이들과 연계된 소왕국이 나름의 권역을 유지하며 분포
여명기 (Early Period)	기원전 1600년까지	카네시의 아니타 왕의 후예로 추정되는 카루사 및 잘파 왕국의 후예 들이 하티인을 제압하고 히타이트 왕조를 세움
히타이트 왕국기 (old kingdom & middle Kingdom)	기원전 1595년에서 1430년	아나톨리아 지역 전체에 소왕국이 분포하는 가운데 히타이트 왕국의 세력이 확대되는 시기
히타이트 제국기 (New Kingdom)	기원전 1400년에서 1180년	수도 하튜샤를 중심으로 강력한 왕권으로 중앙집권적 제국을 이룬 시기
신 히타이트 (Neo Hittite/ Syro Hittite)	기원전 1180년에서 700년	아나톨리아 지역에서 사라지지만 북부 메소포타미아 지역에서 유민들에 의해 히타이트 문화가 계승

재지계의 하티인들을 중심으로 히타이트 왕국이 성립되었고, 곧 아나톨리아 전역으로 세력을 확장하여 각지의 소규모 왕국들을 제압하면서 후에 히타이트 제국으로 거듭나게 되었다. 히타이트는 소아시아 일대의 최초의 대제국이며, 전성기에는 시리아와 레반트 원정을 통해 풍부한 물자를 노획하였으며 또한 키르게미시와 알레포와 같은 부유한 시리아 도시

들을 직접 지배하였을 만큼 정치적 힘이 막강하였다.

잠깐 여기서 히타이트에 대한 대중에 널리 퍼진 선입견 하나를 수정하고자 한다. 그것은 바로 히타이트가 철기를 상용화 한 최초의 고대국가로 히타이트는 철의 나라라고 알려져 있다. 그러나 실상은 조금 다르다고 들었다. 이때만 해도 철의 사용은 초보적인 단계였으며 희소성이 있는 신성한 금속재로서 인식된 정도 인 듯 하다. 사실상 무구를 비롯하여 일상적으로 쓰였던 주요 금속도구는 대부분 청동으로 제작되었다고 한다. 무엇보다도 철기를 제작할 때에 필수인 풀무의 역할을 아직 자연 바람에 의존했으며, 철기 제작술이 기술적으로 뛰어나지는 못했던 듯 하다.

알려진 바와는 좀 다르게 히타이트 제국의 힘은 철기 자체보다는 강력한 군대에 있었다. 특수하게 개량된 전차구조의 도입으로 전쟁에서 승률이 높았고, 엄격한 훈련으로 단련시킨 군대로 전투를 통해 주변국가를 장악하는 능력이 탁월하였다고 평가된다. 히타이트의 역사는 전쟁으로 점철되어 있으며, 주 적은 북쪽방향으로 흑해와 직면한 산악지대에 사는 카스카인들로 이들과 끊임없이 다투었다. 그밖에도 주변의 모든 국가와 때때로 치열한 전투를 벌이며 여기서의 승리를 발판으로 하여 대제국으로 성장하였다. 메소포타미아의 바빌로니아를 멸망시킨 일과 앞에서 언급한 카데시 전투에서 보듯이 당시 초강대국 이집트와도 어깨를 나란히 할 만큼 그 위세가 대단하였다. 그러다가 기원전 1200년경에 수도 하튜사가 공동화되고 갑자기 제국이 와해되고 만다. 급작스런 히타이트 제국의 몰락은 오랫동안 세계 고고학에서 손꼽히는 미스테리였으며, 아직도 확실하게 그 원인이 규명되지 못하고 있다. 가장 개연성이 있는 가설은 정체불명의 집단인 해양 유망민sea people의 약탈, 그리고 장기간 집단 내부의 분열과 갈등 등이 중첩되어 결국 제국을 무너뜨리게 되었다고 보는 것이다. 멸망 후에 유민들 중 일부는 남부 아나톨리아, 시리아와 레바논으로 내려가 신히타이트 왕국을 세웠으나 본래 제국의 영토에는 이후 프리기아 왕국 등이 들어선다.

한동안 히타이트는 인류에게 잊혀진 문명이었다. 그러다 19세기 들어 히타이트 제국의 수도 하튜샤가 극적으로 발견되고 고 히타이트어가 해독되면서 그 존재가 알려지기 시작하였다.

대다수의 히타이트 유적지는 전통적인 인구밀집지역에서 상당히 떨어진 곳에 위치하고 있다. 그리하여 오랫동안 망실되었으나, 역으로 그 덕분에 보존상태가 매우 좋고 유물의 출토량도 풍부한 편이다. 더욱이 쐐기문자 점토판에 적힌 고 히타이트어가 해독된 이래로 당시의 이야기가 그 어느 고대 문명보다도 실감나게 되살아났다.

히타이트어는 체코의 학자 호로즈니에 의해 해독되었는데, 인도유럽어족 아나톨리아어파에 해당한다. 그런데 유사한 쐐기문자로 쓰여진 당시 메소포타미아 지역의 다른 언어들과는 근본적으로 계통을 달리해서 히타이트 민족 성립의 기원에 유럽에서의 이주집단이 포함되었을 가능성을 보여준다.

해독된 쐐기문자 점토판의 기록과 발굴자료를 통해서 보면, 고대 히타이트에서 살아가는 것은 녹록하지 않았던 듯 하다. 종교는 히타이트 사회를 운용하고 구속하는 주 이데올로기로서, 규율이 매우 엄격하고 가혹하게 적용되었다. 그들이 섬기던 주신은 기후의 신인 테슙이며, 주신을 비롯한 각종의 신들을 위한 제례가 신전에서 거의 매일 베풀어졌다고 한다. 많은 신전이 건립되었고 역시 많은 인구가 이와 관련된 일을 하였다. 특히 신상을 사람과 같이 취급하여 매일 목욕을 시키고, 음식물을 공헌하는 일이 이들이 수행하는 신전의 주업무였다. 그래서 신전은 성소외에도 주방, 공방, 저장소 및 일꾼들의 숙소 등 많은 부속방이 딸린 거대한 복합건물군의 형태를 보이고 있다. 일상적인 봉헌 외에도 종종 봄의 축제와 같이 전 계층이 절기마다 참여하는 대대적인 의례가 히타이트인들의 삶을 지배하였다. 세부사항까지 자세히 묘사한 점토판 기록을 비롯하여 토기와 석판부조에 묘사된 의례행렬의 모습을 통해 과거 이들의 삶을 쉽게 상상해 볼 수 있다.

흥미롭게도 히타이트의 종교에는 유례없는 특이한 관습이 많이 있다. 일례로, 이들이 다른 민족을 정복하면 그들의 신상을 반드시 수도인 하투샤로 옮겨오는 관습이 그 것이다. 아마도 적들이 신성의 수호를 받지 못하도록 하려는 의도로 추정되고 있다. 이에 따라 히타이트 제국기 후기에는 수 백의 신들이 있었고, 원래 사용되던 기도문이나 의례 또한 함께 소개되어 그들의 언어 역시 하튜샤에서 사용되었다. 또한 엄격한 규율은 군대에도 적용되는데 가차없는 훈련을 통해 살인병기에 가까운 군대를 양성하였고, 종교와 함께 사회를 유지하는 원리로서 가족 간의 유대가 강조되었다고 한다.

이 같은 히타이트인들의 숨결을 생생하게 느낄 수 있는 유적은 수도 하튜샤가 위치한 아나톨리아 북부의 초룸주에 주로 밀집되어 있지만, 남부인 카이세리주와 콘야주에도 히타이트와 동시기의 유적 및 거점 도시들이 잘 남아있다. 제국의 중심부에 속하는 초룸주의 유적과 남부지역의 주요 히타이트 유적에 대해 간단히 소개하도록 하겠다.

초룸주- 알라카회위크, 하튜샤, 오르타쾨이, 에스키야파르

알라카회위크(Alacahöyük)
알라카회위크는 제국의 수도 하튜샤로부터 25km 정도 떨어진 곳에 위치하며 높이 15m의 분구에 조성되어 있다. 청동기시대에서 히타이트 제국기까지 꾸준히 점유되어 온 것으로 추정되는데 이런 문화적 연속성때문에 고고학적 가치가 남다른 곳이다. 기원전 2500년 청동기시대부터 이 일대의 정치적 중심지로서 궁성과 왕묘가 조성되었는데, 특히 13기의 화

려한 왕실무덤은 대중과 고고학자의 관심이 집중된 유구이다. 길이 6미터, 폭 3미터 크기의 묘실은 지하에 구덩이를 파고 벽과 같이 돌을 쌓고 목재 지붕을 갖춘 형태로 축조되었기 때문에 현세의 가옥구조를 모방했었던 것으로 추측하고 있다. 또한, 지붕의 가장자리에는 소의 두개골과 앞다리 뼈를 올려놓는 특이한 부장풍습의 흔적이 고스란히 남아있다. 묘실 내부에는 금은 장신구와 각종의 청동 장신구, 특징적인 원반형의 장식 등의 부장품이 가득하였고, 이 지역의 초기 지배자였던 남녀 인물들의 유골도 고스란히 보존되어 있었다. 이처럼 화려하고도 정교하게 제작된 부장품은 예술적으로도 아나톨리아 선사문화의 정수로 꼽히며 강력한 왕권의 위세를 여지없이 보여준다.

도시는 중기와 후기 청동기시대부터 조성되어 히타이트 시기에 들어서 더 확장되었다. 직경 250m의 분구는 성벽으로 둘러싸여 있는데 서쪽과 남동쪽 두 군데에만 출입문이 발굴되었으나 최근의 조사에서 수로로 추정되는 작은 문이 하나 더 확인되었다. 도시는 5ha 정도로 규모가 크지는 않지만 이미 스핑크스 조상으로 장식된 위풍당당한 출입문이 노출되어 있어서 오래전부터 위치가 알려져 있고 문의 바깥쪽은 독특한 인물상 부조로 장식되어 있다. 석판위 부조는 종교적인 축제의 일련의 순서와 행렬을 묘사하고 있으며 왕과 왕비를 비롯한 당시 여러 인물들의 면면이 새겨져 있다. 이러한 장면은 오직 의례용 토기와 금속용기에서만 나타나는 양식으로, 스핑크스 문이 알라카회위크로 들어가는 주 출입문이었다는 점을 시사한다고 한다.

두 번째 문은 서쪽에 위치하고 있는데 부분적으로 발굴되었으며 출입로 아래를 관통하는 샛문postern이 있다. 이는 지하에 조성한 암굴문으로서 출입구가 은폐되어 있다. 유사시에 적들의 눈을 피해 왕가가 도피할 수 있도록 설계되었다고 보는데, 현재도 구조가 잘 살아남아 있다.

청동기시대부터 사용된 궁성의 면적은 3,600m^2이며 도시의 동쪽 절

알라카회위크 신전건물지의 일부와 멀리 왕궁이 보인다.

반이 이에 속한다. 많은 건물이 하나의 복합체를 이루고 있는데 모두 다 궁성의 일부인지는 확실하지 않다. 현관에 발을 디디고 나면 길쭉한 중정으로 이어지는 이중 문을 통과하도록 되어 있다. 중정 주변에는 많은 부속방이 있다. 이 군집된 방들은 지붕이 없는 중정을 둘러싸고 주랑을 형성하는 것처럼 보이는데, 히타이트 궁성 건물복합체의 전형적인 건축구조라고 한다. 개당 약 1.5톤의 밀을 보관가능한 대형의 저장고(실로)가 있어 궁성 복합체의 동쪽 구역은 행정과 재화의 유통을 담당하던 곳으로 보인다. 나머지 건물들은 행정소이거나 거주지였을 것으로 보이나 확실한 증거는 부족한 편이다.

    이들은 쐐기점토판 기록에 등장하는 의례 도시인 '아린나'나 '지파란다'로 비정되고 있지만, 결정적인 단서는 아직 없다. 다만 스핑크스 문과 유적의 전체 면적에 대비해 궁성이 차지하는 비중이 지나치게 크다는 점을 고려하면, 의례도시로서 알라카회위크의 성격을 짐작해 볼 수 있다. 한편, 건축물과 공간활용의 통시적인 변화를 잘 보여주기 때문에 건축학적인 중요성도 크다.

    알라카회위크는 터키의 고고학사에서 중요한 위치를 차지하는데, 최초의 발굴은 1907년에 영국인 베이Bey에 의해 시작되었으나, 터키공화국이 수립된 이래 최초로 국가적인 지원을 받기 시작한 유적이기 때문이다. 당시 국부로 추앙받는 아타튀르크의 전폭적 지원아래 발굴작업을 이어가기 시작했고, 이후 정부가 적극적으로 주요 고고학 유적의 학술발굴을 지원하는 전통이 만들어진 유서깊은 유적이다. 그리고 앙카라대학교 고고학과에서 현재까지도 점진적으로 발굴을 계속하고 있다. 발굴은 치나로그룹Çınaroğlub 교수님께서 은퇴 이후에도 계속적으로 담당하고 있는데 2016년 여름에는 새로운 신전구역을 발굴하고 있는 중이셨다. 유적 내에 작은 박물관이 있고, 발굴단 숙소에도 작은 전시관 같은 공간이 있어서 공부하기에 좋은 여건을 갖추고 있다.

하튜샤(Hattuşha)

앙카라에서 동쪽으로 약 200km 떨어진 초룸주의 보아즈칼레Bogâzkale에 유명한 히타이트 제국의 수도 하튜샤가 있다. 해발 약 1,000m의 고원의 기복이 심한 비탈면에 자리하고 있는데 동서 길이 약 1.3km, 남북 길이 약 2.1km이고 약 8km의 이중 성벽으로 둘러쌓인 거대한 성채이다. 이곳에서 하투실리 3세Hattushili III와 람세스 2세Ramses II 사이에 맺어진 평화조약 사본이 발견되면서 히타이트의 수도 하튜샤임이 결정적으로 증명되

하튜샤 전경

궁성의 잔해

었다. 이후, 독일과 터키 고고학자들이 공동으로 조사하면서 히타이트의 수도에 대한 연구는 획기적인 진전을 이루게 되었고, 이후 세계 고고학계의 관심이 쏠리는 주요 유적이 된다. 우리가 방문한 2016년은 세계문화유산에 등재된 지 무려 30주년이 되는 해였다.

전체 규모는 약 50만 평 정도에 달하는데, 필루리우마스왕과 그 후계자에 의해 요새가 재건설되고 대대적으로 정비하면서 현재의 모습을 갖

추게 되었다고 한다. 성 안에는 30여 개의 신전이 있었으며 거대한 돌로 건축된 기초 위에 건설되었다. 두 개의 도시 구역으로 구분되는데, 남쪽 지역의 상부도시upper city와 경사면의 아래쪽 즉, 북쪽 지역의 하부도시 lower city로 나뉜다. 이 두 도시는 위치적으로 구분이 될 뿐 아니라 건축된 시기도 다르다.

하부도시는 기원전 15세기 후반 히타이트 왕국 시대에, 상부도시는 기원전 13세기 히타이트 제국 시대에 들어 도시를 확장하면서 세워진 것으로 상대적으로 유구와 유물이 많이 보존되어 있었다. 상부도시에는 30개가 넘는 신전건물이 확인되었으며 하부도시에는 대신전과 왕궁건물이 있다. 대신전 내부는 당시에는 왕, 왕비, 대사제만 들어갈 수 있던 신전 내 지성소 및 지성소에 들어가기 위해 준비하던 재실, 봉헌할 음식을 준비하던 주방, 사제들과 일꾼들의 생활공간 등으로 목적과 기능에 따라 세세하게 구획되어 있었다. 쐐기문자 점토판의 기록에서 보는 바대로, 매일 신상에 음식과 와인을 봉헌하던 히타이트의 의례행위를 위해 고안된 시설인 것이다.

많은 노예를 동원해 지은 성벽과 성문은 규모면에서 압도적으로 내성과 외성으로 나누어지며 외부로부터 도성을 보호하는 한편, 내부의 주요 시설을 구분짓는 기능을 하고 있다. 주요 출입문으로 사자의 문, 암굴문, 스핑크스의 문 그리고 왕의 문이 있는데 이중으로 문이 설치되었으며 각각 특징적인 조상으로 장식되어 있었다. 상부도시 남서쪽에 있는 '사자의 문', 남쪽 정상에 위치한 '스핑크스의 문'과 사자의 문 반대편에 있는 '왕의 문'이 있다. 모두 사방 네 군데에 돌로 기둥을 만들었는데 위로 갈수록 좁아지는 아치형이다. 성문은 두 개의 나무판이 안으로 열리도록 설치했으며, 들어서면 현관 같은 가로 10~15m의 사각형의 공간이 나온다. 성문 옆의 벽에는 전차의 축에 의해서 홈이 파여 있다. 사자의 문'은 기원전 13세기경에 만들어졌고, '스핑크스 문'은 이집트 영향을 반영하며 총 네 개의 스핑크스 조상으로 장식되어 있었을 것으로 추정된다. '왕의 문'은 동쪽에 있으며 전사의 모습을 한 왕 혹은 신으로 추정되는 인물상으로 장식되어 있다. 현재 유적에 있는 입상은 복원품으로 훼손 상태가 심하여 원본은 이스탄불의 박물관에 있다.

성채에서 조금 떨어진 곳에 독특한 구조의 왕실 장례 신전인 아질리카야 유적이 있다. 암벽 사이의 좁은 문을 통과하면 마치 지하세계로 들어가는 신비한 기분이 든다. 좁은 길이 인도 하는 곳에는 하늘이 암벽에 의해 거의 보이지 않고, 어느 순간 사방에 죽은 왕과 신의 부조를 눈앞에 맞닥뜨리게 된다. 아마도 이 같은 체험 효과를 의도하고 장소를 선정하고 신전을 조성한 듯 하다. 투드할리야스 4세가 기원전 13세기에 조성한 것으로 추정되며 암벽 등에 의해 여러 개의 갤러리로 자연적으로 공간이 분할되어 있다. 암벽에는 부조로 새긴 지하세계의 신들과 주신인 테슙 및 여러 히타이트의 신과 여신들이 있다. 신에게 안겨있는 왕의 모습도 부조로 묘사되어 있으며 사후에 신격화되는 왕을 상징한다고 해석된다. 그 중

저장고와 멀리 보이는 성벽과 탑문의 모습

한쪽 벽에는 벽감이 파여져 있다. 이곳은 왕과 주요인사를 화장한 후에 그 재를 담은 항아리를 안치해 놓았던 신당으로 추정된다.

하튜샤 출입구 앞에는 실물 크기의 히타이트 성벽과 탑문 건물이 관광객을 맞이하고 있다. 이 건물은 점토판 기록과 토기로 된 모형을 기반으로 하여 추정해 복원한 것이다. 석재기단을 높이 쌓고, 내부는 흙과 자갈로 채운 후 위에 점토벽돌을 쌓아 2층으로 지은 건물로, 내부에 들어가서 체험할 수 있도록 해 놓았다. 원래는 하튜사의 발굴조사에도 참여하도록 계획하였으나 안타깝게도 올해에는 여러 사정으로 발굴허가가 아예 나지 않아서 답사만 할 수 있었다.

오르타쾨이(Ortaköy)

오르타쾨이는 평소에 햐튜사 다음의 행정도시로서 대형의 관청건물들과 의례 구역이 조성되어 있는 제 2의 수도였다. 유사시에는 왕실이 피난하였고, 신전의 신상과 신물들을 모셔와서 전시 수도의 역할을 했던 것으로

| 오르타쾨이의 건물지

추측하고 있다. 조성시기는 기원전 2000년경으로 추정되는데, 다른 지역에서 출토한 쐐기문자 점토판 기록에 따르면 '사피누와'라고 불렸다고 한다.

일련의 건물 군집이 비옥한 평원을 마주하는 지점에 위치하는데, 이곳은 당시에 서쪽에서 바로 하튜사로 통하는 길목에 해당하는 교통의 요지였다. 히타이트 왕국의 행정, 정치, 군사 그리고 정치적 중심지답게 많은 건물의 잔해가 남아있으며 일부는 이미 발굴되어 노출되었으나 많은 부분이 아직 땅 속에서 잠자고 있다. 광활한 산사면의 초지에 건물의 잔해만 남아있는 오르타쾨이의 경관은 자못 낭만적이고 신비스러운 분위기를 자아낸다.

유적 내부 공간은 건물의 성격에 따라 궁성, 저장소, 관청건물지와 제의구역으로 구분된다. 그 중 관청건물의 일부에서 3,500여 개에 달하는 중왕국과 히타이트 제국기(기원전 15세기에서 14세기)의 쐐기문자 점토판이 출토되었고, 이는 하튜샤를 제외하고 단일 건물에서 가장 많은 수량이 출토된 예라고 한다. 이를 보아 쐐기문자 점토판의 공식 보관소로서 사용된 건물로 일종의 관청으로 추정된다. 점토판의 해독 결과, 주로 점유되었던 시기는 중왕국과 초기 히타이트 제국기로 추측하고 있다. 궁성의 크기는 장축 80m에 달하며, 인접하여 대형의 저장토기, 피토이토기 및 점토 거치대로 가득한 저장소가 있다. 인근의 또 다른 건물에서는 창과 활을 지닌 전사의 모습으로 표현된 왕 혹은 신의 형상이 있는 석판이 1990년에 발굴되어 신전일 가능성이 제기되고 있다.

또한 앞서 말한 건물군과 좀 떨어져 있으며, 다소 지형적으로 구별된 지점에서 희생가축을 파묻은 수혈들이 발견되었다. 각 수혈은 파묻은 가축의 종류에 따라 크기가 다르며, 마치 번제를 올린 것처럼 불에 그을린 화덕들이 사이사이에 위치하고 있다. 따라서 이곳은 주거 및 행정구역과는 공간적으로 구별된 의례구역으로 추정된다.

에스키야파르(Eskiyapar)

아나톨리아를 비롯한 터키에서는 종종 인공의 언덕, 텔Tell을 볼 수 있다. 바람 등의 자연작용으로 인한 퇴적토와 함께, 선사시대부터 계속적으로 흙벽돌로 건축물 짓기를 반복하면 나중에 이들이 둥그렇게 솟은 분구를 만들어 내게 된다. 에스키야파르는 이러한 전형적인 분구의 형태로 이루어진 유적으로 그만큼 오랫동안 이 곳에 있던 취락들의 흔적을 고스란히 간직하고 있다. 인근의 주요 유적에 비해 비교적 발굴의 역사가 짧은 편이지만 고고학적으로 중요하다. 왜냐하면 청동기시대-아시리아 식민시기-히타이트 제국기- 이후 역사시대에 걸친 전 시기의 문화층이 중층적으로 다 확인되는 유일한 유적이기 때문이다. 따라서 이곳에서 출토된 유물들은 주변 유적의 건축물과 유물의 상대편년 작업에 기준을 제시하는 역할을 하고 있다.

에스키야파르의 분구와 토층모습

레술로글루(Resuloğlu)

이곳은 히타이트 시기보다 앞선 전기 청동기시대의 취락과 분묘군 유적이다. 이 유적은 할리스 강과 합류한 델리케 강의 하곡 유역을 관망하고 제어할 수 있는 지리적 요충지에 자리하고 있다. 다년간의 발굴을 통해 흥미로운 정황을 보이는 취락과 분묘군이 확인되었다. 수장의 거소로 추정되는 구역은 일반 주거지와 다른 구역에 위치하는데, 특히 거대한 저장 수혈인 실로silo가 대량으로 군집되어 있어 잉여생산물을 둘러 싼 사회적 위계의 발달과정을 극명하게 보여준다. 실로 안에는 벤치가 설치되어 있기도 하고 토기에 당시 음식물의 잔해가 남아있다. 이들의 무덤 형식은 주로 석관묘와 피토이토기를 관으로 쓴 옹관묘이다. 부장품으로는 토기와 청동 그릇, 도끼와 창 등의 무구류, 청동의 핀과 목걸이 등이 확인되었다. 유물의 형식분류 및 원산지 분석 결과에 의하면 부장품의 일부는 장거리 교역을 통해 유입된 것으로 추정된다. 교역 대상지는 흑해 연안, 에게해 연안과 메소포타미아 지역을 아우른다. 비록 시기는 한참 이르지만, 향후 아시리아와의 장거리 교역을 발판으로 번영을 이루는 히타이트 문명의 경제가 태동되는 모습을 여기서 느낄 수 있다.

레술로글루 유적 전경

카이세리주-퀼테페(Kültepe)

퀼테페는 카이세리주에 위치하고 있는데, 남부에 있는 히타이트 유적 중에서 가장 규모가 크고 학술적 가치 또한 그만큼 큰 곳이다. 1880년대에 골동품 시장에 아카드 문자가 기록된 점토판이 나타나기 시작하였는데, 1925년이 되어서야 이 점토판들의 출토지가 퀼테페임이 밝혀지게 되었다. 히타이트 문자를 해독한 체코슬로바키아 언어학자 베드리히 호로즈니가 카네시 도시의 언덕이 아닌 성벽 바깥으로 100m 떨어진 목초지에서 기원을 추적하는데 성공하면서부터이다. 그가 발견한 점토판을 통해 이곳이 티그리스 강 유역의 앗수르에 있는 메소포타미아 도시에서 온 상인들이 설치한 교역 거점이었던 것을 알게 되었으며 현재까지 2만점 가까운 점토판이 이 유적에서 발견되었다고 한다. 대체적으로 상거래 등에 관한 기록이며, 기원전 1900년에서 1750년까지 카네시(퀼테페)의 아시리아 상인과 아시리아 수도 앗수르 사이에서 번성하였던 교역에 대한 정보가 담겨있다. 아나톨리아에 있는 10개소에 달하는 아시리아 상인 거류지 중 하나인 카네시는 아시리아 상인가문들에 대규모 교역의 중심지로 성장하였다. 그들은 주석과 옷감을 당나귀에 실어 카네시로 보냈으며, 그 대가로 아나톨리아 산 은을 가지고 귀환하였다. 이러한 당나귀 대상은 때로는 한번에 300여 마리가 움직일 정도로 대규모였고, 앗수르에서 카네시까지 도달하는데 약 1달이 소요되었다고 한다. 이것이 당시의 국제 무역의 전형적인 형태로서, 앗수르는 주석의 산지인 이란, 남부 메소포타미아, 구리의 산지인 딜문과 오만 그리고 아나톨리아를 잇는 광대한 국제무역의 중심지였다. 이 상인들이 주로 거주하던 곳, 그리고 단기 체류가 아니고 아예 지역주민과 결혼하여 살면서 뿌리를 내렸던 구역을 카룸이라고 한다. 이들이 활동한 기간이 앞서 설명한 아시리아 식민기이다. 상인들을 통해 교역품 뿐 아니라 메소포타미아의 문자와 선진적인 법체계가 이때 아나톨리아에 전래되어 사회를 크게 바꾸는 데 원동력이 되었다.

한편, 카네시는 독립을 유지하던 소왕국으로서 정치적 권력은 재지계 세력이 여전히 장악하고 있었으며, 아시리아 상인집단을 보호하고 교역을 허가하는 대신, 세금과 공물을 받았던 것으로 보인다.

카네시와 주변의 소왕국들 사이에는 때로는 격렬한 다툼이 있기도 하였다. 기원전 1820년 경, 이웃세력의 통치자인 피트카나의 아들 아니타가 카네시와 아시리아 식민지를 정복하였다는 기록이 있다. 이후 중앙 아나톨리아 지역을 복속시키는 데 성공한 아니타는 거점을 네사Nesa(카네시)로 옮겼다. 이 유적에서 그의 이름이 새겨진 단검이 발견되어 문헌상의 기록을 실증하게 되었다. 그리고 아니타의 후손이 왕실을 하튜샤로 옮겨 이후 히타이트 제국 통치자의 조상이 되는 것으로 추정된다. 왜냐하면 히타이트인은 자신들의 고유 언어를 네시리Nesili, 즉 네사의 언어라고 불렀는데, 이는 그 기원을 네사, 즉 퀄테페에 두고 있다는 것을 시사하기 때문이다. 한편, 히타이트 제국기의 물질문화의 양식을 연구한 결과, 그 조형은 퀄테페의 양식으로 거슬러 올라가는 것이 확인되었다. 대표적으로 새부리모양 토기는 퀄테페에서 초현하는데, 후에 히타이트 제국 전역에서 일반적으로 사용된 기종이 되었다. 이렇듯 과거 네사/카네시라 불렸던 퀄테페 유적은 히타이트 문화의 뿌리로서 학술적으로 중요한 위치를 차지하고 있다.

유적의 규모는 큰 편으로, 둘레가 3km에 달한다. 중심부의 언덕에는 궁전과 신전이 입지한 상부도시가 있고, 저지대에는 아시리아 상단이 거주한 카룸이 있다. 건조한 평원인 지금과 달리 과거에는 보다 따뜻하고 물이 풍부한 환경으로, 주거 구역 사이사이에 여러 하천이 흐르고 있었을 것으로 추정하고 있다. 그리고 유적에서 멀리 보이는 산에는 당시의 주요 아나톨리아 교역품 중 하나인 은이 나오는 광산이 있었을 가능성이 제기되고 있다. 이곳에 대한 발굴작업은 일찍이 프랑스인 샹트르가 1893년

| 카룸의 전경

~1894년에, 빙클러가 1906년에 시도한 것이 시초이다. 이후 1925년에는 히타이트 문자를 해독한 호로즈니가 점토판을 구하기 위해 일부 지역을 집중적으로 파헤쳤던 흔적이 아직까지 남아있다. 그러나 체계적인 발굴은 터키 역사회의 주도 아래 터키 학자 타흐신 외즈귀치 교수에 의해 1948년부터 시작되어 지금까지도 계속되고 있고, 현재는 앙카라대학교 고고학과 피크리 쿨라코글루 교수가 이를 전담하고 있다.

현재는 유적의 발굴 외에도 2년에 한 번씩 전 세계의 히타이트학 전문가들이 모여 학술회의를 하는 명실상부한 히타이트 고고학의 중심지 중 하나이다. 흥미롭게도 유적 주변의 도로는 이에 헌신한 고인이 된 전임 발굴책임자의 이름을 따서 명명되어 있다. 이 유적의 학술적 중요성과 함께 애착을 동시에 엿볼 수 있는 장면이다.

악사라이와 콘야주-아쳄회위크, 에프라툰피나르

아쳄회위크(Acemhöyuk)

아쳄회위크는 앙카라에서 225km 정도 남쪽에 소금 호수의 남쪽 제방에

위치하고 있으며 비옥하고 너른 콘야의 평원 한복판에 입지하고 있다. 금석병용기와 이른 청동기시대부터 취락이었지만 중기 청동기시대인 구 아시리아 식민기에 가장 번성하였다. 이 곳에는 히타이트의 성립 이전 및 동시기에 해당하는 소왕국(Burushattum/Purushanda)의 궁성과 성벽이 남아있다. 이를 사이 카야 궁성이라 부른다. 이곳은 일조량이 높고 평야가 널리 펼쳐진 밀 농사에 적합한 천혜의 환경을 가지고 있으며, 장거리 교역 물품의 주요 산지 중 하나로 꼽힌다. 특히 이 지역의 양털은 윤기가 많아 인기있는 교역품이었다고 한다. 그리하여 북부 메소포타미아 최초의 강대국인 아카드 제국 사르곤왕이 원정 와서 수 년간 살았었다고 한다.

분구 위에는 일반 가옥과 함께 대화재로 불에 탄 공공의 거대건물들이 많이 확인되었다. 돌로 기초를 만들고 점토벽돌로 벽을 쌓았는데, 메소포타미아 지역의 특징인 목재로 된 빔을 사이에 넣어 지지력을 강화시킨 기법이 인상적이다. 화재시에 높은 온도에 의해 석회암 재질의 돌과 나무가 함께 화학작용을 일으키며 생성된 희한한 형상의 잔재물이 군데군데 남아있다. 현재까지 궁성의 방 40개가 발굴되었는데 이는 동시기

아쳄회위크의 불탄 성벽

아나톨리아 전역에서 가장 거대한 규모이다. 방에서 발굴된 물품으로는 상아로 된 공예품이 있으며 가구의 일부였던 것으로 보인다. 수정과 흑요석으로 된 병, 청동 물품 그리고 도장이 찍힌 수많은 점토 인장bullae이 출토되었다. 일부구역에는 저장용인 토기인 대형의 피토이가 가득 채워져 있었다.

그러나 특정할 수 없는 어느 순간부터 전쟁 혹은 다른 이유에 의해 아쳄회위크는 경제적 영향력을 잃어버리고 오랜 기간 동안 방기되었다. 그러다 헬레니즘기와 로마시기에 들어서 분구의 남서쪽면이 다시 사용되기 시작하게 되어 이시기 건물의 잔재가 함께 발굴되었다. 그동안 이곳에서 발굴된 유물은 앙카라 고고학 박물관에 보존과 전시를 위해 기증되었다. 특이하게도 계속 여성 고고학자들이 이 유적의 총책임자였고, 현재도 앙카라대학교의 여성원로 고고학자인 오즈탄Öztan 교수가 담당하고 계시다.

분구 위에 위치한 사이 카야 궁성의 연륜연대 분석 결과 사용시기는 약 기원전 1752년으로 추산되고 있다. 또한 퀼테페 지역의 아시리아 상인들과의 교류한 기록에서도 아쳄회위크가 유사한 시기 아수르의 왕실인물(Shamsi-Adad, Mari, Nagihanum, Yahdun-Lim의 딸, Carchemish-Aplahanda)들과 관계있었다는 점이 확인되었다. 퀼테페 유적에서 출토한 아니타의 단검에서도 아쳄회위크의 왕과 그의 업적이 기록되어 있으며 이 인물들의 이름이 히타이트 쐐기문자로 새겨져 있는 등 과거 이 소왕국의 높은 위상을 가히 짐작하게 하는 단서가 많다.

에프라튠피나르(Eflatunpinar)

에프라튠피나르는 대표적인 그리고 매우 독특한 히타이트 제국기의 수변 의례 유적이다. 터키어로 플라토의 샘이란 의미로, 지하에서 물이 솟아나는 구조 때문에 이러한 이름이 붙여졌다고 한다. 근처에는 지하수가 집수되어 만들어진 거대한 베이젤Beyşehir 호수가 있고, 이 곳은 주변에 흐르던 지하수 일부가 약한 석회암 지반을 뚫고 나오는 지점이다. 후기 청동기시대 동안에 이 성스러운 샘 주위에 건물이 지어졌고 고대 히타이트 제국기에는 신성한 샘에서 의례를 거행하기 위해 거대한 건축물이 축조되었다. 본래는 상부의 신상들만 지면에 노출되어 있어 한동안 지상 건축물로 추정하였으나, 1996년에 하부에서 히타이트 저수조가 전격적으

에프라튠피나르

로 발굴되었다.

이 유적의 정면 중심부에는 위풍당당한 신성한 커플의 형상이 세워져 있다. 왼쪽에는 기후의 신인 테슙이, 오른쪽에는 부인인 태양의 여신을 의미하는 옷을 입은 여신의 신상이 한 쌍을 이루어 서 있다. 그 하부에는 황소-인간의 형상, 상부에는 사자-인간의 형상이 함께 묘사되어 있다. 가장 밑에는 5인의 산신령이 부조로 새겨져 있다. 그 중 가운데 있는 이들에는 구멍이 여러 개 있는데 이를 통해 저수조 안으로 급수된 것으로 추정된다.

남쪽 벽에는 좌정한 여신이 제단과 함께 묘사되어 있다. 동쪽 벽에는 두 사람의 모습이 있는데 마치 북쪽을 향해 걸어가는 모습이다. 내부에는 12개의 조각난 황소와 2개의 사자 조상이 출토되었다. 이곳에서 나온 공헌품인 미니어처 토기는 하튜샤의 연못 출토품과 유사하여 왕실과의 관계를 짐작하게 한다.

인근 지역을 지표조사 한 결과, 주변에는 이 저수조를 관리하던 사람들이 거주했던 마을이 있었을 것으로 추측되고 있다고 한다. 히타이트는 특히 엄격한 종교적 규례로 유명한데, 신전의 신상들을 거의 매일 청소를 하고, 음식을 비롯한 각종의 공헌물을 바치는 풍습이 있었다. 따라서 이 저수조는 축제기간 동안에 의례를 치렀던 곳이 명백하고 부조로 묘사된 신들은 아마도 히타이트 왕의 수호신들이었을 가능성이 높다. 또한 주요 축제기간에 멀리 하튜샤에부터 왕이 순시하며 꼭 순례했던 성소로 기록되어 있다. 한편, 수십 km 떨어진 곳에 에프라튬피나르의 석상의 채석장으로 추정되는 지점이 있는데, 여기에 거의 다 완성된 주신 테슙의 석상이 누운 채로 있는 파슬라 모뉴먼트가 있다.

참고문헌

김대성, 2006, 터키 들여다보기, 한국외국어대학교 출판부

이희철, 2004, 히타이트: 점토판 속으로 사라졌던 인류의 역사, 리수

세람, 1999, 발굴과 해독-고대의 최강대국 히타이트, 100년 동안의 발견 이야기, 푸른 역사

페이건·스카레, 2005, 고대문명의 이해, 사회평론

Mielke, 2011, Key sites of the Hittite Empire, in Mcmahon, G and Steadman(eds.), The Oxford Handbook of Ancient Anatolia(10,000-323 BCE). pp. 1,031-1,054.

Yildirim, T., 2006, An Early Bronze cemetery at Resuloglu, near Ugurludag, Corum, A preliminary report of the archaeological work carried out between years 2003-2005, Anatolia Antiqua 14(1):1-14.

그 외 답사과정에서 청취한 현장 책임자들의 설명을 참조하여 작성하였습니다.

터키 히타이트 유적 발굴 체험 프로그램 개요

김현석

2016년 1학기에 터키 히타이트 고고학 답사 및 발굴 공고가 올라왔다. 국내 발굴 1개월 이상 경험자 중에 선발을 거쳐 터키에서 발굴을 할 인원을 뽑게 되었다. 단순히 해외 답사를 가는 것이 아니라 발굴을 하는 것이기에 이러한 제한을 두었고, 한국고고환경연구소를 통해서나 외부기관을 통해서 발굴을 경험해 본 학생들만 지원을 할 수 있었다. 10명이 최종적으로 선발되었다. 그 후 2명씩 5개 조로 나누어졌다. 조별로 터키에 비자를 신청하기 위하여 터키 대사관 홈페이지에 접속하여 신청서를 작성하였다.

6월 경 고려대학교 고고미술사학과에서 국제 학술대회를 개최하였고, 여기서 처음으로 우리가 갈 유적의 터키 교수님들을 만날 수 있었다. 터키 유적과 발굴 성과에 대한 강의를 들었는데, 여기서 인터넷이나 책을 통해 볼 수 있었던 단편적인 지식보다 더 많은 것을 배울 수 있었다. 발굴

전 또 다른 사전 준비로서 간단한 답사자료집을 함께 만들었다. 발굴하게 될 유적지가 생소했기 때문에 조별로 각 1개의 유적을 맡아서 레포트를 작성하였다. 이후 그 자료들을 엮어서 참고할 답사지로 만들었다. 한편, 50일간 해외에서 지내야 된다니 짐을 어디까지 준비해야 될지가 고민스러웠다. 일부 학생들은 라면이나 인스턴트 식품을 준비하기도 했다. 아나톨리아 지방은 일교차가 심하다고 국제 학술대회에 교수님들이 오셨을 때 두꺼운 잠바를 준비하라고 당부하셨기 때문에 한정된 부피안 에 모든 것을 챙기려니 생각을 많이 하게 되었다.

6월 28일 터키 이스탄불 아타튀르크 국제공항에서 자살폭탄 테러가 발생했는데, 출발하기 보름 전에 터진 일이라 모두 걱정이 컸다. 이전에도 테러 위협이 있다는 소식이 들리긴 했지만 실질적으로 우리가 도착할 공항에서 난 테러 사건이라 일부 인원은 발굴 참여를 취소하려 하기도 했다. 그러나 결국 마음이 바뀌었는지 다시 참가를 하겠다 하여 기존 신청하였던 10인 모두 다시 터키로 가게 되었다.

마침내 7월 13일 터키에 도착하여 이스탄불 답사를 마친 뒤, 7월 15일부터 터키 히타이트 고고학 답사 및 발굴이 본격적으로 시작되었다. 원래 계획대로는 2인 1조로 5팀으로 나뉘어서 발굴현장으로 이동하기로 되어있었다. 그리고 약 3주마다 한 유적에, 그래서 한 조 마다 총 2개의 유적에 머물기로 하였다. 그러나 현장마다 발굴의 시작 시기나 준비에 있어서 차이가 많이 있었기 때문에 계획과 다르게 좀 짧게 여러 유적을 경험하게 되었다. 퀼테페의 경우엔 7월 15일부터 바로 발굴에 참여하는 것이 가능했는데, 에스키야파르와 레술로글루는 정부의 발굴 허가 문제로 조금 늦게 시작하였으며, 알라카회위크와 같은 경우는 제초 작업 및 발굴 전 사전 작업 준비 문제로 7월 20일경부터 발굴을 시작할 수 있었다.

15일 앙카라 공항에서 11학번 서승현 학우와, 13학번 김지은 학우, 14학번 김요빈, 손정미 학우, 15학번 최지연 학우 5명이 피키리 교수님과 함께 퀼테페 발굴 현장으로 이동하였다. 나머지 11학번 김현석, 14학번 구정봉, 15학번 장주석, 지예선, 최승주 5명은 타이푼 교수님과 함께 이동하였는데, 도중에 툰치 교수님이 담당하는 에스키야파르에 도착하여 구정봉, 지예선이 내리고 나머지 3인은 타이푼 교수님이 담당하는 지역인 레술로글루로 향했다. 이후 자세한 일정은 다음과 같다.

| 각 팀 별로 참가했던 발굴현장과 기간

지역 이름	Resuloğlu 레술로글루	Alaca Höyük 알라카회위크	Ortaköy 오르타쾨이	Kültepe 퀼테페	Eskiyapar 에스키야파르
손정미	08.02~08.10 08.21~08.25			07.15~08.01	08.11~08.20
김요빈					
김지은	08.11~08.20		08.04~08.10		08.02~08.03 08.21~08.25
최지연					
김현석	07.15~07.19	07.20~08.02		08.03~08.25	
서승현				07.15~07.19 08.03~08.25	
장주석	07.15~08.02 08.19~08.25	08.03~08.10	08.11~08.18		
최승주					
구정봉		08.11~08.19			07.15~08.10 08.20~08.25
지예선					

　애초에는 각 조에서 첫 번째 지역에서 3주, 두 번째 지역에서 3주 총 6주간 2 지역을 발굴하기로 되어있었는데 앞서 언급한 것과 같이 현지 발

굴사정에 의해서 약간 변경점이 있었다. 트로이로 발굴을 가게 되어 있었던 김요빈, 손정미 조는 발굴 현장을 바꾸어 김지은, 최지연이 가기로 되어 있었던 큘테페 조에 참가하게 되었고, 김현석, 서승현 조에서 서승현이 최고 학번 중 한 사람으로 큘테페 인원들을 돕기 위하여 팀이 나뉘어지게 되었다. 남은 김현석은 장주석, 최승주 조에 껴서 레술로글루로 이동하게 되었고, 구정봉 지예선 조는 에스키야파르로 이동하게 되었다. 보통 차를 이용하여 각 현장으로 이동하였는데, 초룸이라는 한 지역에 위치하는 알라쟈회유크, 오르타쿄이, 레술로글루, 에스키야파르는 비교적 인근에 위치하여 있었지만 큘테페의 경우 6시간 가량 시간이 걸렸다. 첫 발굴 기간인 8월 1~2일 까지는 대체적으로 한 지역에 머물게 되었는데, 이후 발굴이 종료되거나 하는 등의 현지 사정에 의해 2번째 기간은 김현석, 서승현 조를 제외하고는 여러 번 현장을 옮기게 되었다. 체재 후반기에는 비교적 인근에 위치한 에스키야파르, 레술로글루는 학생들의 이동이 잦았는데, 타이푼 교수님이 우리에게 더 많은 유적 발굴을 경험하게 해주고 싶어서였다고 한다.

터키 발굴 현장의 특이점은 한 발굴현장이 수십 년간 지속되어왔다는 것이다. 국내 발굴 현장들은 경주 등의 예외적인 지역을 제외하고는 거의 구제발굴 위주로 진행되기 때문에 짧으면 몇 달에서 길어야 1년 정도 진행되는 경우가 많다. 그래서 한국의 발굴은 전체적인 순서는 비슷하지만 구제발굴을 진행하는 기관에 따라 보고서의 양식과 발굴 세부 방법 등이 달라지고는 한다. 그러나 터키의 발굴은 발굴지역이 여러 해에 걸쳐 진행되기 때문에 발굴 지역마다 그 지역에 맞는 지역 구분을 사용하고, 유구와 유물 기록 방법에 차이가 있다.

우리는 주로 기본적인 굴토작업에 참여를 하였다. 발굴 작업 자체는 한국의 발굴과 크게 다르지 않은데, 우리나라의 경우 호미를 사용하는데 터키는 손 곡괭이를 주로 사용하는 등 세부적인 것에 차이가 있었다. 실측이 가능한 학생들의 경우 현장의 유적 혹은 유구 실측이 필요할 때 실측 작업을 하기도 하였다. 한번은 퀼테페 현장에서 한 구역의 관리를 담당하던 대학원생이 몸이 아파 현장에 나오지 못하였을 때 김현석과 서승현이 터키 인부들을 직접 관리하며 일지를 작성하여 발굴 현장을 담당한 적이 있다. 발굴에 참가한 인원 중 고학년이며 한국고고환경연구소 등을 통한 발굴 경력이 있었기 때문에 가능했다고 생각한다. 이후 영문으로 작성한 발굴 기록을 퀼테페 유적 기록에 등록하고, 주간 발굴결과 보고회에서 PPT를 작성하여 3일간의 업무보고를 하였다.

 터키의 실내작업 또한 현장마다 차이가 있다. 퀼테페 현장의 경우 발굴은 앙카라대학교 고고학과 학생들이 참여하고, 이스탄불 대학교의 문화재 보존처리 관련 학과 학생들이 실내작업을 담당하였는데 유물 세척 및 분류를 주중에 한 뒤 발굴 종료 후 7시부터 일일 보고서와 유물에 발굴 정보를 적는 넘버링 작업을 한다. 알라카회위크 현장은 실내 작업을 하는 인원은 실측을 담당하고, 발굴을 담당하는 인원들이 유물이 어느 정도 많이 모였을 때 하루 현장 작업을 하지 않고 인부들과 함께 세척 작업을 한다. 레술로글루의 경우는 매일 발굴에 나가는 인원과 실내 작업을 하는 인원을 나누어 실내 작업을 담당하는 인원은 유물 세척을 한다. 에스키야파르 현장은 발굴 기간 동안 현장 작업만 진행되었고, 발굴이 거의 마무리되어가는 8월 중순부터는 발굴해온 유물들을 세척하고, 실측하는 작업을 하였다. 오르타쾨이 현장은 당일 발굴에서 수습한 유물들을 현장 숙소로 복귀한 후 실내작업을 통해 세척과 실측 등을 한다.

 터키에서의 일과도 역시 각 현장마다 다르게 흘러갔다. 시작시간과 종료시간, 중간의 휴식시간은 모두 현장마다 차이가 있으나 대체적으로 일 8시간, 주 6일 근무를 기본으로 한다. 작업이 종료된 이후에는 기본적으로 자유시간을 가지게 되는데, 터키 학생들과 이야기를 나눈다거나 각자 방에서 휴식을 취하기도 한다. 현장 숙소의 청소가 필요한 경우에는 터키 학생과 우리나라 학생들이 모두 모여 청소를 한다. 식사 준비는 보통 숙소에서 식사를 준비하는 분이 있는데, 학생들이 식기나 음식들을 나르는 등 도움을 주기도 한다. 일과 이후에 현장에 따라 그날 발굴에 있었던 일에 대한 정리를 해주며 교수님이 강의를 해주시기도 하며, 주중에 1회 정도 정기적으로 하는 곳도 있다. 한편 주 1회정도 연회를 여는데, 보통 휴일 전날 바비큐 파티와 같은 행사를 한다. 우리나라와 같이 교수님께서 한마디 하시고, 식사를 진행한다. 식사가 거의 마칠 무렵 노래를 부르고, 악기를 연주하고 춤을 추는 등 다같이 어울려 논다.

휴일도 우리처럼 주말에 쉬는 것이 아니라 유적마다 일주일 중 정한 요일에 쉰다. 쉬는 날에는 다 같이 모여서 유적지나 박물관을 방문하기도 하며 하이킹을 가는 등 야외 활동을 하기도 하였다. 근처에 시내가 있을 경우 차를 타고 백화점 등을 방문하기도 하였는데, 이런 때 기념품 등을 구입할 수 있었다. 쉬는 날에 무엇을 할 것인지는 자유이기 때문에, 터키 친구들을 따라 밖으로 나갈 수 도 있고, 피곤하다면 숙소에 머물며 휴식을 취할 수도 있다. 위와 같은 스케쥴로 발굴 기간 동안 휴식과 관광 그리고 현장 작업을 반복하였다.

발굴이 종료 된 8월 25일은 거의 모든 현장이 일을 하지 않고, 교수님들이 우리를 차로 데려다 주셔서 앙카라 공항에 다같이 모였다. 교수님들과 모두 모여 사진을 찍고, 다시 만나길 기원하며 이별하였다.

터키 발굴이 종료되고 발굴 참가 학생들은 3~4일간의 짧은 방학을 보낼 수 있었다. 2016년 2학기가 시작되고 9월 20일 학과 설명회를 하게 되었는데, 터키 발굴 참여 인원 중 서승현이 대표로 발굴 경험을 발표하게 되었다. 신입생들을 비롯한 재학생들이 터키 발굴에 관심을 가지는 것 같아 뿌듯했다. 이번 터키에서의 발굴은 고고미술사학과에서 진행되는 해외교류의 시작이기 때문에 성공적으로 마무리 된 것에 큰 의미가 있다고 생각한다.

Türkiye Cumhuriyeti

터키답사여행
터키 히타이트
유적에서

●
손정미

간장계란밥으로 소개한 한국의 문화

●
장주석

공놀이로 다진 우정

●
김요빈

레술로글루의 태풍

●
지예선

에스키야파르의 안네

●
서승현

해바라기가 피고 지고

●
구정봉

내 인생의 터닝포인트 : 터키 해외 발굴

●
김현석

장기 학술 발굴의 정수를 경험하다

●
김지은

잊지 못할 터키에서의 생일 파티

●
최승주

터키CNN에 출연하다

●
최지연

딸처럼 보살펴 주신
툰치 교수님 부부를 기억하면서

간장계란밥으로 소개한 한국의 문화

손정미

터키 유적 발굴단 참가신청서를 보냈던 건 2016년 1월 친구들과 같이 익산의 유적발굴현장에서 공부하고 있을 때였다. 내가 터키 유적 발굴단 참가자가 될 수 있을지 없을지 확실하지 않은 상황에서 앞으로 이런 좋은 기회는 없을 것 같다는 생각에 들뜬 마음으로 신청을 하였다. 터키 유적 발굴단 참가자로 선정된 후에도, 그리고 터키 앙카라대학교 교수님들이 직접 우리학교에 오셔서 히타이트 문화에 대해 강연하실 때에도 내가 진짜 터키에 발굴을 하러 간다는 사실이 실감나지 않았다. 방학을 시작하고, 터키의 역사나 우리가 가는 유적지에 대해 각자 조사하고 답사지를 만들면서 그제야 내가 진짜 터키에 간다는 사실이 차츰 실감나기 시작했다.

터키에 가기 전날 걱정도 조금 되었지만 그것보다 설레고 들뜬 마음이 커 친구들과 친인척들에게 자랑하면서 잘 갔다 오겠다고 걱정하지 마시라고 자신 있게 말하며 전화를 끊었다. 누구보다 걱정하시는 부모님을 안심시키고 들뜨고 설레는 마음을 애써 감추며 그렇게 다음날 부푼 마음을 안고 인천공항으로 출발하였다.

10시간이 넘는 비행동안 먹고 자기를 반복하니 이스탄불에 금방 도착하였다. 사실 이스탄불은 내가 꼭 가보고 싶던 여행지 중 하나였다. 고등학교 때 과외 선생님이 가본 나라 중 가장 아름답고 기억에 남는 나라가 터키라고 꼭 한번 가보라고 했던 말이 떠올라 터키에 대해, 특히 이스탄불이라는 도시에 대해 기대하는 마음이 컸다.

　7월 13일 새벽에 도착해 호텔로 가 짐을 풀고 조식을 먹고 이스탄불 관광을 시작했다. 고고학 박물관, 아야소피아 성당, 돌마바흐체 궁전, 버스투어 등 많을 것을 보았지만 가장 기억에 남는 관광지는 돌마바흐체 궁전이었다. 아쉽게도 내부 촬영은 금지되어 있어 사진은 찍지 못했지만, 아직도 궁전의 외부와 내부가 선명하게 떠오른다. 돌마바흐체 궁전은 프랑스의 베르사유 궁전을 모티브로 해서 지었다고 하는데 그래서 그런지 동양적인 느낌보다는 서양적인 느낌이 강한, 화려하고 웅장한 궁전이었다. 돌마바흐체 궁전은 개인관람을 불가능하고 30분 간격으로 있는 영어

| 돌마바흐체 궁전 앞에서

카파도키아에서 교수님들과

가이드와 동행하여 관람하여야 하기 때문에 바로 들어가지 못하고 밖에서 조금 대기했다. 밖으로 나오면 보스포루스 해협이 보이는데 같이 갔던 친구들과 보스포루스 해협을 배경삼아 열심히 사진도 찍고, 그늘에 앉아 수다를 떨었던 것이 생각난다. 아야소피아 성당도 무척 기대했던 관광지 중 하나였다. 고등학교 세계사 시간에 비잔티움제국에 대해 배울 때 아야소피아 성당에 대해서도 배운 적이 있어서 그런지 궁금한 마음이 무척 컸다. 아야소피아 성당은 원래 성당으로 지어진 건축물이지만 후에 이슬람사원으로 개조된 건축물이라 그런지 로마시대의 모자이크와 이슬람문양이 조화를 이루어 오묘하고 신기한 느낌을 주었다. 성당 외부의 모습도 아름다웠고 내부도 대리석으로 구성된 벽과 바닥이 조명의 빛을 받아 은은하게 빛나는 모습 또한 그 아름다움을 더해 주었다. 높은 천장과 건물 자체에서 오는 웅장함, 그리고 벽면의 정교한 세공이 놀라웠지만 보수공사 때문에 시야가 많이 가려져 아쉬운 마음이 들었다. 2층에서는 회칠을 벗겨 복원한 모자이크가 기억에 많이 남는데 모자이크의 정교함과 금빛으로 빛나는 아름다움에 취해 한동안 그 자리에 서서 모자이크를 감상했던 기억이 난다.

다음날은 비행기를 타고 앙카라로 이동해 터키 교수님들을 만났다. 앙카라대학교 안에 있는 카페에서 터키 교수님들과 이야기도 나누고 우리가 갈 지역에 대해 듣게 되었다. 그것보다 앙카라대학교 카페에서 기억에 남는 것이 있는데 바로 잘생긴 카페 아르바이트생이다. 우리가 카페에 가자 마자 여학생 5명이 다 같이 했던 말이 '아르바이트생 잘생겼다'라는 말이었다. 서로 몰래 몰래 쳐다보고 우리끼리 웃고 했었는데 그 아르바이트생이 눈치를 챘는지 마지막에 우리가 갈 때 인사를 해주었다. 우리도 같이 반갑게 인사해 주었는데 지금 생각하면 그때 왜 그렇게 주책맞게 그랬는지 웃기기만 하다. 그리고 그 아르바이트생 입장에서도 우리가 얼마나 웃겼을지 생각해보니 약간 창피하기도 하다. 하지만 지금은 소소하게 웃음거리로 말할 수 있는 일이니 이것 또한 하나의 추억이 아닐까 한다.

우리 10명은 친구들과 헤어져 각자 지역으로 이동했다. 내가 가게 된 첫 번째 지역은 큘테페라는 유적이었는데 다른 유적들은 다 초룸Çorum지역에 있는 반면 큘테페는 카이세리Kayseri라는 지역에 위치에 있어 다른 친구들은 타이푼 교수님 댁에서 하루를 머물고 떠나는 반면 우리는 피키리교수님의 차를 타고 바로 큘테페로 출발하였다. 이동시간이 길어 밤이 되어서야 숙소에 도착했다.

다음날 아침 우리 4명이 모두 교수님이 주신 조끼를 입고 팔토시를 하고 모자를 쓰고 완벽한 발굴 복장을 갖추어 서로를 마주했을 때 웃기면서도 이제 진짜 현장경험을 한다는 생각에 설레었다. 큘테페는 보통 오전 7시에 일을 시작하여 오후 5시에 일이 끝나고 이후, 오후 8시와 오후 10시에 토기 넘버링 작업을 하는 일과였다. 주 6일 일을 하고 월요일에 쉬는데 그날은 보통 큘테페에 있던 터키 친구들과 같이 카이세리라는 시내로 나가 다 같이 돌아다니며 이것저것 보기도 하고 먹기도 하면서 즐

퀼테페 인부아저씨와 함께

거운 하루를 보냈다. 또한 휴일 전날은 야외에 있는 오븐에서 피데를 구워 먹으면서 즐거운 시간을 보내기도 했다.

퀼테페에 도착한 첫날 밤 터키에서 군사 쿠데타가 일어났다. 그날 밤 2시 쯤에 요빈이가 깨우는 소리에 눈을 떴는데, 쿠데타가 일어났다는 소리에 놀라 기겁을 하면서 깨어났다. 그때 당시는 무서운 마음에 밖에서 들리는 작은 소리에도 민감하게 반응하면서 행동했지만, 우리가 있던 곳은 조용한 시골이라 그런지 뉴스로만 쿠데타에 대한 소식을 접했을 뿐 시위 같은 집단행동은 볼 수 없었다. 걱정을 많이 했지만 생각보다 쿠데타가 빨리 진압되고 다른 큰 문제는 없어 걱정을 덜게 되었다.

다음날은 휴일이 아니었지만 이홍종 교수님을 비롯해 우리 학교 교수님들이 퀼테페 현장에 오시는 날이어서 우리가 서프라이즈 선물로 피키리 교수님과 우리 학교 교수님이 만나는 장소에 몰래 숨어있었다. 며칠 전에도 뵈었지만 타국에서 교수님들을 뵈니 너무 반가운 마음이 들었다. 그날은 동굴교회도 관광하고 언더그라운드 시티, 도자기박물관 등 여러 곳을 돌아다녔다. 오랜 역사를 간직하고 있는 나라라 그런지 볼거리도 많고 즐길 거리도 많았다. 그날 저녁 처음으로 바비큐 파티를 했는데 야외 오븐에서 터키 친구들이 직접 만들어준 터키식 피자인 피데를 먹으면서 터키 친구들과 많은 이야기를 나누었다. 물론 완벽한 의사소통은 되지 않았지만 영어와 몸짓 발짓을 섞어가며 이야기를 나누면서, 같은 고고학을 공부하고 같은 현장에서 함께 일하고 배우는 학생으로서 동질감을 느끼기도 하였다. 교수님이 다녀가신 다음날은 쉬는 날 이어서 늦잠도 자고 핸드폰도 하고 주변도 돌아다니면서 여유를 만끽할 수 있었다. 보통 빨래는 세탁기로 하지만 그날은 세탁기가 고장이 나서 손빨래를 하였다. 유물을 세척하는 통에 빨래를 넣고 손으로 조물조물 빨아가면서 빨래를 했던 것이 기억에 남는다. 당시는 세탁기가 고장나서 손빨래를 한다는 생각에 불만이 약간 있었지만, 지금 생각해보면 그런 것 또한 퀄테페에서의 추억으로 남아 즐겁기만 하다.

퀄테페 연극배우들과 함께

휴일 다음날은 처음으로 현장으로 나가 일을 했는데 정말로 너무 더워 쓰러질 것만 같았다. 가만히 앉아만 있어도 땀이 줄줄 비 오듯 쏟아져 정말 어디 계곡이나 바다라도 뛰어 들고 싶은 심정이었다. 다행히 그날이 유독 더운 날이어서 힘들었던 것이지 다른 날은 상대적으로 덜 더워 한결 가벼운 마음으로 일 할 수 있었다. 퀼테페에는 매주 토요일마다 관광객들이 오는데, 관광객들이 오는 날 그들과 같이 돌아다니며 배우들이 하는 연극을 관람하기도 하였다. 많은 터키 관광객들이 자신들과 다른 나라의 동양인 학생들이 발굴현장에서 일하는 것을 보고 신기해 하면서 같이 사진도 찍고 간간히 짧은 영어로 말을 걸어주어 대화하기도 하였다. 두번째 맞는 휴일에는 카이세리 백화점에 갔는데 가서 기념품도 사고, 퍼즐도 사고, 다 같이 마트에 들린 다음 숙소로 돌아왔다. 카이세리 백화점에서 산 퍼즐은 아야소피아 성당을 배경으로 한 것으로 아직 완성은 못했지만 지금도 열심히 맞추고 있는 중이다.

퀼테페 현장에서 가장 기억에 남는 것은 유구 실측을 한 일이다. 보통

퀼테페 친구들과 약간작업 중

땅을 파거나 유물을 수집하거나 이런 일을 위주로 하였는데, 하루는 우리가 팠던 트렌치를 실측하였다. 실측한 도면을 보면서 내가 또 한 번 이 현장에 도움이 되는 일을 했다는 생각에 뿌듯한 마음을 감추지 못했다. 그리고 이날 현장에서 일하시는 인부분들과 같이 사진을 찍었는데 인부분들이 너무 좋은 분들이고, 우리에게 친절하게 대해주어 이분들과 찍은 사진을 볼 때면 큘테페 현장에서 같이 일했던 것이 생각난다.

8월 1일은 아주 기억에 많이 남는 날이다. 이 날은 휴일이라 터키 친구들과 다 같이 카이세리 시내로 나가려고 했는데, 버스가 오지 않아 길거리에서 히치하이킹으로 차를 얻어 타고 시내로 나갔었다. 지금 생각하면 위험한 일이기도 하고 평소 나 같았으면 하지 않았을 행동이지만 주변에 터키 친구들이 함께 있었고, 다음 버스를 기다리기가 너무 힘들어서 그런 용기가 나지 않았나 싶다. 저번에도 갔었던 카이세리 백화점을 돌아다니면 블라우스를 하나 샀는데, 그 블라우스는 터키에서도 잘 입었고 여전히 한국에서도 잘 입고 다니고 있다. 또한 그 다음날은 같이 큘테페에서 생활했던 지은이의 생일이기도 했다. 아침부터 모르는 척 하고 마트에서 몰래 지은이가 눈치 채지 못하게 선물을 사느라 힘들었다. 케이크도 몰래 사고(결국 케이크는 숙소로 들고 가다가 들킬 거 같아, 미리 지은이에게 '너의 생일 때문에 산 케이크이다'라고 말하며 공개했다) 선물로 몰래 사면서 깜짝 생일파티를 해 줄 생각에 들뜬 마음을 안고 숙소로 향했다. 큘테페에는 식사를 준비해 주시는 '베디아'라는 아주머니가 계시는데 그 분 아들의 결혼식 영상을 다 같이 보고 있을 때 나와 요빈이가 몰래 빠져나와 초에 불을 붙이고 몰래 샀던 선물을 준비하고 터키 친구들에게도 지은이 모르게 몰래 알려 놓고 그렇게 깜짝 생일파티를 해주었다. 다 같이 생일을 축하해주고 지은이가 감동받아 하는 표정을 보면서 나도 지은이를 따라 눈물을 흘릴 뻔 했다.

터키 친구들도 많이 생각나긴 하지만 가장 많이 생각나는 사람은 우리의 식사를 준비해주던 베디아 아주머니이다. 우리를 향해 항상 미소 지어 주시면서 귀여워해주고 정말 엄마처럼 우리를 대해주었던 그 분을 생각하면 미소가 절로 지어지고 그립기도 하다. 항상 우리는 베디아를 보면 '엄마, 배고파요'라는 의미인 '아나, 아침' 또는 '많이 배고파요'라는 의미인 '촉 촉 아침'이란 말을 자주 하곤 했는데, 그럴 때마다 인자하게 웃으면서 많이 먹으라고 말해주던 베디아 아주머니가 많이 생각난다. 베디아 아주머니가 만들어 주던 마늘빵과 홍차는 아주 맛이 있어서 아직도 그 마늘빵과 홍차가 문득문득 생각난다.

그리고 우리가 '아나, 아침'이라고 할 때마다 터키 친구들은 그게 웃겼던지 우리의 말을 따라하면서 서로 웃었던 게 생각난다. 큐테페에서 어느 하루는 오후 작업을 하지 않고 서로의 언어를 배워보는 시간을 가진 적이 있었다. 그때 기본적인 회화단어들 '안녕', '배고파', '잘 자', '잘 먹겠습니다' 숫자 등등 많은 것을 배웠는데 그때 배웠던 단어들을 다음 현장에서 종종 사용하기도 하고, 또 한국에 와서도 잊혀 지지 않아 가끔 터키에 같이 갔었던 동기들, 선후배를 볼 때마다 인사대신 배웠던 터키어들을 사용하기도 한다. 그때 배웠던 터키어 중 지금 기억에 남지는 않지만 서로 대결하듯이 알려준 단어가 있었는데 바로 '간장공장공장장은 간공장장이고'라는 말과 '내가그린기린그림은 긴기린그림이다'라는 말이다. 터키 친구들도 이런 터키어를 알려주었는데 아쉽게도 지금 생각나지 않아 이 이야기를 자세히 전할 수 없다는 것에 아쉬움이 남는다. 그 때 서로 누구의 말이 더 어려운가 내기하면서 이기려고 열심히 발음했었는데 서로 발음이 이상하니 발음교정을 해주면서 웃기도 하고 틀렸다고 웃기도 했던 모습이 아직도 떠오른다. 또 큐테페하면 이런 소소한 추억들이 많아 큐테페에서의 2주는 잊지 못 할 추억이 된 것 같다.

8월 2일은 우리가 큐테페 현장을 떠나는 날이었다. 2주 넘게 있었던 정들었던 큐테페를 떠나면서 아쉬운 마음과 그곳에서 어울렸던 터키 친구들과 헤어지는 것이 무척 아쉬웠다. 떠나면서 우리를 향해 손을 흔들어주던 터키 친구들을 사진으로 찍어 놓았는데 아직도 그 사진을 보면 우리가 큘테페를 떠나는 날이 생생히 그려지고 너무 고마웠던 친구들이 보고싶기도 하다. 페이스북 같은 SNS로 가끔 터키 친구들의 소식을 접하는데 그때 마다 그 친구들이 많이 생각이 난다.

큘테페를 떠난 우리 넷은 오후 7시쯤 에스키야파르에 도착했다. 앙카라 이후 10명이 모이는 것은 처음이라 서로 얼굴을 보자마자 너무 반가워 껴안기도 하고 소리를 지르기도 하면서 반가운 마음을 표출했다. '어떻게 지냈냐', '거기 현장은 어떠하냐', '우리는 이랬다' 등등 사소한 얘기와 서로의 현장에 대한 얘기와 궁금증을 묻고 답하면서 한참을 그렇게 수다를 떨었던 것 같다. 한국에서 친했던 사람들의 얼굴을 보면서 무척이나 반가웠는데 당시 약간은 어색했던 친구들의 얼굴을 보면서도 너무나 반가웠다. 서로 타지에 있으니 같은 한국사람 이라는 것이, 또한 같이 공부를 하러 왔다는 사실 때문인지는 몰라도 한 명 한 명 그렇게 반가울 수가 없었던 것 같다. 그렇게 친해진 친구들, 선후배들과는 아직도 좋은 관계를 유지하고 있어 터키 유적발굴을 다녀왔던 것이 잘한 일이라는 것을 또 한 번 느끼게 해준다. 하지만 그 반가움도 오래 가지 못하고 우리는 서로 각자 다른 현장으로 이동했다. 헤어질 때 차의 창문 밖으로 서로의 모습이 안 보일 때까지 손을 흔들어주던 모습이 아직도 기억난다.

큘테페 다음으로 레술로글루 현장에 도착했다. 자동차로 한참을 이동해 레술로글루 숙소에 도착했을 때는 어두운 밤이어서 레술로글루에 있는 터키 친구들과는 제대로 인사를 나누지 못하였다. 다음날 아침 일어나 우리가 처음으로 한 일은 토기를 세척하는 일이었다. 레술로글루의 토기는 큘테페의 토기와는 다르게 토기에 소금이 강하게 붙어있어 토기를 세척하는 일이 몇 배는 더 어려웠다.

　일이 끝나고 쉬는 시간에 터키식 커피를 먹고 점을 보았다. 터키식 점은 터키식 커피를 다 마신 다음 커피잔을 세 번 흔든 후 엎어 놓고, 잔이 식고 나서 잔에 남은 커피찌꺼기의 모양을 보고 미래를 예측하는 것인데 커피찌꺼기를 보고 점을 본다는 것이 나에게 신기하게 다가왔다. 한 터키 친구가 나에 대해 점을 보아주었는데 나의 성격을 비슷하게 맞추는 것을 보면서 신기한 마음을 감출 수 가 없었다. 터키식 점은 2번 보았는데 한 번은 레술로글루에서 본 것이고 다른 한 번은 에스키야파르에서 본 것이다. 레술로글루에선 나의 성격에 대해 말해주었다면 에스키야파르에선 나의 미래에 대해 말해주었는데 그 친구 말로는 '너의 주위에 'T' 이니셜을 가진 남자가 앞으로 너의 운명이 될 것이다'라는 말을 해주었다. 그 얘기를 들은 후 지금까지도 나는 진짜가 아니라는 것을 알면서도 종종 친구들에게 'My 'T', My 'T' 어디 있니?' 라며 장난을 치기도 한다.

　레술로글루 또한 주 6일을 일하지만 월요일에 쉬는 퀄테페와는 달리 목요일이 휴일이었다. 8월 4일은 현장이 쉬는 날이라 타이푼 교수님과 함께 에스키야파르로 가서 새로운 터키 친구인 '데니스'를 데리고 숙소로 돌아왔다. 숙소로 돌아오기 전 우리는 초룸박물관을 관람했는데 '데니스'라는 친구가 나와 같이 돌아다니며 이것저것 내가 모르는 것에 대해 설명해주어 고마웠다. 이 친구 덕분에 내가 잘 몰라 그냥 지나칠 수 있었던 여러 유물에 대해 알게 되고 그 유물에 대한 자세한 설명도 들을 수 있었다. 숙소로 가는 길에 가게에서 피데를 사먹었는데, 퀄테페의 베디아 아주머니에겐 미안하지만 직접 만들어 주시던 것보다 사 먹는 피데가 훨씬 맛있었다. 숙소로 이동하면서 차 안에서 다 같이 먹었는데 그래서 더 맛있지 않았나 싶다.

　휴일 다음날은 현장에 나가서 일을 했다. 퀄테페 현장은 숙소 주위에 있어 자동차로도 금방 가고 걸어 가도 10분 정도면 도착하는 거리에 있었는데 레술로글루의 현장은 자동차를 타고 30분 정도 이동해야 도착할 수 있었다. 그래서 그런지 큐테페보다 이른 시간에 일을 시작했다. 큐테페의 일 시작 시간이 7시였다면 레술로글루는 6시에 일을 시작했다. 큐테페에서는 보통 30분 전에 일어나 아침을 먹고 현장 나갈 준비를 했다면, 레술로글루에선 차로 이동하는 시간을 감안해야 했기 때문에 보통 일을 시작하기 한 시간 반쯤 전에 기상해야 했다. 그래서 좀 더 피곤한 감이 없지 않아 있었지만, 일이 오후 2시에 끝나고 야간 작업도 없어 좀 더 여유로웠다. 레술로글루 현장은 산꼭대기에 유적이 있어 차로 도착한 후에도 짐을 들고 조금 걸어야 했다. 평지가 아닌 오르막길이라 그런지 산꼭대기의 현장에 도착하고 나면 숨이 차 힘들기도 하였다. 오르막길은 위험해서 떨어지지 말라고 울타리 같은 안전장치를 해 놓았는데 이 울타리에 얽힌 웃긴 비화가 있다. 이 이야기는 후에 내가 에스키야파르 현장에서 머무른 후 다시 레술로글루 현장에 왔을 때 들은 이야기라 뒤에 가서 자세히 얘기하도록 하겠다. 레술로글루 현장에선 주로 실로silo라 불리는 저장수혈을 팠다. 실로는 파면 팔수록 점점 더 지하로 내려가기 때문에 상대적으로 시원했다. 그래서 열심히 파다 가도 더우면 잠시 실로 벽에 기대 휴식을 취하던 것이 생각난다. 내가 혼자 팠던 실로가 바닥을 보인 적이 있었는데 바닥을 보이고 난 후 왠지 모르게 뿌듯하여 그 실로를 지날 때 마다 괜히 한 번씩 더 보곤 했었다.

현장을 3일 나간 후 타이푼 교수님은 우리에게 릴렉스하라고 하면서 숙소에서 실내작업을 할 수 있게 해주었다. 그때 우리는 점심시간에 맞추어 한국요리를 준비했는데 바로 간장계란밥이었다. 레술로글루 숙소에 간장이 있어 우리는 그걸 이용해 'Korean students' Vacation Food'라는 주제로 간장계란밥을 만들어 주었다. 터키 친구들을 비롯해 교수님, 그리고 조교님도 우리가 만든 음식을 맛있게 먹어주어 고마웠다.

저녁 먹기 한 시간 전쯤에 드로잉을 했는데 한국에서 고고학실습이라는 강의를 듣고 난 후여서 다행히 드로잉하는 것에 대해 기초지식을 갖고 있었다. 하지만 터키의 고고학 드로잉은 한국과는 조금 달랐다. 도구도 조금 다르고 그리는 법도 조금 달랐지만 아슬라 호잠 덕분에 수월하게 그릴 수 있었다.

8월 10일은 우리가 레술로글루 현장에 있는 마지막 날이었다. 이날 레술로글루 현장에서 일하는 인부분들과 학생들에게 오늘 우리 마지막 날이라고 잘 지내라고 작별인사까지 했었는데, 나중에 다시 레술로글루 현장으로 돌아오고 그 사람들과 마주쳤을 때 작별인사 한 것이 떠올라 괜히 민망하기도 하였다. 현장에서 일을 끝내고 숙소로 돌아와 짐을 싸고 에스키야파르로 이동했다.

에스키야파르에선 다른 현장 보다 여유롭게 지냈던 것이 생각난다. 우리가 에스키야파르에 도착하고 며칠 동안은 열심히 일했는데 곧 공식적인 발굴조사가 끝나 남은 기간 동안 숙소에서 드로잉을 했다. 그때 여러 가지 토기를 그렸는데 미숙한 내 드로잉 실력을 보면서도 오즈널 조교님과 친구들이 잘 그렸다고 나에게 칭찬해주며 좋게 말해 주었다.

에스키야파르에선 잊을 수 없는 추억이 하나 있는데, 바로 방송촬영을 했던 것이다. 우리가 터키 유적 발굴 현장에서 일할 동안 터키의 CNN 방송에선 고고학을 주제로 초룸Corum지역에 위치해 있는 유적들을 대상으로 다큐멘터리를 만들고 있었다. 마침 우리가 에스키야파르 현장에서 일하고 있을 때 그들이 촬영을 하러 오는 바람에 우연히 우리가 카메라에 찍히게 되었다. 우리가 차를 타고 현장으로 향하는 모습, 쉬는 시간에 밥을 먹는 모습, 일하는 모습 등 많은 장면을 찍었다. 그 중 내가 단독으로 나오는 장면을 찍었는데 바로 오즈널 조교님과 내가 토기의 시대에 대해 묻고 답하는 장면이었다. 그 장면을 찍기 위해 미리 오즈널 조교님

에스키야파르에서 방송촬영팀과 같이 아침식사

이 내게 토기의 시대에 대해 말해주고 이러한 질문을 하라고 설정해 주고 하다 보니, 정작 카메라에 대고 물어볼 때는 웃겨서 웃음을 참지 못하고 NG를 내는 일도 있었다. 여러 각도에서 찍으면서 나는 '이렇게 내 쌩얼이 방송에 나가는 구나……'라고 생각하며 절망했는데, 지금 터키에서 방영되고 있는 우리가 나온 다큐멘터리 영상을 보니 그래도 잊을 수 없는 추억 하나를 남긴 것 같아 마냥 좋기만 하다. 다만 지금도 여전히 내가 나온 방송을 캡처해 나를 놀리는 친구들을 때려주고 싶기는 하지만 말이다. 점심시간에도 촬영은 계속되었다. 카메라 의식 없이 내가 먹고 싶은 것을 집어 먹으면서 맛있게 밥을 먹고 있었는데 우연히 피망밥을 집으려고 하는 순간 PD님께서 그 장면을 찍겠다고 천천히 음식을 접시로 옮기라고 하기도 하였다. 또 터키 친구들 2명과 함께 카메라에 대고 아침인사인 '귀나이든'을 외치며 장난치기도 하고 같이 모여 사진도 찍고 이야기도 나누었다.

에스키야파르하면 바로 떠오르는 것이 새끼 강아지이다. 에스키야파르 현장에는 새끼 강아지 5마리가 있었는데 너무 귀여워 강아지와 놀아주는 것이 하루 일과 중 하나이기도 했다. 점점 커가는 새끼 강아지들을 보면서 내가 터키에 있는 시간이 점점 흘러간다는 것을 몸소 느낄 수 있었다.

우리가 에스키야파르에 있을 때 '제이넵'이라는 친구가 현장을 떠나 집으로 돌아가게 되었다. '제이넵'이라는 친구는 항상 우리에게 'You so sweet~'이라고 말하면서 다정하게 웃어주었고, 우리가 현장에서 일 할 때에는 자기가 하겠다고 우리에게 쉬고 있으라고 말해주던 친절한 친구였다. 그 친구가 먼저 떠나게 되니 같이 지낸 지 얼마 되지는 않았지만 헤어지는 것이 아쉬워 떠나기 전날 밤 미리 포옹으로 평소 일에 대한 고마움을 표하면서 아쉬움을 달랬다. '아이차'라는 친구도 많이 생각나는데 이 친구 덕분에 에스키야파르에서 적응을 좀 더 빨리하지 않았나 생각한다. 그만큼 우리를 잘 챙겨주고 우리의 편의를 잘 봐주던 친구였다. 이 친구의 고향은 이즈미르Izmir라는 도시인데 이 친구가 보여주는 사진을 보면서 이즈미르의 아름다움에 넋을 놓았었다. 그만큼 이즈미르는 아름다운 도시였고 '아이차'가 우리를 자신의 집으로 초대해주어 너무 고마웠다. 시간이 된다면 꼭 이즈미르라는 도시에 가서 '아이차'와 다시 만나고도 싶고 이즈미르를 여행하고 싶다. '니란'이란 친구의 가족들도 우리가 에스키야파르에 있을 때 떠났는데, 니란은 한국에 대해 아주 관심이 많은 친구였다. 특히 한국 남자 아이돌인 '방탄소년단'을 무척 좋아해서 '방탄소년단'의 영상을 항상 보고 노래도 들었다. 타국에서 우리나라의 문화에 관심이 있는 친구를 볼 때 기분이 묘하기도 했고, 이 친구가 한국의 문화에 관심이 있어 좀 더 친해질 수 있었던 것 같다. 오즈널 조교님도 니란과 같이 한국의 문화에 대해 관심을 갖고 있는 분이었는데, 니란이 한국의 남자 아이돌에게 관심이 있다면 조교님은 남자배우에게 관심이 있었다.

특히 '이민호'에게 관심이 있어 이민호를 자신의 남자친구라고 하면서 사진을 보여줬던 것이 생각난다. 한국 드라마에도 관심이 있어 우리가 드라마를 추천해 주기도 하였다. 오즈널 조교님은 항상 에너지가 넘치는 분이라 이분 곁에만 가면 힘들어도 나도 모르게 웃고 떠들고 했던 것이 생각난다. 그리고 오즈널 조교님은 사진 찍는 걸 엄청 좋아해서 항상 같이 사진을 찍곤 했다.

에스키야파르에서 어느 하루는 만두를 만들어 먹었다. 카이세리 만트 Kayseri Mantı라 불리는 터키 만두는 우리나라의 만두와는 다르게 아주 작은 것이 특징으로, 가로세로 1.5cm 정도 되는 만두피에 쇠고기 다진 것을 넣고 삶은 다음 토마토소스로 양념을 한 수프와 같이 먹는다. 직접 만트를 만들어 먹었는데 작은 만두피에 직접 일일이 다진 쇠고기를 넣어 만들려니 정말 손이 많이 갔다. 수많은 만두피를 보면서 '이걸 언제 다 만들지...'라는 생각이 들었지만 모두들 다함께 만드니 시간도 금방 가고 우리가 직접 만든 요리를 먹는다는 생각에 더 열심히 했던 것 같다. 다음 날은 정봉오빠와 예선이가 에스키야파르로 오는 날이었다. 그래서 저녁에 바비큐파티를 하면서 함께 와인도 마시고 지금까지 못했던 이야기를 나누며 즐거운 시간을 보냈다.

그 다음날은 툰치 교수님과 함께 동물원에 갔는데 큰 동물원은 아니고 작은 규모의 동물원이었다. 툰치 교수님께서 다음날 그곳으로 피크닉을 올 것이기 때문에 미리 와 보는 것이라고 했는데 아쉽게도 나와 요빈이는 이날 저녁 다시 레술로글루로 옮겨야 했기 때문에 피크닉은 가지 못했다.

레술로글루로 다시 옮겨 그곳에 있는 터키 친구들을 보았을 때 반가운 마음이 먼저 들었다. 그때 레술로글루를 떠나면서 아쉬운 마음이 가득했는데 다시 보지 못할 거 같았던 친구들이 보니 서로 얼싸안고 좋아했던 모습이 떠오른다. 현장에 나가서는 작별인사를 했었던 인부아저씨들과 친구들이 우리가 다시 돌아온 것을 보고 놀라면서 웃기도 했다. 현장에서 같이 일했던 '오스만'이라는 친구와도 추억이 많은데, 이 친구가 내가 흙을 파면 흙을 옮겨주고 버려주면서 많이 도와주었다. 항상 나를 'SON'이라 부르며 말을 걸어주었는데 이 친구가 나보다 나이가 어리다는 말을 듣고 난 후, 이 친구에게 나를 '누나'라고 부르라고 한국에서는 자기보다 나이가 많은 여자를 부를 때 '누나'라도 부른다고 알려 주기도 하였다. 오스만과는 일하면서 장난도 많이 쳤는데, 오스만이 쉬고 있을 때면 내가 '빨리 빨리'라는 의미의 터키어 '차북 차북'이라 말하며 재촉하기도 했다. 또 서로 힘들어 보일 때면 '천천히 천천히'란 의미의 터키어인 '야봐쉬 야바쉬'를 외치면서 챙겨 주기도 하였다.

레술로글루 현장에 있는 울타리에는 웃긴 비화가 얽혀져 있는데, 우리가 레술로글루로 현장으로 다시 돌아왔을 때 그 곳에는 이미 주석이와 승주가 있었다. 넷이 같이 현장에서 일하는데 주석이가 장난으로 생색을 내면서 자기가 이 울타리를 만들었다고 말하길래 나와 요빈이도 주석이를 볼 때마다 '오늘도 주석님 덕분에 무사히 제가 이 현장에 올 수 있었습니다', '주석님 덕분에 무사히 올라와 시원한 물도 마실 수 있어 감사드립니다'라고 맞장구 치며 놀았다. 레술로글루에선 주석이를 놀리는 재미로 하루하루를 보냈던 것 같다.

간장계란밥 이후 우리는 또 한 번 한국음식을 만들었는데 이번에는 볶음밥을 만들어서 보았다. 간장은 숙소에 이미 있었고 우리에게 고추장 많이 남아 있어 두 가지 양념으로 볶음밥을 만들어 주었는데, 고추장보다는 간장을 베이스로 해 만들어준 밥이 터키 친구들 입맛에 더 맞는 듯 보였다. 특히 레술로글루의 조교님인 뷸란트 교수님이 한국 음식에 무척 관심을 보이며 볶음밥 레시피를 물어 보기도 했다.

레술로글루에선 번데기 사건이 무척 기억에 남는데 이 사건은 아직 생각해도 웃음이 난다. 한국에서 교수님이 보내주신 통조림에 번데기가 포함되어 있었는데, 마지막 날 다 같이 모여 있는 자리에서 번데기 통조림을 먹었다. '에미네'라는 친구는 기겁하며 도망가기도 했고, 다른 친구들은 신기한 듯 사진을 찍으면서 호기심 가득한 눈으로 우리를 바라보았다. 한 번 먹어보라고 권하니까 다른 터키 친구들은 도저히 못 먹겠다며 손사레 쳤는데 유일하게 빌란드 호잠만이 관심 있게 보며 직접 먹어보았다. 나도 번데기를 먹지 못하는데 처음 보는 음식을 거부감 없이 먹는 뷸란트 호잠을 보면서 '이 분은 다른 문화나 음식에 대해 호기심이 강하신 분이구나'라고 생각했다.

한국으로 돌아가긴 전날 우리는 타이푼 교수님 댁에 하루 머물렀다. 앙카라에서 친구들과 헤어질 때 큘테페에 바로 가야했기 때문에 타이푼 교수님 댁에 가보지 못했던 것이 아쉬웠는데 이렇게 교수님 댁에 갈 수 있게 되어 기뻤다. 타이푼 교수님 사모님도 반갑게 맞이해주시고 친절하게 대해 주어 너무 감사했다. 타이푼 교수님 얘기를 하니 생각나는 이야기가 있는데, 바로 항상 메고 다니시는 작은 가방에 대한 이야기이다. 운전을 하실 때면 항상 안전벨트를 매시는데 어느 날은 옆으로 메고 다니는 가방이 안전벨트인 줄 알았다며 나에게 이야기를 해 주시는데 교수님에 멘 가방을 보니 정말 안전벨트로 착각할 만한 것처럼 보여 교수님과 마주하며 웃었던 모습이 생각난다.

이렇게 터키에서의 기억을 하나씩 떠올려보니 참 많은 일이 있었다는 것이 느껴진다. 이번 터키유적발굴은 나에게 있어 고고학이라는 학문에 대해서 한층 더 알아갈 수 있는 기회였고, 우물 안에 있던 내가 세상 밖으로 한 걸음 나아갈 수 있는 기회였다. 외국친구들도 많이 사귀고 그들과 교류하며 얻었던 소중한 추억과 경험이 나의 인생에 커다란 조각으로 남을 것 같다. 이번 겨울방학 때 터키에서 친구들이 온다고 하는데, 그들도 내가 터키에서 느꼈던 고마움과 추억을 느끼게 해주고 싶다. 앞으로 많은 동기들과 후배들이 터키유적 발굴에 참여해 나와 같은 경험을 느껴보았으면 한다. 이번 터키유적 발굴은 나에게 있어 터닝포인트라 부를 수 있는 값진 경험이었다. 많은 것을 배우고 느끼며 나를 한 층 더 성장시킨 경험이었다고 생각한다. 이런 값진 경험을 하게 해 주신 고려대학교 고고미술사학과 교수님들을 비롯해 도움을 주신 많은 분들께 감사드린다.

레슬로글루의 태풍

김요빈

첫걸음

2016년 7월 12일, 터키로 출국하는 공항에서의 설렘이 아직도 생생히 기억난다. 선생님들, 선후배, 동기들과 공항에 모여 앉아 들뜬 마음으로 이야기를 나누던 그 때의 나는 그저 새로운 나라에 대한 호기심과 출국 며칠 전 있었던 터키 공항 테러 사건으로 인한 두려움만 조금 있었을 뿐, 발굴현장에 실습하러 간다는 것에 대한 생각은 조금 뒤로 미뤄두었던 것 같다. 사실 터키라는 나라는 나에게 별로 친숙한 나라가 아니었다. 역사 속에서는 형제의 나라라고 하지만 21세기를 사는 우리에게는 터키를 형제의 나라라고 느낄 만한 연결고리가 거의 없었기 때문이다. 터키어에 대한 것도 전혀 알지 못했고 터키가 시리아와 국경을 접한 나라라는 것, 아직도 많은 이슬람교도들이 살고 있다는 것 정도와 터키 고고학에 대한 약간의 정보만 알고 터키로 향했을 뿐이었다. 7월 13일 새벽 4시, 10시간의 긴 비행을 마치고 터키 공항에 처음 내렸을 때는 테러로 인한 어수선

이스탄불의 항구

한 분위기를 감출 수 없었다. 그렇다고 해도 터키 사람들은 여전히 아타튀르크 공항을 끊임없이 이용하는 듯 보였다. 그 날도 역시 많은 관광객을 포함한 사람들이 공항에 북적였고 검문과 보안 심사가 더욱 강화되었을 뿐, 공항은 여전히 바쁘게 돌아갔다. 그런 모습에 안심이 된 나는 그 때부터 새로운 곳에서의 여행과 새로운 추억들에 대한 기대감을 더욱 키워갔던 것 같다. 여느 때보다 긴 시간의 입국심사를 마치고 공항 문을 나섰을 때, 터키의 새벽은 고요하면서도 따뜻한 느낌이었다. 왠지 이 나라에서 좋은 추억과 경험을 쌓을 수 있을 것이라고 미리 다독여주는 듯 했다.

비몽사몽 차를 타고 이동해서 처음 도착한 곳은 우리가 머무를 호텔이었다. 좁은 골목마다 작은 상점들과 식당이 늘어선 곳에 위치한 우리 호텔은 규모는 그리 커 보이지 않았지만 좋은 사람들로 가득했고 무엇보다 안락했다. 새벽 5시쯤 호텔에 도착해서 아직 입실시간이 아니라는 말에 우리는 지친 몸을 이끌고 조식시간인 7시까지 호텔로비에서 잠시 휴식을 취하기로 했다. 휴식을 취하는 동안 이홍종 선생님께서 우리를 위해 준비해오신 각종 한국 음식을 2인1조로 나누어 배급받았는데, 이때서야 갑자기 고향을 떠나 파견가는 기분이 들어 조금 뭉클했던 기억이 난다. 그리고 가장 감동이었던 것은 이 선생님께서 자신의 가방에서 무언가를 주섬주섬 꺼내시길래 뭔가 하고 봤는데 벌레 물린데 바르는 약을 몇 개 챙겨와 그것도 조당 하나씩 나누어 주셨던 것이다. 그 당시에는 그냥 감사합니다. 하고 받았지만 나중에 터키에서 생활하면서 그 약을 챙겨 주신 선생님의 경험과 지혜에 무한한 감사를 드리지 않을 수 없었다.

첫 식사는 7시에 호텔 조식에서 모두 함께 했는데 지중해식 요리가 많이 있었다. 또 유럽 아니랄까봐 온갖 종류의 치즈와 요거트, 햄들이 즐비했다. 호텔식이라 그런지 터키에서의 첫 식사는 그리 나쁘지 않았다. 식사를 모두 마치고 우리는 본격적인 이스탄불 관광을 시작했다. 터키에 온 본 목적이 관광이 아니었기 때문에 관광할 시간이 그리 넉넉하지 않앉던 것이 아쉽지만, 그래도 선생님들과 선배님들께서 시간과 비용을 들여 관광할 기회를 만들어 주신 것에 매우 감사하게 생각한다. 호텔을 나서서 좁은 골목을 지나 술탄아흐메트 광장으로 나갔다. 해가 쨍쨍해서 덥긴 했지만 하늘이 너무 맑고 파래서 바다와 가까운 이스탄불과 굉장히 잘 어울리는 날씨였다. 멀리 보이는 아야소피아 성당을 뒤로하고 우리는 먼저 톱카프 궁전을 통해 고고학 박물관에 들렀다. 톱카프 궁전의 멋진 성문에 들어서면 바로 앞에 바다가 보이는 아주 멋드러진 성안 길이 펼쳐진다. 성문 앞에 늘어져 있는 개들이 있었는데 처음엔 너무 평온하게 드러누워 있어서 떠돌이 개인 줄 알았으나 알고 보니 경찰들과 함께 다니는 경찰견들이었다. 낯선 사람인 내가 다가가도 전혀 경계를 하지 않아서 정말 경찰견인지 의아했다. 아무튼 톱카프 궁전 길을 지나 고고학 박물관으로 통하는 문을 지나면 바로 터키 고고학 박물관이 나오는데, 관람하는 사람이 거의 없어서 우리끼리 들어가서 관람을 시작했다. 터키 고고학 박물관에는 시기별, 지역별로 나누어 유물을 전시해 놓았다. 원래 나와 같은 조인 정미와 내가 갈 예정이었던 곳은 트로이 발굴 지역인데 비자문제로 가지 못하고 앙카라 지역으로 가게 되었지만, 고고학 박물관에서 트로이의 층위별 유물을 모두 볼 수 있어서 다행이라고 생각했다. 고고학 박물관을 여유롭게 둘러보고 난 뒤에 작은 책자라도 살 겸 기념품 가게에 들어갔는데, 그 곳에 고양이가 천지였다. 신기하게 터키에는 길고양이들이 마치 한국의 비둘기처럼 여기저기 수도 없이 많이 떠돌아 다니는 것을 어렵지 않게 목격할 수 있었다. 태어나서 그렇게 많은 길고양이들을 한 번에 본 것이 처음이었다. 심지어 내가 들어갔던 기념품 가게의 선반 위에도 문 앞에도 고양이들이 늘어져 있었는데, 아무도 그 광경을 희한하게 생각하지 않고 당연시 여기는 모습에 또 한번 놀라웠다.

 다시 지나왔던 토카피 궁전의 성문을 나와서 술탄아흐멧 광장에서 보았던 아야소피아 성당으로 향했다. 가는 길에 햇살은 더욱 강해져서 정수

상점 선반에서 자고 있는 아기 고양이

리가 달아오를 정도였다. 눈도 뜨기 힘들 정도로 강력한 햇빛과 새벽 일정으로 인한 몽롱함 때문인지 아직도 내 기억 속에 이스탄불은 꿈꾼 듯이 아련한 모습이다. 아야소피아 성당은 터키 관광객들에게도 손에 꼽히는 관광지일 정도로 아름답기로 유명하다. 신성한 지혜를 뜻하는 아야소피아 성당은 비잔틴 건축의 최고의 걸작이라고 불리 울 만큼 그 건축기술이 매우 뛰어나다고 한다. 내가 방문했을 때는 아직 보수 공사 중이라 그 진귀한 모습을 제대로 다 보지 못해서 너무 아쉬웠지만 그럼에도 불구하고 처음 딱 성당에 들어서자 마자 천장의 높이와 장식의 위압감에 나도 모르게 감탄할 수밖에 없었다.

관광을 마치고 레스토랑에서 터키 현지음식을 점심으로 먹었다. 양고기와 쇠고기, 감자, 토마토 등을 함께 구운 요리가 정말 일품이었다. 식후에 우리는 이스탄불을 빠르고 쉽게 관광하기 위해 빅버스 투어를 하게 되었는데, 2층버스를 타고 이스탄불 곳곳을 누비는 투어이다. 사실 계속 걸어 다니기에는 날씨도 너무 덥고 몸도 지친 상태여서 버스 투어를 하는게 정말 제격이라고 생각했다. 앉아서 지중해의 바다 바람도 느끼고 풍경도 감상하는데 음악과 함께하니 이보다 더 평화롭고 좋을 수가 없었다. 한 시간 반 정도의 버스 투어를 마치고 마지막으로 모두가 함께하는 저녁식사를 한 뒤에 다음날 아침 각자의 발굴현장으로 떠나기 위해 앙카라로 가는 국내선 비행기에 올랐다.

앙카라에 도착했을 때는 7월 14일 오후 1시경이었는데, 내륙이라 그런지 이스탄불보다는 덜 습해서 그다지 덥게 느껴지지 않는 날씨였다. 앙카라 공항에 도착해 우리는 앙카라대학교 고고학과 교수이신 피키리 클라크루 교수님을 뵙고 자동차를 나눠 타고 각자의 발굴 지역으로 이동했다. 앙카라에서의 작별인사가 그 때는 마지막인 것처럼 괜시리 서글픈 느낌도 들었다. 나는 퀄테페 발굴현장으로 가기 위해 피키리 교수님의 차에 탔다. 퀄테페를 제외한 나머지 현장들은 퀄테페에서 차로 대략 3시간 정도 거리에 있는 초룸Çorum이라는 지역에 있기 때문에 우리는 앙카라에서 반으로 갈라져 작별인사를 나누고 서로 정반대 방향으로 출발했다. 앙카라에서 저녁 7시에 출발하여 퀼테페 현장까지 대략 5시간이 걸렸다. 이동하는 5시간 내내 우리는 한시도 쉬지 않고 수다를 떨었다. 그 때 까지도 우리가 한국으로부터 비행기로 10시간 떨어진 곳에서 6주를 살아야 한다는 것이 실감 나지 않았던 것이다.

낯선 곳, 퀼테페

밤 12시쯤 도착한 퀼테페 현장은 어두워서 아무것도 보이지 않았지만 차가 들어서자 마자 덩치 큰 개들이 무섭게 짖어대 왠지 모르게 스산하고 오싹한 기분이 들었다. 우리는 밤늦게까지 우리를 기다려 반겨준 파티와 이퀄의 안내를 받아 숙소에 짐을 풀고 샤워를 하기 위해 샤워장으로 갔다. 숙소 바깥에 따로 마련된 공용 샤워장이 있는데 낯설고 어두운 곳이라 그런지 마치 무언가 튀어나올 것 같은 불안감에 계속 두리번거리면서 샤워를 시작했는데, 아니나 다를까 무지 커다란 거미가 내가 겁내는 모습을 모두 지켜보고 있었다. 평소에도 곤충을 굉장히 무서워하는데 정말 샤워하다가 발작을 일으킬 뻔했다. 내 생에 그렇게 빠르고 대충 씻어본 적은 처음인 것 같았다. 청결이 문제가 아니라 그냥 한시라도 빨리 그 좁은 공간에서 거미와 작별하고 싶었던 마음이었다. 그렇게 불안정한 샤워를 마치고 또 낯선 침대에 누워서 잠을 청하려고 하니 갑자기 앞으로 남은 6주가 두려워지면서 눈앞이 깜깜해졌고 그런 걱정들을 하면서 나도 모르게 곯아 떨어졌었다. 하지만 이런 걱정들은 단 3일만에 싹 사라졌으니 인간은 적응의 동물이 확실하다. 큘테페 현장의 모든 것, 거미와 날파리들과 함께 사용하는 샤워장과 삐걱거리는 침대, 36도에 육박하는 날씨에 선풍기 한 대 없는 숙소마저도 나에겐 너무 익숙해져서 하루하루 정말 말 그대로 꿀잠을 잤다고 말할 수 있을 정도로 잘 적응할 수 있었다. 일주일째 되니 샤워실에서 샤워하는 시간이 하루 중에 제일 행복하고 개운했고 벌레를 보아도 벌레는 벌레고 나는 나다 생각하며 신경쓰지 않게 되었다. 숙소가 낯설어 거의 목각인형처럼 불편한 자세로 잠들었던 침대도 이젠 눕자마자 곯아떨어지는 내 침대가 되었다. 내가 이렇게 잘 적응할 수 있었던 이유는 그 곳 사람들과 함께했던 친구들 덕분일 것이다. 타지에 와서 정말 뼈저리게 느낀 것이 하나 있는데 살아가면서 하는 모든 사건을 육하원칙으로 나눈다면 그 중에 단연 '누구와' 함께 했냐는 것이 가장 중요하다는 것이다. 함께했던 친구들과 동료들이 없었다면 그렇게 빠른 시간에 현장에 잘 적응하지 못했을 것이다. 아무튼 큘테페 현장에서 나와 나의 고마운 친구들은 아주 많은 현장 일을 경험할 수 있었는데, 구체적으로 말하면 호미질, 곡괭이질, 고고학적으로 말하자면 유물 발굴 및 수습이라고 할 수 있겠다. 큘테페 현장은 매우 큰 현장이고 유물도 많아서 그냥 앉아서 호미질만 몇 번하면 토기 조각들이 쏟아져 나왔다. 사실 한국 발굴현장에서도 호미질과 곡괭이질은 많이 해봤지만 유물이 우르르 쏟아져 나온 적이 없었기에 더욱 신기한 광경이었다. 처음에 토기들을 발견했을 때는 내가 뭔가 해냈다 싶어서 여러 사람을 불러서 토기가 나왔다고 자랑했지만, 그

퀼테페 현장에서 요빈, 지연, 정미

곳에 있던 터키 학생들이나 선생님들은 아무렇지 않게 박스에 담으라고 할 뿐이었다. 박스에는 셀 수도 없이 많은 토기 편들이 가득 차 있었다.

우리가 도맡아 했던 아치마1ACIMA1은 토기가 끊임없이 나올 뿐만 아니라 동물 유체나 흑요석, 청동유물도 가끔 나오기도 하였다. 어떨 때는 뼈가 한 무더기씩 나와서 오싹할 때도 있었다. 가끔은 뼈가 불에 타거나 심하게 훼손되어 그게 뼈인지 무엇인지 알아보기 힘들 때가 있는데 그럴 때는 침을 묻혀서 색을 보면 된다고 같이 일하는 파티가 알려주었다. 파티는 처음에 퀼테페에 왔을 때 우리의 숙소를 안내해 주었던 친구인데, 앙카라대학교 대학원에서 고고학 석사과정을 이수하고 있는 학생이다. 파티가 한국 학생들을 챙기라는 교수님의 명을 받은 리더같은 느낌이었다. 퀼테페 현장에서는 현장에서 일하는 사람들을 서로 호잠hocam이라고 부르는데 한국으로 치면 선생님이라는 뜻이다. 그래서 우리는 파티를 늘

101

파티 호잠이라고 부르며 잘 따랐다. 파티 역시 우리에게 터키 발굴현장에 관해서 자세히 일러주고 또 가르쳐주었다. 또 터키 현장에서는 함께 일하는 인부 아저씨들을 후스타husta라고 부르는데 한국어로는 전문가와 비슷한 뜻이라고 한다. 함께 일하시는 후스타 아저씨들 모두 너무 인정 많으신 분들이셨다.

 큘테페 현장에서 함께 일한 친구들을 잠시 소개해 보자면, 앞서 말한 파티와 나이는 젊지만 큘테페 현장에서 3년이나 일한 이켈ilker, 암벽등반이 취미인 진지 청년 누리nuri, 말없는 미소천사 프날Pınar, 박사과정을 이수 중인 다정한 츠날Çınar 그리고 앙카라대학교는 아니지만 멀리서 큘테페 현장에 자원하여 온 톨가tolga와 소넬soner이 있다. 실내에서 토기 접합을 주로 맡아서 하는 프날을 제외한 인원들이 다 함께 큘테페 현장에 나가서 함께 흙먼지를 뒤집어 쓰며 일을 하곤 했다. 이외에도 현장에는 나오지 않지만 실내에서 일하는 실내 반장역할인 도아Doğa, 파티 호잠의 동생인 살리salih, 우리의 식사 담당인 아줌마 베디아bediah, 베디아의 딸 하스렛hasret, 하스렛의 친구이자 실내 작업을 도와주는 샤나이senay, 이스탄불 대학교 학생인 엘마스elmas 와 큘테페에서 함께 생활 했다.

 우리의 일과를 간략히 소개하자면, 오전6시 30분에 다함께 아침식사를 하고 7시부터 일을 시작하여, 9시 30분에 현장에서 간단하게 터키 블랙티black tea와 마늘 빵을 먹으며 티타임을 가지고, 10시부터 12시까지 일을 마저 하고 12시에 숙소로 내려가 점심을 먹고 2시까지 낮잠을 잔다. 2시부터 다시 오후 작업을 시작하여 5시에 일을 끝마친다. 5시에 현장일이 끝났다고 해서 끝이 아니었다. 그때부터 샤워 전쟁을 시작하는데 저녁 시간인 7시 전까지 씻지 못하면 더러운 상태로 밥을 먹어야 한다. 샤워장이 총 4개 이긴 하지만 초반에는 2개가 고장나 있던 상태라 대략 10명의 사람들이 2개의 샤워장을 이용하여 모두 씻어야 했다. 어찌됐든 그렇게 개운하게 샤워를 마치고 저녁식사를 하면, 8시부터는 교수님과 바깥에 다같이 둘러 앉아 회의를 하거나, 한국말과 터키말을 서로 가르치고 배우는 시간을 가졌다. 솔직히 더운 날씨에 땀 흘리며 일하고 들어와서 지친 몸을 침대에 눕고 싶은 마음이 가득했지만, 터키어를 배우고 한국어를 알려주는 시간만큼은 친구들과 함께 하는게 너무 재미있고 신나서 시간 가는 줄 몰랐다. 터키 학생들이 한국어를 궁금해 하고 재미있어 하는 모습을 보니, 내가 더 신이 났던 것 같다. 회의나 이런 공부시간을 갖는 날이 아니라면, 우리는 대부분 창고에서 토기에 유물번호 적는 일을 했다. 이 일을 매우 단순하고 간단한 반복작업이라 하고 있으면 잠이 쏟아졌지만, 이 역시도 터키 친구들과 노래를 들으면서 간간히 이야기 꽃도 피우면서 하다보니 금세 시간이 흘러 갔다. 그렇게 밤 작업을 10시까지 하고 나면 모든 일과가 끝나고 드디어 자유시간이 찾아 오는데 우리는 대부분 이 시간을 사용하지 못하고 일기를 쓰다가 잠들거나 곯아 떨어지는 것이 일상이었다. 가끔 체력이 남는 날이면 우린 숙소 뒷편에 걸터앉아 맥주와 과자를 나눠 마시며 서로에 대해 이야기하곤 했다. 밤낮으로 모기가 많은 퀼테페에서 해선 안되는 일이었지만 모기에 뜯기면서도 친구들과 함께 하는 시간이 좋았다.

    퀼테페 현장은 주 6일을 일하고 월요일이 휴일이었는데, 우리는 그때마다 카이세리 번화가로 다 함께 놀러 나가곤 했다. 우리들도 이 시간을 가장 기다리면서 6일을 보냈었다. 현장에서 일하는 동안은 흙먼지와 함께 일하기 때문에 선크림만 바르고 맨 얼굴로 일했는데, 월요일만큼은 우리 모두 그동안 못해봤던 화장도 좀 하고 후줄근한 작업복 대신에 청바지에 티셔츠도 입었다. 예를 들자면 그날의 우리는 아주 어릴 적 엄마따라 백화점갈 때의 그 들뜬 기분이라고 할 수 있겠다. 하지만 번화가로 나가는 길은 매우 멀고 험했다. 처음 시내를 갈 때는 교수님께서 태워 주셨지만, 두번째부터는 우리끼리 가야했다. 현장 숙소를 지나 드넓게 펼쳐진 해바라기 밭을 대략 30분 정도 걸으면 고속도로가 나오는데, 여기서 버스를 타고 30분을 더 가면 시내가 나온다. 하지만, 우리가 잡은 버스마다 티켓이 있어야 탈 수 있다며 승차를 거부했다. 도대체 그 티켓이라는 게 무엇인지, 어디서 구할 수 있는지, 왜 우리는 그것을 진작에 구하지 않았는지, 땡볕에 서서 버스를 기다리다 지친 나는 조금씩 짜증이 밀려왔지만, 터키 친구들은 쉽게 버스를 포기하고 히치하이킹을 시도했다. 답답했지만 빨리 시내에 나가서 놀고 싶은 마음에 나도 나서서 히치하이킹을 시도했다. 우리의 간절함을 쌩쌩 무시하고 지나가던 차가 5, 6대쯤 되었을까 백발을 한 할아버지의 검은색 승용차 한 대가 내 앞에 멈춰 섰다. 하지만 사람은 도합 11명, 우리는 나누어 타야겠다고 생각하고 나와 지연, 누리가 먼저 차를 얻어 타고 시내로 향했다. 타고나서 몇 분 뒤에 다른 사람들도 히치하이킹에 성공해 차를 탔다는 전화가 왔고, 우리는 시내에 있는 제일 큰 백화점 앞에서 보기로 약속했다. 할아버지의 차를 타고 가는 동안 차안의 라디오에서 알 수 없는 터키노래가 흘러나왔는데, 가사의 뜻은 알 수 없어도 신세대 노래는 아니라는 것쯤은 금방 알 수 있었다. 뭐랄까 그 느낌이 굉장히 구수했다. 너무나 감사한 할아버지께 인사를 드리고 백화점에 가장 먼저 도착해서 다른 친구들을 기다렸다. 백화점에 들어가서 우리가 제일 먼저 한 일은 바로 맛있는 패스트푸드로 배를 채우는 것이었다. 물론 베디아가 해주는 숙소의 음식도 맛있지만 약간 건강식 느낌이라 휴일에는 조금 짜게 먹고 싶었다. 그래서 우리는 KFC에 가서 치킨을 주로 시켜 먹었다. 사실 한국에서는 KFC에 잘 가지 않는데, KFC보다 맛있고 배달되는 치킨집이 널렸기 때문이다. 하지만 터키에서 먹는 KFC 치킨은 그 어디서 먹었던 치킨보다 꿀맛이었다. 백화점에서 쇼핑도 하고 배도 채우고 3D 롤러코스터 체험도 하고 하니 거의 4~5시간을 시간가는 줄 모르고 재미있게 놀았다. 숙소로 돌아오는 길엔 버스 차고지 같은 곳에서 티켓을 사서 다행히 버스를 타고 숙소로 돌아올 수 있었다. 하지만 숙소 앞까지 내려주는게 아니라 고속도로에 내려놓고 가기 때문에 다시

숙소 가는 길. 앞에 보이는 해바라기 밭

 광활한 해바라기 밭을 30분 정도 함께 걸어서 가야했다. 하도 많이 걸어 다녀서 다리가 쑤셨지만 해가 살며시 저무는 시간에 길게 펼쳐진 해바라기 밭을 걷노라니 그 풍경을 찍지 않을 수 없었다. 가는 도중에 터키 친구들이 몰래 해바라기 밭에 들어가서 해바라기를 하나 꺾어와서 해바라기씨를 꺼내 먹거나 사과나무에서 덜익은 사과를 따먹는 재미도 있었다. 말하자면 서리라고 할 수 있는 행동이지만 그래도 해바라기씨는 참 고소했고 덜익은 사과도 맛있게 먹을 만했으며 그 시간들은 참 달콤했다. 농부 아저씨 감사합니다.
 퀼테페에서 잊을 수 없는 또 하나의 사건은 나의 바지 사건인데, 이건 웃기면서 슬픈 이야기이다. 어느 날 아침에 여느 때와 같이 아침식사를 하기위해 식당으로 나섰는데 숙소에서 키우는 강아지인 심과 슨(자매인데 합쳐서 심슨이라고 우리가 지어줬다)이 까만 걸레 같은 것을 물어 뜯으면서 놀고 있는 것을 보았다. 나는 대수롭지 않게 잘 노는구나 하면서

105

넘겼는데 그날 오후에 일을 끝내고 돌아와서 전날에 널어놨던 빨래가 생각나 걷으러 갔는데, 나의 까만색 바지가 보이지 않는 것이다. 설마하면서 잔디밭에 패대기쳐진 그 까만 걸레를 들어보니 내 바지였다. 심과 슨이 이미 질리도록 가지고 놀다 버려서 온 사방에 구멍이 숭숭 뚫려있었고 잔디가 들러붙어 떨어지지 않았다. 정말 어이가 없었고 황당했다. 내가 그렇게 귀여워해주고 항상 쓰다듬어주고 내가 먹을 고기를 남겨서 던져주곤 했는데 나를 배신하다니. 그래서 결국 내 바지는 쓰레기통으로 갈 수 밖에 없었다. 그리고 나서 다음 휴일에 나는 시내 백화점에 가서 바지를 하나 더 샀다. 그 바지는 너무 편해서 지금 한국에 와서도 끊임없이 입고 있어서 마약바지로 불리고 있다. 그렇게 큘테페에서 잘 적응하며 2주 가량의 시간을 보냈다. 그 사이에 우리보다 먼저 집에 간 친구들도 있었고 새롭게 우리와 함께 하게 된 친구도 있었다. 날씨가 너무 더워 서로 예민하게 굴 때도 있었고, 타지에서 서로 안쓰러워 눈물 흘리기도 했었으며, 먼저 떠나는 친구들에게서 번역기에 돌린 '몸 잘 챙겨'라는 말을 들었을 때 애써 눈물을 참기도 했었다. 2주간의 추억나눔이었지만 이별은 언제나 마음이 무거운 일이었다.

다시 만나다

8월 2일에 우리는 초룸Çorum지역 학생들과 현장을 바꾸기 위해 초룸지역의 발굴 현장중 하나인 에스키야파르로 출발했다. 그 곳은 유일한 혼성팀인 예선이와 정봉오빠가 머무는 곳이었다. 에스키야파르는 생각했던 것보다 훨씬 가정적인 분위기의 현장이었다. 물론 큘테페도 가족같았지만, 그 곳은 컨테이너를 개조하여 만들어서 정말 베이스캠프 같은 느낌이 들었다면 에스키야파르는 일반 가정집을 사용하고 있었고, 에스키야파르를 담당하시는 툰치 교수님의 아내분이 함께 상주하시면서 직접 모든 학생들과 식솔들의 식사를 책임지고 계셨다. 그래서 그 분께 만인의 어머니 같은 따뜻한 첫 인상을 느꼈다. 에스키야파르 숙소에서 우리 10명은 다시 만났다. 7월 14일 앙카라에서 헤어진 지 20일만이었다. 모두 식탁에 둘러 앉아 그동안 각자 현장에서 있었던 일을 털어놓으니 금세 식탁이 시끄러워졌고, 그런 우리들을 터키 교수님들과 학생들이 신기하고 재미있다는 듯이 쳐다봤다. 하지만 한번 터진 수다를 막을 수가 없었다. 오랜만에 만난 친구들 아니 한국인들이라 그런지 한국말로 하고 싶은 이야기가 끊임없이 생겨났다. 저녁식사를 하면서도 계속 우리는 회포를 풀었다. 짧은 저녁시간을 뒤로 하고 다시 떠나야할 곳으로 떠나는 시간이 다가오자 다시 또 서운함이 밀려왔다. 하지만 해야 할 일이 있기에 나와 정미는 새로운 현장에 대한 기대감을 다시 안고 레술로글루Resuloğlu로 향했다.

레술로글루의 태풍

레술로글루 현장은 초룸지역 서쪽에 있는 발굴 현장이었는데 숙소에서 현장까지 차로 30분거리에 있어서 아침에 일나갈 때 가장 힘들었던 기억이 난다. 레술로글루현장을 담당하고 계신 교수님은 타이푼 교수님인데 타이푼 교수님은 'tayfun' 뜻 그대로 태풍을 뜻하는 성함을 가지고 계셨다. 더욱 놀라운 건 타이푼 교수님의 성이 일드림yıldırım이라는 것이다. 터키어 일드림은 번개라는 뜻을 가지고 있다. 성이 번개고 이름이 태풍이라니 뭔가 휘몰아치듯 무서운 분이신가? 하는 생각도 잠시 들었지만, 타이푼 교수님은 아버지처럼 따뜻한 분이셨다. 솔직히 얘기하자면 내가 가본 현장 중에 레술로글루의 숙소환경이 가장 낙후되었었다. 하지만 그 곳에서 타이푼 교수님은 정비사이자 수리기사였으며 운전기사였다. 타이푼 교수님은 몸을 아끼지 않고 열악한 환경을 조금이나마 편하게 해주기 위해 노력하셨다. 레술로글루현장에서 조금 큰 시내를 나가자면 자동차로 30분 정도 거리에 있는 순굴루Sungurlu에 가야했는데, 교수님은 항상 피곤한 몸을 이끌고도 그 곳에 가셔서 우리를 위한 먹거리와 물을 사오셨다. 우리와도 몇 번인가 함께 장을 보러 간 적이 있었는데 교수님은 이미 순굴루에서 유명 인사였다. 과일 단골집, 빵 단골집, 고기 단골집이 다 따로 있었고 만나는 모든 사람마다 교수님과 반갑게 인사를 했다. 그 사람들은 모두 교수님을 우리처럼 호잠hocam이라고 불렀고 타이푼 호잠은 늘 미소로 화답해 주셨다. 타이푼 호잠이 자주 가는 단골 채소가게가 있는데 그 곳에 함께 자주 가다보니 그 가게의 아들과 친구가 되었다. 그의 이름은 이브라힘ibrahim인데 매우 수줍음이 많은 친구였다. 우리가 한국에서 온 학생들이라고 하자 매번 가게에 올 때마다 음료수를 주었는데, 친절하게도 항상 가게 문고리에 달려있는 병따개로 뚜껑을 따주었다. 늘 입가에 미소가 떠나지 않았고 영어로 대화를 시도하면 자신이 영어를 잘 못하는 것에 대해서 미안해 하는 20살 소년이었다. 타이푼 호잠과 함께 장을 보러 가면 우선 슈퍼에서 아침식사에 필요한 잼이나 크림치즈, 매일 마시는 블랙티 등을 사고 항상 우리의 군것질 거리도 손에 쥐어 주시곤 했다. 그러고 나선 이브라힘네 채소가게에서 양파, 감자, 토마토, 피망, 가지 등을 한 봉지씩 사는데 거의 2~3일 만에 다 없어져서 또 사러 오게 된다. 다음 코스는 정육점이다. 정육점에서는 주로 소고기나 양고기를 사고 마지막으로 빵가게에 들러 10리라 어치의 빵을 산다. 이 빵 사는 일은 주로 우리가 도맡아 했는데 타이푼 호잠이 빵가게 근처에 차를 세우고 10리라를 주면 나와 정미가 내려서 빵을 사왔다. 또 가끔은 물을 사러 가기도 하는데 물은 한 번에 많이 사 놓기 때문에 자주 가지 않아도 되는 모양이었다. 그렇게 장보기를 모두 마치면 숙소로 돌아가 저녁먹을 준비를 한다. 타이푼 호잠이 장을 보고 돌아오는 시간이 늦어져 숙소에 있는 식구들 먼저 밥을 먹을 때가 허다했다. 그런 날엔 가끔 우리끼리 외식을 하는 날이 되기도 했다.

레술로글루의 식구들은 퀄테페에 비해 단출했다. 용감하고 자상한 뷸란트 호잠, 귀여운 규라이Gülay 호잠, 늘 열심히 실측하는 아슬르Aslı 호잠, 바비인형같은 에미네emine, 커피점술사 오즈게Özge, 맏언니 같은 슬라Sılanur, 똑똑한 데니스deniz까지 모두 우리를 너무나 반갑게 환영해 주었다. 레술로글루에서는 시간을 효율적으로 사용하기 위해 학생들이 번갈아 가면서 실내작업을 하면서 식사를 준비하는 식으로 역할을 분담했다. 굉장히 덥기 때문에 오후에 현장에서 오래 일하는 것이 어려웠다. 그래서 레술로글루에서는 현장일을 오전 6시부터 시작하였는데 숙소에서 현장까지 30분이나 이동해야 하기 때문에 우리는 항상 새벽 4시 40분 정도에 일어나서 5시에 아침을 먹고 5시 30분에 차를 타고 현장으로 출발해야 했다. 레술로글루현장에 도착하면 고장난 것 처럼 보이는 캠핑차량이 있는데 그 곳이 현장일 하는 동안 우리의 베이스캠프 역할을 한다. 그 곳에 천막을 치고 테이블을 놓고 식사도 하고 티타임도 가졌다. 6시즈음 현장에 도착하면 각종 필요한 장비와 도구들을 챙겨서 현장으로 올라간다. 레술로글루현장은 산 정상에 있는데 숲이 빽빽한 산이 아니라 구릉 같은 느낌이라 정상에 올라서면 아래가 훤히 내려다 보인다. 아침마다 현장에 올라가기 위해 일명 지그재그 길을 올라가야 했다. 멀리서 보면 그리 긴 오르막이 아닌 것처럼 보이지만 막상 잠이 덜 깬 아침에 올라 가려니 숨이 차올라서 힘들었다. 정상에 올라서서 아래를 바라보면 저 멀리까지 훤히 내다보이는데 나무 한 그루 없는 것이 신기했다. 나무가 없으니 그림자도 없었다. 대략 7시 20분쯤에 일을 시작한다. 타이푼 교수님은 현장에서 쉬지 않고 인부들과 발굴에 대해 의논하고 토론하셨다. 인부들이 열심히 땅을 파고 있는 모습을 보시면서 항상 "핫챠!"(타이푼 호잠만의 의성어이다), "타맘, 촉규젤!"(좋아, 훌륭하다!)등을 연발하셨다. 나는 타이푼 호잠의 이런 모습이 너무 훈훈하고 보기 좋다고 생각했다. 타이푼 호잠이 현장 외에 장을 보러 갈 때나 시내에 볼일이 있어서 나갈 때 항상 매는 크로스 백이 있는데 한 번은 운전석에 오르신 호잠이 자신의 크로스백 끈을 보고 안전벨트인 줄 알았다고 하셨다. 교수님께 이런 말은 실례일지 모르겠지만 너무 귀여우신 것 같다. 레술로글루 현장은 초기 청동기와 철기시대가 공존하는 유적인데 나는 주로 실로silo에서 유물을 수습하는 일을 하였다. 실로란 저장 구덩이를 뜻하는 단어이다. 일단 실로에 들어가면 인부아저씨와 함께 구덩이의 바닥을 찾기 위해 곡괭이질을 끝없이 해야한다. 내가 상상하지도 못했던 깊이까지 내려갔던 실로도 있었다. 조금 과장하면 거의 지하 땅굴 수준이었다. 내가 일했던 실로는 silo54 였는데 라티프라는 인부와 함께 일했다. 라티프는 레술로글루에서 일하는 인부 중에 나와 가장 친했던 친구이다. 처음에는 아저씨인줄 알았는데 나중에 알고보니 25살 밖에 안 먹었다고 해서 엄청 놀랐다.

　라티프와 나는 silo54를 거의 5m 넘게 파내려갔던 것 같다. Silo54 안에서는 수많은 토기편들과 흑요석, 가락바퀴가 나왔다. 나중에 silo54의 바닥을 찾고 보니 중앙 아나톨리아에서 처음 발견된 새로운 형태의 실로라고 타푼 호잠께서 말씀해 주셔서 뭔가 뿌듯한 기분이 들었다. 나는 쉬는 시간마다 라티프와 silo54 안에서 그림을 그리면서 이야기했다. 라티프가 영어를 잘하지 못했기 때문에 우리는 서로 그림을 그려 소통했다. 신기하게도 라티프는 나의 엉성한 그림을 보고도 무슨 뜻인지 다 알고 대답해주었다. 우리가 silo에서 흙을 퍼내면 위에서 흙바구니를 받아서 버려주는 인부가 한 명 더 있는데, 그 아이 이름은 오스만이다. 오스만은 17살 밖에 안되는데 엄청 어른스럽게 군다. 겉으로 보기에는 애같이 생겼는데 일도 잘하고 힘도 무지 쎄다. 어느날은 오스만이 다른 인부들과 함께 담배를 피우고 있어서 내가 고등학생은 담배 피우는 거 아니라고 뭐라고 했더니 정색하면서 자기는 아이가 아니라 괜찮다고 말했다. 터키

silo54 안에서

는 18살 부터 합법적으로 담배를 피울 수 있는데 1살 차이 정도는 괜찮은 것으로 생각하는 것 같았다. 나를 제외하곤 누구도 오스만에게 뭐라고 하지 않았기 때문이다. 그 뒤로 나는 오스만을 계속 베이비라고 부르면서 놀리기 시작했다. 내가 오스만을 베이비 오스만이라고 놀리면 오스만는 어깨를 으쓱하면서 "you baby!" 라며 알 수 없는 터키어를 막 퍼부었다. 아마 터키어로 욕을 했을 지도 모른다. 나는 알아들을 수 없지만. 오스만이 위에서 뭐라고 막 소리치면 나랑 라티프는 silo안에서 그 광경을 지켜보면서 막 웃었다. 정말 우리끼리의 소소한 재미였다. 이곳은 다른 현장보다 일이 조금 일찍 끝난다. 오전 6시에 일을 시작하기 때문에 오후 2시 정도에 모두 정리하고 숙소로 향한다. 숙소에 도착하면 3시에 가까워지는데 이때 늦은 점심을 먹는다. 숙소에서 실내작업을 하던 친구들이 우리가 오기전에 미리 점심 식사를 다 준비해 놓기 때문에 우리는 손만 씻고 앉아서 밥을 먹을 수 있었다. 한 번은 식탁위에 참기름이 놓여져 있던 날이 있었다. 다들 참기름을 어떻게 요리해서 먹어야 하나 고민하는 눈치였다. 타이푼 호잠이 한국에 참기름을 이용한 요리가 있냐고 물으셔서 많다고 대답했다. 그때, 내 머릿속에 생각난 것이 간장계란밥이었다. 간장계란밥은 내가 방학 때 집에 반찬이 없으면 꼭 해먹던 음식이다. 사실 음식이라고 하기도 뭐할 정도로 간단하지만, 어쨌든 내가 간장계란밥이라는게 있다고 소개해주었더니 타이푼 호잠이 언제 한번 해 줄수 없겠냐고 물으셨다. 나는 당연히 해주고 싶다고 대답했다. 그렇게 나와 정미는 현장일을 쉬는 날에 간장계란밥 11인분을 준비했다. 요리는 어렵지 않았지만 밥 양을 11인분 맞추는 것이 굉장히 어려웠다. 현장 사람들이 일을 끝내고 돌아오는 차 소리가 들리자 우리는 서둘러 테이블을 세팅하고 그들을 기다렸다. 그리고 나서 다 함께 앉아서 우리가 만든 요리를 시식했다. 나는 기호에 맞게 간장과 참기름을 넣어 먹으라고 알려주었다. 모든 사람들이 우리가 만든 한국식 간장계란밥을 너무너무 좋아했었다. 물론 예의상 맛있었다고 한 것일 수도 있지만, 후에 요리를 한번 더 부탁했으니 진심이었을 것이라고 믿는다.

저녁 작업 중 (요빈, 지은) in 쿨테페

점심식사를 마치면 간단히 티타임을 가지고 저녁식사 시간인 8시까지 자유시간을 갖는다. 대부분은 이 시간에 샤워를 하고 꿀맛같은 낮잠을 자거나 개인적인 공부를 하기도 한다. 나와 정미는 늘 새벽 4시 30분에 일어나서 피곤했는지 거의 매일 이 시간에 샤워를 한 후 낮잠을 자곤 했

레술로글루 현장 정상 위에서

레술로글루 친구들과 함께 티타임

다. 산 정상에 현장이 위치해서 그런지 레술로글루에는 특히나 모기들이 굉장히 많았는데 나와 정미는 수도 없이 많이 물려서 낮잠 잘 때 나 밤에 잘 때 간지러워서 수차례 깬 일이 다반사였다. 이때마다 이홍종 선생님이 이스탄불에서 챙겨주신 물파스를 듬뿍 바르고 나서야 다시 단잠을 잘 수 있었다. 새벽에 간지러움을 참지 못하고 깨서 비몽사몽으로 물파스를 바르는데, 이 선생님은 어떻게 알고 이걸 챙겨주셨을까 새삼 감탄스럽고 존경스러웠다.

레술로글루 숙소는 사람이 얼마 살지 않는 아주 작은 마을에 자리잡고 있는데 주변에 소, 오리, 닭 등을 방목해서 키우는 농가가 많아서 숙소 마당에서도 오리와 닭들을 심심치 않게 볼 수 있었다. 한 번은 우리 방 문 앞 마당에 소 3마리가 들어와서 풀을 뜯어 먹고 있던 적도 있었다. 다행히 타이푼 호잠이 바로 와서 소를 내몰았지만 정말 놀라운 광경이 아닐 수 없었다. 방문을 열었는데 소 3마리가 풀을 뜯고 있었다니! 터키에서 처음 경험해본 일들이 한 두가지가 아니었다.

레술로글루에 있던 오즈게는 우리와 절친한 친구가 되었는데 그 친구는 커피점을 엄청 잘 본다. 사실 점이라기 보단 상상력을 얼마만큼 잘 발휘하느냐 하는 것인데 오즈게는 상상력이 매우 뛰어난 친구였다. 터키 커피점은 커피를 다 마시고 잔을 잔받침에 뒤집어 놓고 식을 때까지 기다린 후 열어보면 남아있던 커피가 잔 안에 여러 갈래로 흐른 흔적을 보고 여러가지를 추측하고 상상해서 점을 봐주는 것이다. 호기심 반 장난 반으로 오즈게가 거의 1시간 가까이 나의 점을 봐주었는데 정말 소름이 끼칠 정도로 나의 심리를 잘 알아 맞추었다. 우연히 비슷하게 말한 것이겠지만 너무 신기했다. 그 뒤로 나는 오즈게를 마녀라고 부르기 시작했다. 마녀 오즈게! 사실 오즈게는 레술로글루에 온 첫 날 우리와 함께 실내작업을 했던 친구이다. 그래서 제일 처음 친해질 수 있었는데 정말 재미있고 유쾌한 말괄량이 같은 친구였다. 에미네는 우리 사이에서 여신으로 통하는

점술사 오즈게

언니였다. 말그대로 바비인형처럼 예쁜데다가 성격도 쿨한 레술로글루의 맏언니였다. 슬라는 점잖고 말수가 적어서 맏언니 같은 느낌이지만 조금 더 친해지면 아이같고 순수한 면이 많아서 귀여운 친구였다. 데니스와는 늘 차를 마시면서 터키나 한국의 역사에 대해 이야기했는데, 항상 한국에 대해 알고 싶어했고 궁금해 했다. 정다운 시골마을 같은 레술로글루 현장에서 약 10일정도 머물다가 우리는 다시 에스키야파르 현장으로 투입되었다. 레술로글루를 떠날 때도 나는 눈물을 숨길 수가 없었다. 10일이었지만 힘든 일을 함께 겪어내다 보니 100일은 함께 있었던 것 처럼 서로 의지하게 된 것 같았다.

홈스테이 in 에스키야파르

에스키야파르는 툰치 교수님께서 담당하시는 발굴 현장이었는데 정봉오 빠와 예선이가 알라카회위크Alacahöyüka로 떠난 뒤 나와 정미가 에스키야파르로 가게 되었다. 8월 2일에 잠시 보았던 분들이지만 다시 만나니 너

115

무나 반가웠고 이 곳에서의 생활도 기대되었다. 동시에 한국으로 갈 날이 얼마 남지 않은 것에 감회가 새로웠다. 벌써 시간이 이렇게 빠르게 흘렀구나 하는 생각에 뭉클해지기도 했고 한국으로 돌아가면 방학없이 바로 개강이구나 하는 생각에 왠지 돌아가기 싫다는 생각도 조금 들었던 것 같다.

　에스키야파르 식구들은 예선이와 정봉오빠가 메신저를 통해 입이 닳도록 칭찬했었기 때문에 더욱 친근함이 느껴졌다. 툰치 교수님은 터키어와 영어를 자연스럽게 반반 섞어서 말씀하시는 재주를 가지셨다. 너무 자연스러워서 어디서부터가 영어고 터키어인지 분간이 가지 않을 정도였다. 툰치 교수님의 아내이신 만인의 어머니 디렉키Direk 호잠은 매일 아침, 점심, 저녁을 우리를 위해 손수 차려 주셨다. 디렉키 호잠의 음식들은 모두 말할 수 없을 정도로 훌륭한 맛이었지만, 그 중에 최고를 꼽는다면 직접 만드신 잼들이었다. 딸기잼, 블루베리잼, 귤잼이 있었는데 이 잼들을 바르면 빵 종류에 상관없이 모두 맛있어진다. 이 잼들과 함께라면 빵을 수십개도 먹을 수 있을 것 같았다. 디렉키 호잠은 에스키야파르에 온 우리를 너무나도 따뜻하게 맞아 주셨다. 나는 그런 호잠의 모습에서 한국에 있는 엄마가 떠올랐다. 그래서 그 다음부터 나는 디렉키 호잠을 "안나"(엄마라는 뜻) 라고 불렀다. 내가 "안나!"라고 부르면 늘 웃으면서 대답해 주셨는데 그 함박웃음이 여전히 그립다. 안나가 얼마나 따뜻한 분이셨냐면, 바깥의 학생 숙소에서 지내던 내가 감기기운이 있던 적이 있었는데 안나가 자신의 옷을 주시면서 밤에는 추우니까 입고 자라고 말씀하셨다. 또 내가 아침인사를 하면 늘 반갑게 안아 주셨고 현장을 떠날 때에는 차에 타고 가면서 먹으라고 빵도 한 아름 싸 주셨다. 마침 한국 가족이 조금씩 그리워지던 찰나에 에스키야파르의 안나는 나에게 큰 위로가 되어 주셨다.

　에스키야파르에서 함께 일했던 터키 친구들을 간략히 소개하면 무엇이든 친절하게 설명해주던 아이차Ayca, so sweet을 입에 달고 살던 제이넵Zeynep, 수줍음많은 소년 푸칸, 집안의 모든 일을 척척 처리해주던 제이날Zeynar 그리고 언제나 흥이 넘치는 흥부자 오즈널Öznur 호잠, 자상하신 무하메트 호잠과 그 아내분, 그리고 그들의 딸인 니란niran이까지 에스키야파르의 식구들은 다들 따뜻해서 마음이 참 안정되는 곳이었다. 니란이는 한국을 엄청 사랑하는 중학생 소녀인데 정확히 말하면 한국보다는 한국의 아이돌인 방탄소년단의 팬이었다. 그래서 한국말, 한국 문화에 관심이 매우 많았다. 에스키야파르에도 한국 학생들이 온다고 해서 따라온 것이었다. 니란이와 나는 밥을 먹은 뒤나 자유시간이 생기면 늘 니란이 방에 올라가서 방탄소년단 영상을 보거나 한국어, 터키어를 공부하곤 했다. 니란이는 포옹하는 것을 매우 좋아하는 어린 아이였는데 만나면 무조건 껴안는 것이 습관이다. 웃긴 건 자기가 막 안기면서 쑥스러워한다. 니란이는 부모님과 함께 우리보다 일주일 먼저 집으로 돌아갔다. 니란이에게 뭔가 주고 싶었는데 줄 것이 마땅치 않아서 내가 한국에서 가져온 김자반을 선물로 주었다. 나중에 한국에 와서 메신저로 그 김자반의 시식 후기를 들을 수 있었다. 아직도 니란이는 가끔씩 메신저로 한국어에 대해서 물어보곤 한다. 날이 갈수록 한국어 실력이 느는 것 같다. 요즘 니란이의 꿈은 한국에 와서 걸그룹이 되는 것이라는데 어떻게 설득해야 할지 모르겠다.

현장일을 쉬는 날에 우리는 안나를 도와 음식을 만들기도 했는데 터키식 만두를 만들었던게 가장 재미있었다. 터키식 만두는 우리 만두나 중국의 만두와 마찬가지로 만두피 속에 고기와 야채를 섞어서 넣고 빚어서 찌거나 삶아 먹는 것이다. 우리는 만두피 부터 손수 만들어서 속을 채워넣는 작업을 했다. 터키식 만두는 매우 매우 조그맣게 만드는 것이 특징인데 왜 그렇게 작게 만드냐고 물어봤는데 작게 만드는게 보기 좋고 예쁘다고 하셨다. 처음에는 작아도 예쁘게 만들려고 노력했는데 점점 배가

터키만두 만들기

고파지자 대충 싸고 오므려서 빨리 마무리하려 했던 것 같다. 저녁으로 먹었던 그 터키식 만두는 삶아서 토마토소스와 요거트를 곁들여 먹었는데 작아서 그런지 끊임없이 호로록 뱃속으로 들어가서 맛있게 두 그릇이나 먹었다.

사실 다행인지 불행인지 모르겠지만, 우리가 에스키야파르로 오고 나서 4일정도 뒤에 에스키야파르의 현장 발굴 작업이 종료되었다. 그래서 남은 일주일 정도는 거의 휴양하다시피 지냈던 것 같다. 같이 있던 터키 학생들도 하나 둘씩 먼저 떠나고 니란이도 먼저 가고 마치 툰치 호잠의 가정집에 나와 정미가 홈스테이하는 기분이 들었다. 마지막에 우리도 에스키야파르를 떠날 때 나는 안나에게 편지를 전해주고 왔는데 후에 들리는 소식에 안나가 그 편지를 읽고 눈물을 훔치셨다는 얘기를 들었다. 나역시 에스키야파르를 떠날 때, 그 어떤 현장에서의 작별인사보다 슬펐다. 엄마라는 존재는 어느 나라나 감동적인 것 같다. 안나와 마지막 인사를 하면서 안나가 그동안 입으라고 주었던 옷을 건네는데 안나가 나보고 그 옷을 가져가라고 하셨다. 그 말에 나는 또 감동을 받아서 안나와 부둥켜 안고 울었다. 에스키야파르의 모든 식구들과 한번씩 포옹을 나눈 뒤에야 완전히 에스키야파르를 떠날 수 있었다. 다른 현장에서는 발굴 작업을 하루 중에 가장 많은 시간동안 했었기 때문에 피곤해서 자는 시간도 많았고 그래서 친구들과 더 많은 이야기를 나누지 못해 아쉬웠는데, 에스키야파르 현장에서는 발굴 작업이 종료된 후에 실내에서 토기세척이나 유물실측을 주로 했었기 때문에 다른 곳 보다 더 많은 이야기를 할 수 있었고 교감할 수 있었다. 그래서 작별이 더 아쉬웠던 것 같다.

 큐테페, 레술로글루, 에스키야파르 현장에서 있었던 모든 일들이 아직도 생생히 기억나지만 하나하나 글로 적자면 끝이 없을 것 같아 이만

안녕, 에스키야파르

줄여야 할 것 같다. 피키리 호잠, 타이푼 호잠, 툰치 호잠 모두 정말 좋은 스승이시자 아버지같은 분이셨고 각 현장에서 배웠던 많은 경험과 친구들과 함께한 추억들은 내가 살아가면서 절대 잊지 못할 소중한 재산이 되었다. 터키에서 만난 모든 인연들에 감사하며 6주 간의 짧지만 길었던 일정을 뒤로하고 나는 다시 한국으로 돌아와서 이 글을 적고 있다. 글을 적으면서 다시 한번 떠올려보는 그 때의 기억은 힘들고 좌절할 때도 있었지만 행복하고 마음이 포근해지는 기억이 훨씬 많이 떠오른다. 이제는

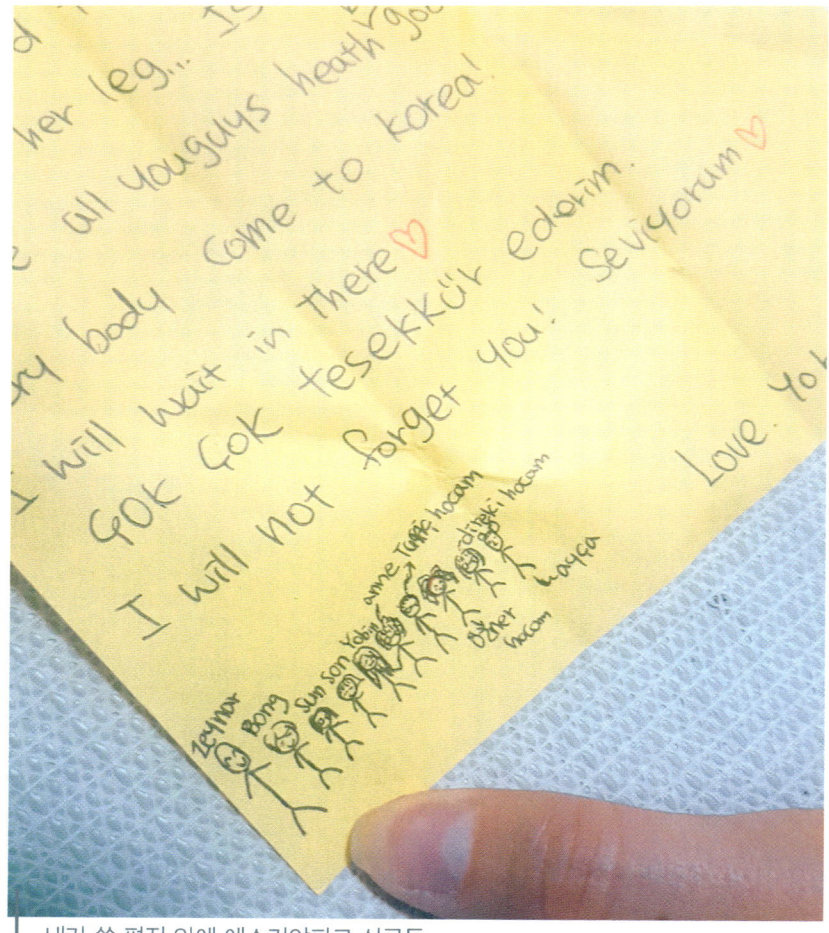

| 내가 쓴 편지 안에 에스키야파르 식구들

역사속의 형제의 나라가 아닌 지금 나에게 진심으로 형제의 나라가 되어 버린 터키에 언젠가 다시 가서 꼭 그들을 만날 수 있는 기회가 있길 바란다. 마지막으로 6주 간의 소중한 경험과 고마운 인연들을 제 인생의 일부로 만들 수 있도록 도와주신 고려대학교 고고미술사학과 이홍종 교수님, 이희진 교수님을 비롯한 모든 분들께 무한한 감사를 드리며 글을 마치도록 하겠다.

해바라기가 피고 지고

서승현

2015년도 겨울에 나는 내가 무엇을 하고 싶은 지 아무 생각이 없었다. 그러다 문득 겨울에 학교에서 해외 발굴조사단 모집 공고가 있었다. 하고 싶었다. 내가 지금의 고려대학교 고고미술사학과를 왜 들어왔는지에 대해서 다시 생각하고 싶었기 때문이다. 내 꿈은 고고학자였다. 고고학을 연구하고 사랑하는 사람이 되고 싶었다. 그런 꿈이 3년간 잊혀 있었다. 그래서 겨울방학에 발굴현장에 참여했고, 어느 날 점심을 먹던 중 터키 발굴에서 참여를 할 수 있는 기회를 얻었다. 터키에서 발굴한다는 그 말이 너무 설렜다. 트로이, 히타이트. 나에게는 신비한 세계였으며 실제로 존재하는 했던 것인가 하는 궁금증이 나를 참여하게 만들었다. 시간이 다 가올수록 내가 이 곳을 가서 잘 할 수 있을까에 대한 두려움이 나의 호기심을 넘어섰고 나는 포기하고 싶었지만, 해외에서 발굴 할 수 있는 기회가 언제 올지 몰라 참여에 대하 결심을 굳혔다.

7월 13일이 기다려졌지만 처음으로 해외에서 생활하는 것에 대한 두려움이 가득했다. 학기가 끝남과 동시에 집으로 내려가서 가족과 친구들에게 터키에서 발굴을 하는 것에 대해 자랑하면서도 그곳에 가서 내가 잘할 수 있을까에 대한 불안감이 항상 가득하였다. 그렇게 7월 13일이 되었고 나의 동기, 친구, 후배와 함께 터키라는 곳에 오게 되었다. 떨림과 불안감이 공존은 이곳에 대한 궁금증으로 인해서 생각이 나지 않았다. 첫날 도착과 동시에 이스탄불의 유명 유적에 대한 견학을 하였다. 이스탄불은 구도시와 신도시로 나눠져 있으며 바다를 끼고 있어 상당히 아름다운 경관을 지니고 있다. 시원한 바람이 항상 공존하며 사람들은 뜨거운 날씨에도 시원한 바람을 즐기듯이 여유로운 모습이 많이 보였다. 그곳에서 본 아야소피아, 이스탄불 고고학 박물관은 정말 내가 이 신비롭고 신기한 세계에 온 것을 각인시켜 주었다. 삭막한 기후에서도 단연 눈에 띄는 아름다운 색의 조화 덕분에 내가 여기 있다는 것이 자랑스러웠다. 또한 더운 날씨 때문에 주로 염분이 많은 음식을 먹는데, 한국인의 입맛에 잘 맞을 거라고 생각되었다. 첫 날 본 이스탄불은 서양의 모습이지만 동양적 미를 품은 채 새로운 세계를 나에게 보여줬다.

　　7월 14일 드디어 내가 여기를 온 주목적인 현장으로 가게 되었다. 이스탄불에서 앙카라로 가게 되었고 앙카라에 도착했을 때 나는 여기에 있는 누구보다 열심히 하고 싶다는 생각이 들었다. 그러나 기존의 계획인 내 동기이자 친구인 현석이와 가게 된 것이 아니라 여자 후배 4명이 가게 되었다. 어색함이 감돌았지만 그래도 씩씩한 척하는 게 이럴 때 선배인지 않겠냐 싶었다. 그리고 이런 기회에 누구랑 가는 게 중요한가 생각이 들었다. 그렇게 퀼테페라는 유적으로 가게 되었다. 4~5시간이 걸려 밤 12시에 도착한 그곳에서 나는 터키학생을 만나게 되었다. '정말 왔구나'라는 생각이 맘에 들면서 너무 불안하고 초조하고 어색해졌다. 갑자기 집이 너무 가고 싶어졌다. 그렇게 그날 밤 잠에 들었다.

　　일어났을 때 일어나기가 너무 싫었다. 생소한 곳에서의 생소한 아침 그리고 영어를 사용하여야 한다는 부담감이 나를 일으키지 않았다. 아침을 먹으면서 이 곳에서의 생활하고 있는 사람들을 만나게 되었다. 그들은 내가 어색해 하는 것을 아는지 정말 잘해주었다. 특히 Sonar라는 친구는 여자친구가 있으면서도 나를 사랑하는 것처럼 잘해주었고, 재미있기도 하지만 세심하게 잘 챙겨주었다. 지금 이 글을 쓰면서도 퀄테페에 처음 왔을 때 이 친구가 없었다면 난 좀 더 혼자 고립되고 외로웠을 거라는 생각이 든다. 이렇게 터키에서 발굴이 시작되었다. 첫 날은 현장이 준비단계에 있어서 실내에서 이전의 작업했던 것에 대해 유물세척을 하였다. 이 때 까지는 몰랐다. 이곳의 기후가 이곳의 환경이 얼마나 가혹한지를.

그렇게 첫 하루가 시작되었다. 아직 현장은 시작하지 않아서 숙소 내에서 할 수 있는 유물세척을 하였다. 날씨가 많이 무더웠다. 아니 무더웠다 라고 표현하기 보다는 너무 더웠다. 그늘에 있지 않으면 내 피부가 하나씩 익어가고 있다는 같다는 기분이 들었다. 유물세척이 정말 하기 싫은 작업이라 생각되었는데 이처럼 더운 날에는 물에 손을 담구면서 일하는게 너무 행복했다. 터키에 오기 전에 사전조사를 하면서 터키의 평균온도가 여름에 26도라 길래 '정말 나는 좋은 곳에 가구나, 정말 좋은 곳이구나' 생각을 하였다. 그러나 본격적인 발굴조사가 시작되자마자 터키 기후에 속았다는 것을 알 수 있었다. 여기는 낮에는 엄청 더워서 38도가 기본이며 아침 7시에 이미 33도 이상을 웃돈다. 그러다가 해가 지기 시작하면 급속도로 날씨가 추워지며 바람이 엄청 불기 시작한다. 그리하여 잠을 잘 때 쯤에는 옷을 꽁꽁 싸매 입으며 잠을 청해야 한다. 당했던 것이다, 이 기후에.

그렇게 이틀이 흘렀다. 지은이, 요빈이, 정미, 지연이 정말 이틀동안 나를 재미있게 해주고, 말도 많이 걸어주었지만 혼자만 남자라는 왠지 모르는 답답함과 외로움이 가득했다. 그러던 차에 이홍종 교수님이 유적에 오신다고 하시면서 나를 데리고 가신다 하셨다. 여자애들은 나보고 가지 말라고 잡는데, 빈말이어도 고맙긴 하지만 나는 떠나고 싶었다. 그렇게 교수님이 오신 날 여기 있으라고 말을 하실까 봐 미리 짐을 싸 놓고 갈 준비를 하였다. 교수님이 오시고 유적에 대한 견학에 동행하였다. 나와 함께있던 후배 모두 그 날 유적의 전체모습을 처음 보았다. 처음 전경을 바라봤던 그 순간에는 더위나 모래바람이 중요한 게 아니라 정말 이런 위치에 이렇게 상당한 큰 규모로 있는 게 정말 신기했다. 물론 전체의 모습이 아니라 기초만 남아있는 유적의 전체 모습일지라도 설명을 들으며 이 유적의 의의와 유적 내에 존재하는 유구들을 바라보며 다시 이 곳에 온 게 실감나고 내가 이 유적에서 발굴할 수 있다는 것에 대해서 행복감이 들었다.

퀼테페라는 이 도시 유적은 히타이트 시기의 이전 시기의 해당되는 유적으로서 유적은 크게 상하도시로 나뉘어 진다. 처음으로 보았던 상도시에는 궁전, 신전의 유구를 확인 할 수 있는 왕, 귀족 계급의 생활공간이다. 현재의 발굴은 이 상도시를 위주로 하고 있다. 하도시는 카룸이라 불리는 상인들의 거주공간 및 상행위 장소로서 넓은 평지에 위치해 있으며 곳곳에는 상인들이 실제로 거주했던 집과 그 집에서 나오는 점토판등이 확인되는데, 점토판에는 쐐기 문자로 이루어져 있다.

그렇게 퀼테페 견학을 마치고 한국 교수님들과 터키 교수님 및 학생들과 함께 티타임 시간을 가졌다. 이때 차를 마시며 서로 길게 대화를 나눈다. 이때 내가 다른 유적으로 이동하게 된다는 것을 들었다. 어차피 이 유적은 추후에 다시 오게 되는 것을 알아서 별다른 감정은 없었다.

퀼테페 가족들

식사 장면

　티타임이 끝난 후 한국 교수님들의 방문을 환영한다는 의미에서 환영회를 실시하였다. 환영회에서는 고기를 구워 먹으면서 맥주를 마셨는데, 들어보니 이 유적에서는 일주일에 한번 이러한 시간을 가진다고 한다. 정말 좋은 문화이다. 그렇게 시간이 흐르다 교수님께서 숙소로 돌아가시려고 하는데, 이홍종 교수님께서 갑자기 안 가신다 하시면서 내 방에서 잔다고 하셨다. 그렇게 말한 뒤에 다른 교수님들은 숙소로 가시고 이홍종 교수님은 내 방에서 주무셨다.
　다음 날 아침이 되어서 나는 여기에 4명의 후배를 남겨두고 새로운 곳으로 떠나야 했다. 퀼테페가 있는 카이세리에서 다른 유적들이 있는 쵸룸 지방으로 이동하였다. 쵸룸 지방으로 가서 각각의 유적에 있는 아이들을 만나게 되었다. 그리고 쵸룸 박물관장님 댁에 초대받아 저녁 식사까지 함께 하였다. 그리고 나서 한국 교수님들과 헤어지고 나의 파트너인 현석이를 다시 만나 다음날 현장으로 가기 앞서 다른 유적에서 하룻밤을 자는데 그 날은 그 유적에서 일하는 승주, 주석이와 총 4명이서 같이 한 방을 쓰게 되었다. 다음날 아침 일찍 이동할 예정이어서 일찍 자려고 했지만, 남자 4명이 오랜만에 만나게 되어서 새벽까지 수다를 떨고 그러다 새벽 3~4시 즈음에 잠들었다.

미처 잠이 제대로 안 깬 상태로, 밥을 먹고 알라카회위크라는 곳으로 갔다. 거기서 관한 설명을 듣고 짐을 옮기고 다시 밥을 먹고, 그 날 저녁 그곳에 도착하여 새로운 친구들을 만났다. 이 새로운 친구들은 더 어색해서 인사만 하고 바로 방에 들어와 버렸다.

다음날 터키에서의 첫 발굴이자 알라카회위크에서의 처음으로 발굴현장에서 작업을 진행하였다. 발굴현장에서는 오전 5시부터 작업을 실시하며 오전 9시에 이루어지는 아침식사 이전까지 하는 전반작업과 식사 이후의 오후 1시 30분까지 하는 후반작업으로 이루어진다. 중간에는 두 번의 쉬는 시간이 있으며 오전 7시에는 티타임을 가지며, 오전 12시에는 10분간의 휴식을 취하면서 다과를 먹는 시간을 가진다.

금일은 후반작업부터 실시하였으며, 작업을 시작하기 앞서 함께 일할 동료들과 교수님에게 간단한 자기 소개를 하였다. 이후 세 번째 신전이라고 불려지는 유구의 조경 조성을 위해 잡초 제거 및 본격적인 발굴을 하기 앞서 주변 환경정리 작업을 실시하였다.

현장의 규모는 별다르게 크지 않으나 이 안에서도 4개의 층으로 이루어지는데, 제 1층은 신석기 층이며 제 2층은 청동기 전기 층으로서 알라카회위크에서의 본격적인 왕귀족급의 무덤이 확인되며 건물유구가 보여진다. 제 3층은 히타이트 문화층으로 철기시대에 속하며 알라카회위크의 전성기시대이다. 제 4층은 히타이트제국의 멸망 이후 프리기아 공국의 시대로 속하며 철기시대의 중~후기이다.

첫날의 일과를 마치고 별다른 힘든 점 하나 못 느끼고 숙소로 돌아왔다. 어제 밤에 보았던 사람들보다 훨씬 더 많은 사람들이 있었다. 다시 한

현장의 동지들

번 소개를 받았다. 아이쿠트 교수님, 돌구 교수님 그리고 특이하게 큰 메 멧과 작은 메멧, 큰 울라쉬와 작은 울라쉬, 벡, 엠레, 에므레, 올름, 누리 균, 에미네, 오즈게 등 많은 친구들을 다시 소개받았다. 그렇게 여기서의 2주간의 발굴 및 생활이 실시되었다.

    첫날 가볍게 일을 하고 나서 다음날이 쉬는 날이기에 오늘 연회를 진행한다고 하였다. 그래서 갑자기 샤워를 빨리하고 단정하고 이쁘고 세련 된 옷으로 입고 오라고 강조를 하였다. 그렇게 해서 옷을 갖춰 입고 오니 굴뚝이 있는 오븐을 통해서 닭고기를 익히고 있었다. 시간이 흘러 자리에 앉아서 다시 한번 더 소개를 하고 식사를 하면서 음주를 즐겼다. 퀼테페 와 별다름이 없는 연회로 보였지만 갑자기 알라카회위크의 현장 책임자 이신 아이쿠트 교수님께서 부쉬라라는 친구에게 기타를 들고 오라고 한

숙소에서 한 때

뒤 노래를 시켰다. 그래서 우리에게 보여주기식으로 이러한 문화이다 하는 것을 보여주려고 하는 건 줄 알았는데, 그 부쉬라는 여자는 정말 말도 안되는 노래 실력을 보여주었다. 그저 아무 말도 안하고 입벌리고 쳐다보았다. 정말 박수가 절로 나오는 노래 실력이었다. 그리고 나서 엠레라는 뚱뚱한 친구가 나와서 터키 전통 댄스를 추는데 웃기면서도 정말 진지하게 추는 모습이 보기가 좋았다. 이윽고 나와 현석이에게 나오라고 시킨 다음에 그 터키 춤을 추게 했다. 그러다가 갑자기 한국의 노래에 맞춰 춤을 춰 달라고 요청하였다. 그래서 전 세계적으로 유명한 강남스타일을 틀고 춤을 췄다. 정말 창피하고 손발 오그라들 정도로 정말 싫었다. 그렇게 그 연회의 하루가 끝났다.

　현장에서는 일은 엄청 이른 새벽부터 시작하여 오후 한두시에 끝나서 처음에는 힘들지만 적응하다 보니깐 정말 일찍 끝난 다는 느낌이 들어 행복하였다. 현장에서의 일은 주로 유물을 수습하는 작업을 하거나, 유구나 유물을 흙에서 걷어내는 작업을 주로 하였다.

　그러다가 어느 날 비밀통로 유구 내에서 돌무더기가 확인되어서 이 돌무더기 사이사이 흙을 제거하는 작업을 한 적이 있는데 그 흙을 제거하다가 돌무더기의 일부분을 제거한 적도 있었다. 그 날 내가 너무 시무룩해 있으니깐 숙소로 돌아가는 길에 메멧과 벡이 콜라를 사주면서 앞에서 재롱도 부려주고 웃겨 줄려고 노력해주었다.

    알라카회위크에서 재미있었던 2가지 일이 있었는데 첫 번째는 발굴을 지원해주시는 인부대장인 이스마일 아비(아비는 터키어로 큰 삼촌)에 관한 일련의 일이다. 이스마일 아비는 발굴 숙소 인근에서 살고 있는 현지 주민으로서 어렸을 때부터 이 발굴현장에서 일했다고 한다. 그는 못 고치는 게 없는데 처음에 나랑 현석이가 배정받은 숙소가 맨날 바닥에 물이 세어 옷이고 신발이고 다 젖는 지경에 이를 때 이스마일 아비가 손쉽게 뚝딱 해결해 준 적도 있다. 아무튼 이 이야기의 주제는 이스마일 아비의 황금손에 관한 이야기이다. 이스마일 아비는 벡이라는 친구랑 둘이서 집중적으로 비밀통로 유구에 앞부분을 팠는데 그 부분에서 유물이 상당히 많이 나왔고 특히 청동바늘이나 큰 토기 파편이 빈도수가 높게 나왔다. 근데 그때마다 그거를 찾은 사람이 항상 이스마일 아비였다. 여기까지는 그렇게 신기하다는 생각을 안했다. 그러던 어느 날 아침식사 시간이 되어 갈 무렵, 이스마일 아비가 유물 수습하고 있는 우리와 교수님 전체를 불렀다. 그래서 처음에는 그냥 천천히 갈라고 해서 안 갔는데 현석이가 "야 승현아, 인골! 인골!"이라 다급히 불렀다. 그리하여 가 보니깐 인골의 어깨뼈 부분이 확인이 되었다. 그때 설마 하면서 이스마일 아비를 봤는데 이스마일 아비는 웃으면서 교수님에게 자기가 찾았다는 것을 어필하고 있었다. 그리고 시간이 흘러 이스마일 아비는 하루가 멀다 하고 청동바늘, 청동제, 철기제, 독특한 문양이 새겨진 토기 등 모든 것들을 찾아냈다. 중요 유물 수습을 하면 수습 기록카드를 적는데, 전체 유물의 8~90% 정도는 최초발견자에 그의 이름이 있어야 할 것이다. 그렇게 그의 황금손을 다시 한 번 각인시켜 줄 사건이 생겨났다. 내가 원래 일하던 비밀통로 중간부를 발굴하다가 우리가 그렇게 팠을 때는 토기 파편한 조각도 안 나오다가 그가 파기 시작하면 모든 유물이 거기에 집중되어서 출토되기 시작한다. 그러다가 설마 하던 인골의 두개골이 확인되었다. 분명 우리가 팔 때는 전혀 인골은 커녕 유물이 확인 될 기미도 없었는데 그가 파자마자 인골을 찾았다. 이스마일 아비는 그런 내가 귀여웠는지 웃어주면서 다 니가 잘해서 된 거라고 말해주었다. 근데 거기 사람들도 신기했는지 이스마일 아비 손을 만져보면서 마치 신의 손을 영접하듯이 계속 쳐다 보기도 하였다. 아이쿠트 교수님도 현장에서는 진지하게 계시면서 항상 의자에 앉아 계시는 데 그날은 본인도 이스마일 아비한테서 나오는 게 신기하였는지 웃으시면서 직접 인골을 보러 내려 오셔서 이스마일 아비한테는 박수갈채를 하신 뒤 나에게 믿을 수 없다고 정말 신기하지 않냐고 물어 보셨다. 근데 이게 정말 신기하기는 하지만 다시 생각해 보니깐 무언가 갑자기 배가 아프다. 내가 찾았다면, 내가 찾았었더라면 얼마나 좋을까 하는 생각이 들지만 이스마일 아비가 그만큼 열심히 일해서 나온 것이라 생각된다. 나와 현석이는 일련된 이 일의 제목을 황금손 이스마일 아비라고 이름을 붙였다. 그리고 이스마일 아비한테 항상 "미다스! 미다스!"라고 말하면 이스마일 아비는 자신의 손을 보여주면서 "Good!"이라고 하였다.

    이스마일 아비는 항상 삼촌같이 나와 현석이한테 쿨한 척 하시면서 해줄수 있는 건 다 해 주셨다. 인상적인 콧수염을 기르셨고 얼굴의 주름이 늘어가는 것을 보여주지만, 항상 터키 친구들과 젊은이 들이 나누는 대화를 즐겨하면서 이른 새벽부터 일하는 현장에서 사람들이 지쳐있는 모습을 보이면 달래 주었고, 현장에 있는 누구보다도 열심히 일하셨으며 현장일이 끝나고는 숙소의 점검까지 해 주셨던 아주 고마운 분이시다. 다시 한 번 이스마일 아비에게 감사하다 하고 싶다. 그리고 알라카회위크에서 밥을 해 주시던 베르디가 이스마일 아비의 부인이라는 것을 나중에 알 게 되었다. 항상 맛있는 밥과 나랑 현석이한테 더 맛있는 음식을 챙겨

주려고 했던 베르디한테도 감사하다고 말하고 싶다!

두 번째 일은 제목을 붙여보자면 '그 놈의 노래연습'이다. 작은 메멧이라는 친구가 있는데 별명이 '칠금 바이프로트'이다. '칠금'은 터키어로 '미친'이고 '바이프로트'는 그 친구의 고향인데 그 친구가 항상 자기 고향을 자랑스럽게 여겨 이러한 별명이 붙여졌다. 아무튼 별명을 통해서 알 수 있듯이 첫만남부터 심상치 않았다. 늦은 저녁에 숙소에 도착했을 때 나를 보자마자 안아주는 그 친구를 보면서 이 친구가 친근감이 많은 친구라고 나는 오해를 했다. 이 친구는 후에 알게 되었지만 왜 칠금인지 이해가 되었다. 이 친구는 나에게 터키에서 소중한 친구 중 하나인데, 단점 아닌 단점은 정말 미친 거 같을 때가 종종 있다는 것이다. 시도 때도 없이 항상 웃고 지내면서 까부는데 꼭 내가 예전에 그랬던 거랑 엇비슷하다. 아무튼 이 친구가 나랑 현석이를 맨날 붙잡고 춤추고 노래를 부르는데, 어느 날은 나랑 현석이가 일이 끝나고 쉬고 있는데 갑자기 밖으로 부르더니 터키 힙합노래를 들려주면서 한 소절 한 소절 따라하라는 것이다. 일이 끝나서 힘들어 죽겠는데 왜 하는지도 모르겠는 것을 처음에는 부탁하길래 따라해주었다. 그러더니 웃겨 죽으면서 갑자기 한 명 한 명씩 데리고 다니면서 계속 노래를 부르라는 것이다. 그렇게 하루종일 사람들 앞에 불려가서 노래를 불렀다.

그러다가 어느날 은 또 부르더니 자기가 노래하는 거를 동영상 촬영을 해 달라고 하길래 해줬더니 같이 부르자고 했다. 내가 귀찮아서 대충하니깐 삐진 척을 하길래 열심히 해줬더니 또 사람들 한테 데리고 다니면서 같이 춤추면서 노래 부르자고 해서 아프다고 핑계대었지만 그래도 끌려 다녔다. 정말 대단한 친구이다. 그렇게 하루종일 노래 부르고 춤을 췄다. 이 친구는 가무를 정말 사랑하는 이다.

마지막으로 이 친구와의 관련된 노래 에피소드는 다른 날과 달리 쉬는 날 전날이 아니고 수요일에 연회를 하게 된 적이 있었는데 그 이유가 아이쿠트 교수님의 어렸을 때 친구가 오시기로 했기 때문이었다. 그래서 일 끝나고 쉬고 있는데 메멧이 들어와서 갑자기 나와 현석이에게 자신의 고향 노래를 연회 때 부르자는 것이다. 그래서 싫다고 한 백번을 말했지만 이 친구가 계속 플리즈, 플리즈 하면서 해 달라고 하길래 잠을 자고 싶어서 알았다 했다. 그러면 나갈 줄 알았는데 나가기는 커녕 계속 옆에서 그 노래를 부르는 것이다. 그러다가 몇 번 따라해주고 나가길 바랬다. 그 친구도 눈치는 있는지 나갔다. 그래서 다시 잠을 자려고 했는데 20분 뒤에 찾아와서 갑자기 교수님과 교수님의 친구분을 위해서 아타튀르크 초대 대통령 노래를 부르자는 것이다. 순간 머릿속으로 이걸 내가 왜 해야 하는지 갑자기 분노가 차 올랐다. 그래서 화내면서 그만 나가라고 했는데 이 친구의 필살기인 "플리즈, 플리즈, 플리즈 서"라는 한마디에 또 귀찮게 굴까봐 노래를 연습했다. 그래서 불러줬다. 그러더니 또 역시나 마찬가지로 사람들한테 데리고 다니면서 서랑 킴이 노래를 따라해 준다고 꺄르륵 거렸다. 그래서 기분이 내키지 않아 그 친구에게 그럼 모든 터키 친구들이 다같이 부르면 연회해서 부르겠다고 했더니 알겠다 하였다. 그러고 시간이 지나 저녁에 연회시간이 되었다. 옷을 가꿔입고 이쁘게 단장하고 나가서 자리에 앉아있었다. 일부러 그 친구와 멀리 앉아있었는데 밥을 먹던 도중에 나를 부르는 것이다. 그렇게 현석이와 그 친구 옆에 앉아서 그 노래를 부르기로 하였다. 그래서 모든 터키 친구들도 부르길 기도했지만 역시나 내가 낚였던 것이다. 그래도 그 자리에서 안 할 수는 없기 때문에 열심히 노래를 불렀다. 교수님께서 고맙다고 말씀해 주셔서 창피하거나 쑥스러운 기분이 사그러 들었다. 머 그 친구가 밉긴 하지만, 그래도 좋은 노래도 많이 알았고 나를 항상 즐겁게 해주고 나보고 맨날 한국가지 말고 여기 있어 달라고 조르면서 나에게 항상 친절하게 대해준 고마운 친구이다. 그래서 밉긴 하지만 좋은 친구인데 한국에 오고 나서는 그리워지기도 한다. 아무 생각 없이 웃을 수 있고 같이 발굴하면서 터키에서 발굴하는 방법도 설명해준 고마운 친구니깐. 너무 보고싶다. 엠레랑 벡이랑 큰 메멧이랑 큰 울라쉬도 보고싶다.

　다시 돌이켜 생각해보아도 알라카회위크에서의 2주는 많이 고마운 시간이다. 낯선 나라의 외국인을 바라보았을 때 어색한 나와 달리 항상 웃어주며 나를 웃겨주려고 나를 심심하지 않게 하려고 즐겁게 해주는 친구들, 그리고 나에게 항상 많은 것을 알려주는 친구들과 선생님. 터키에서 내가 열심히 했다고 한국 교수님들에게 칭찬 받게 해준 많은 친구들과 선생님들의 도움. 2주라는 짧은 시간은 나에게 방대한 시간이며 나에게 많은 지식과 유쾌함과 타지에서의 즐거움을 알려주는 공간이며, 발굴장에서의 재미를 느끼게 해준 시간이다. 그리운 선생님과 친구들을 다시 보고 싶다.

　알라카회위크에서 2주 조금 되는 시간을 지내고 슬픈 인사를 하고 큘테페로 현석이와 옮겼다. 이전에 왔던 곳이지만 다시 오게 되니 서먹함과 어색함이 가득했다. 또 내가 알라카회위크에서 친구들에게 받았던 관심을 여기서 다시 못 받을 느낌이 많아서 내가 한층 더 어색하게 굴었던 것 같다. 큘테페는 알라카회위크와 다르게 오후 5시까지 일하는데 이 유적은 거리도 멀리 떨어져 있고 날씨도 너무 더웠다. 게다가 가는 모래 바람이 너무 심하게 불어 항상 눈을 찌푸리고 있을 수 밖에 없는 그런 환경조건이다. 여기서는 알라카회위크에서 친구들과 재미있게 한 것과는 달리 발굴에 오로지 집중 할 수 있어서 괜찮았는데 그 중에 에피소드 두 개만 말하자면 첫 번째는 '이 유물의 주인은 누구인가'이고 두 번째는 '세상에서 제일 열받는 하루'라고 제목을 정해보았다.

　첫 번째 이야기는 정말 웃기지만 서운하기도 한 일이다. 어느 날 나랑 현석이는 같이 일하면서 평소와 다를 바 없이 토층을 확인하면서 발굴작업을 진행하고 있었다. 인부가 파다가 잠깐 쉬게 되어 나랑 현석이랑 둘이서 땅을 파게 되었는데 내가 먼저 청동바늘을 찾았고 그 다음에 현석이가 청동바늘을 수습하였다. 그래서 우리는 둘다 먼저 확인한 거에 대해 기분이 좋아서 서로 자랑스러워 하고 있었다. 이제 현장 담당자 대학원생 친구인 빠티에게 우리가 이거를 찾았다고 자랑스럽게 말했다. 큘테페에서는 현장에서 확인되는 독특한 유물들은 바로 유물기록카드를 통해 기록을 한 뒤 수습을 하는데 그 기록카드에는 이름을 적는 칸이 있었다. 그런데 갑자기 현석이가 자기 이름을 쓰라는 것이다. 그래서 내가 현석이에게 내가 찾았다고 우겼다. 그렇게 둘이 아웅다웅 장난치고 있었는데 그 빠티라는 친구가 유물기록수습카드를 작성하고 유물을 수습하는 것이다. 그래서 누구 이름 적었는지 보러 가니깐 빠티가 안 보여줄려고 하다가 우리가 수습된 유물과 카드를 확인했는데 카드에는 빠티의 이름이 기록되어 있는 것이다. 그래서 그전까지 장난치던 우리 둘이 어이가 없어서 도대체 니 이름을 왜 적었냐라는 식으로 계속 물어보니깐 빠티가 처음에는 자기도 민망했는지 미안하다고 하다가 갑자기 우리가 계속 머라하니깐 빠티도 좀 기분이 그랬는지 유구 담당자가 자신이라서 적었다고 하는 것이다. 어이가 없는데 머라할 수도 없고 그날 현석이랑 숙소에 들어와서 그냥 우리 둘다 이름 적어 달라고 말하면 되는데 너무 둘다 욕심을 버렸다고 후회했다. 지금 생각해보면 아주 유치해서 민망할 지경이었지만 당시에는 청동바늘이라는 유물을 직접 내 손으로 찾아 냈다는 것에 대한 자부심 때문에 앞뒤가 분간이 안된 것 같다. 아무튼 빠티에 대해서 좀 서운하긴 했는데 빠티가 그날 밤 나와 현석이에게 콜라를 주면서 미안하다고 하면서 자기도 장난치고 싶었다고 하는 그 표정이 너무 귀여워서 이해해주기로 했고 그날 밤 우리 셋은 콜라를 마시면서 앞으로 먼저 보고 수습한 사람의 이름을 적기로 결정했다.

두 번째는 정말 화가 났지만 전체적으로 내 잘못이 커서 화도 못 내고 억울하면서 속상했었던 생각이 가장 큰 날에 대한 이야기다. 큘테페에서 나와 현석이는 트렌치1에 대한 발굴조사 작업을 주로 하였을 때 이야기다. 트렌치1은 빠티라는 친구가 담당자였으나 빠티가 트렌치3인 일본인 교수님과의 발굴작업에 지원을 가게 되어 이케라는 친구가 와서 담당자가 되었다. 이케라는 친구가 담당자가 되었을 무렵은 터키 학생친구들도 발굴이 끝나가고 나와 현석이도 한국으로 돌아가기 까지 시간이 얼마 안 남았을 무렵이다. 그러던 어느 날 터키 친구들이 몇 명 돌아가는 날, 이케가 자신의 친인척의 결혼식이 있다 해서 현장을 3일동안 못 나온다고 하였고, 빠티는 3일 동안 아팠다. 그래서 피키리 교수님이 나와 현석이에게 현장을 담당하라고 하셨고 도움이 필요할 때는 트렌치2의 담당자인 츠날에게 도움을 청하라고 하였다. 그래서 나와 현석이 인부 세 명이서 일을 하게 되었다. 처음에는 교수님이 오셔서 인부분들에게 오늘의 일과의 진행 과정을 말해주시고 우리는 무엇을 중점적으로 오늘 발굴을 할 것인지에 대하여 인지 시켜주셨다. 그래도 노심초사 하는 마음으로 땅을 팔 때에도 현재의 토질이 아래 층과 다른 지 일일이 다 확인하였고 매번 사진을 찍고 정말 섬세하게 작업을 진행하였다. 그렇게 하루는 정말 아무 일도 없이 잘 흘러 갔다.

 그리고 이튿날, 아침에 교수님이 동행하지 않으셨다. 우리가 현장으로 출발하기 전에 교수님이 우리에게 오늘의 할 일에 대해서 설명을 해 주시고 그냥 가신거다. 나와 현석이는 짧은 터키어로 손짓, 발짓을 이용해서 정말 어렵게 설명을 하였다. 인부 분들도 많은 경력이 있으신지 잘 알아들어 주셨다. 그렇게 땅을 파고 있는데 토질이 다른 부분이 확인되어 내가 이 부분을 제외한 나머지를 파 달라고 요청하였다. 그래서 인부 한 분께서 그 경계를 파고 있길래 나는 이 부분에 층을 내어서 이 부분을 제외한 나머지 부분에 대해서 제토 작업을 실시 하는 줄 알고 다른 인부들이 일하는 장소로 갔는데 잠시 후 돌아와보니 그 인부분이 그 부분만 계속 파고 있던 것이다. 그렇게 해서 우리는 그 부분에 대해서 확인 받으려고 보존한 건데 내가 너무 놀래서 멈추라고 외치고 낙담하고 있었다. 현석이도 상황에 대해서 어쩔 줄 몰라 했고 나 또한 그랬다. 그래서 너무 이 거를 어떻게 해야 될지 모르겠다 싶어서 트렌치2의 담당자인 츠날을 불렀다. 츠날을 근데 갑자기 이런 거는 괜찮다고 하면서 그냥 전체적으로 파서 높이를 맞추라고 인부들에게 지시하였다. 그러면서 돌아가던 중에 밟지 말아야 할 곳을 밟아서 돌 성벽의 일부가 심하게 부셔졌다. 우리는 진짜 도와주러 온 츠날이 너무 미웠지만 뭐라고 할 수도 없어서 애꿎은 한숨만 내뱉었고 이 날이 제발 빨리 끝나기를 기도했고 그렇게 되었다.

　마지막 날은 분노가 치솟아 올랐지만 내 잘못이 큰 날이다. 이 날은 그제와 어제의 시행착오 이후에 모든 일이 별일 없이 진행되고 있었다. 그렇게 우리는 인부들과 즐겁게 발굴을 하고 있었다. 그러다가 완형에 가까운 토기가 수습되어 이 부분에 대해서 중점적으로 발굴을 진행하였다. 첫 번째로 확인된 토기에 대해서 교수님이 오기 전 까지 일부분만 흙을 제거하고 덮을 것을 통해 햇빛이 들어오지 않게 막아 두었다. 교수님께서는 우리보고 아주 잘했다고 칭찬해 주셨고 그 유물을 직접 수습하고 사진을 찍는 작업까지 진행하였다. 계속 그런 식으로 작업을 하던 도중에, 교수님이 볼일이 있어서 막사에 들어가셨다. 현장에는 트렌치1에는 나와 현석이와 인부 세분, 그리고 트렌치2의 츠날과 인부 2분, 마지막으로 누리라는 친구가 있었다. 우리가 있는 곳이 모이기 가장 편한 장소라서 쉬는 시간이 되어 거기서 모여 얘기를 하고 있다가 잠시 10분 정도 발굴하는 모습을 다같이 보고 있었다. 그러던 중에 다시 완형에 가까운 토기가 확인되었고 아까와 동일하게 조심히 흙을 제거하고 망을 덮어서 햇빛을 차단시키려고 하는데 츠날과 누리는 완형에 가까워 보이지 않는다고 제거하라고 인부에게 지시를 내린 것이다. 그렇게 세세하게 터키어를 알아듣지 못해서 그냥 보고 있다가 눈뜨고 코가 베인 셈이 되어버렸다. 그래서 나와 현석이가 츠날과 누리에게 왜 그러냐고 그러면 안 된다고 조심스럽게 화를 냈다. 그들은 이 정도의 토기는 괜찮다고 넘어가도 된다고 하는 것이다. 그도 그런게 그 전날에 이러한 비슷한 양상이 확인되었는데 교수님이 그냥 뽑길래 내가 교수님에게 이거 그냥 수습해도 되냐고 하니깐 이 정도 크기는 그냥 빨리 수습하고 복원하는게 낫다고 하셨다. 그래서 나도 그저 그렇게 알고 이해하고 넘어갔다. 그러다가 시간이 흘러 끝나갈 무렵에 다시 완형에 가까운 토기가 확인되었고 크기 또한 수습할 정도의 크기로 확인되었다. 이에 대해서 내가 직접 수습작업을 진행하게 되었다. 내가 유물 수습하는 장면을 보는게 신기한지 모든 인원들이 와서 보고 있었다. 조심스럽게 주변의 흙을 제거하고 이제 카메라로 촬영을 하려고 근처에 있던 누리라는 친구에게 사진기를 달라고 했는데 누리가 츠날과 갑자기 상의하더니 이정도 크기는 괜찮다고 지표면에서 제거하라는 것이다. 나는 그러면 안된다고 카메라로 찍어야 된다고 말했지만 이전의 교수님의 행동이 떠올라서 그냥 제거하기로 마음먹고 수습을 진행하였다. 수습이 절반정도 되어갔을 무렵, 교수님께서 다시 현장에 오셔서 진행과정에 대해 파악하시는데 내가 수습하는 장면을 보고 그냥 지나치시길래 아무 문제가 없는 줄 알았는데 갑자기 몇 분 뒤에 와서 나에게 왜 이거를 수습하냐고 화를 내셨다. 그러면서 카메라 촬영은 했냐라고 물어보시길래 안했다고 하니깐 한숨을 쉬시면서 너가 지금 유물 하나를 망쳤고 오늘의 발굴현장이 실패로 돌아갔다고 하시는 거다. 순간 나도 화가 나서 츠날과 누리가 이렇게 해도 된다라고 말하려다가 고자질은 어린애나 하는 짓이지 라고 생각이 들어서 바로 죄송합니다라고 사과를 드렸지만 교수님은 계속 화가 나 있으셨다. 그러고는 마지막에 나에게 그냥 숙소로 돌아갈 청소나 하라고 하시는 것이다. 정말 화가 많이 났다. 누리와 츠날은 내 곁으로 와서 내 눈치를 보면서 미안한 표정을 지었다. 그래도 내가 한 짓이기에 내가 잔잔하게 웃으면서 미안하다 하니깐 오케이 라고 외치고 그냥 갔다. 그러나 속으로는 정말 열받아 있었다. 누리와 츠날 얼굴을 보면 볼수록 화나는데, 누리는 그 마음을 아는지 모르는지 계속 웃으면서 Are you ok? 이러는 것이다. 정말 화가 나서 뭐라 하려고 하다가 결국에 모든 게 내 잘못이다 생각하고 넘어갔다. 그나마 현석이가 옆에서 같이 화내 주어서 정말 고마웠다. 그래서 이 이야기를 통해서 나는 하나의 교훈을 얻었다. 현장에서는 누가 무엇을 해도 누가 무언가를 시켜도 규칙과 절차에 맞게 행동해야 한다는 것을 다시 한번 뼈저리게 느꼈다. 터키 교수님의 마지막 말 한마디가 너무 비수가 되었기에 말이다.

그렇게 큘테페에서의 이야기도 끝이 났다. 큘테페에서는 3주는 정말 다른 생각하지 않고 오로지 발굴이 무엇인지에 대해서 집중적으로 다루어 왔던 것 같다. 발굴의 하는 방법과 어떠한 식으로 토층을 확인하는지 어떠한 식으로 이 유구가 무슨 유구인지 판단하는지에 대해서 정말 잘 배워온 것 같다. 이 유적은 다시 한 번 가서 어떠한 식으로 발굴이 되어 가는지 다시 배우고 싶은 공간으로 기억된다. 나에게 발굴이란 무엇인가를 다시 각인 시켜준 공간이자 내가 내 꿈을 다시 한 번 다잡은 공간이라 생각된다.

그렇게 터키에서의 발굴 작업이 모두 끝났다. 아버지가 내게 하시는 말씀이면서, 모든 어른들이 하는 말이 하나가 있다. 그 말은 인생은 희노애락이라는 것이다. 단지 해외에 나가서 발굴을 하면서 설렘과 두려움으로 시작해 유물을 수습하거나 그 나라의 친구들과 놀 때는 정말 행복하지만, 어떠한 점이 잘 안되어 혼자 화나는 경우도 있고 여러가지 복합적인 감정을 느끼고 외로워서 슬플 때도 있었다. 그러나 지금도 내가 터키를 간 것이 정말 잘한 거구나라는 생각이 든다. 처음에 가기 싫었던 마음을 가졌던 내가 정말 바보스럽고 한심해 보일 정도로 약 50일간의 터키에서의 발굴생활은 나에게 큰 의미이자 내가 내 진로를 선택할 수 있는 좋은 기회였다. 한국에서 지내는 동안 맨날 혼자서 나는 고고학을 할꺼야 라는 막연한 생각에 잠겨 있을 때 터키에 가서 나는 고고학자가 되고 싶다는 것을 비로소 깨달았다. 한국에 있었을 때는 고고학자라는 느낌보다

BBQ 데이

는 고고학은 연구하는 사람이라는 느낌만 가득하였다. 내가 지금의 학교를 들어온 것도 고고학자가 되고 싶어서 들어온 것이라는 생각을 망각한 채 말이다. 다시 한 번 이 기회가 온다면 주저없이 다시 지원 할 것이다.

　그리고 마지막으로 터키에 있는 나를 반겨줬던 모든 사람들에게 감사하다고 말하고 싶다. 그들이 없었다면 한마디의 말도 없이 그저 어색함에 사무쳐서 혼자 외로이 있었겠다는 생각을 하였다. 그들과 보냈던 뜨거운 여름이 정말 고맙다. 그리고 나의 파트너인 현석이를 비롯하여 한국에서 같이 출발한 9명의 친구들에게도 수고했다는 말을 전해주고 싶으며 이 기회를 주신 이홍종 교수님, 이희진 교수님에게도 감사하다고 말하고 싶다. 정말 마지막으로 하고 싶은 말은 오글거리지만 이렇게 끝내고 싶다.

　해바라기가 폈을 무렵 시작했던 우리의 발굴 모험은 해바라기가 져가는 무렵에 끝났다

장기 학술 발굴의 정수를 경험하다

김현석

터키로 출발

이번 여름방학에 터키에서 발굴 조사 인원을 모집한다는 공고를 보고 이번 기회를 놓치게 된다면 다시는 오지 않을 기회라 생각하여 고민도 하지않고 일단 신청하게 되었다. 6-7살 때 해외여행을 해보고 아무데도 가본적이 없던 터라 허겁지겁 여권을 다시 만들고 하느라 고생 했지만 다행히 일정에 맞춰 준비할 수 있었다. 국내 발굴을 몇 차례 경험한 적이 있지만, 터키에서의 발굴은 너무 새로운 느낌이었다. 중학교 때 처음 달았던 위성방송에서 나왔던 내셔널 지오그래픽 채널이라던지, 히스토리 채널에서 본 터키를 직접 갈 수 있다니 꿈만 같았다. 뭐든 나오면 하루 종일 보고 있어서 얼마 안가 부모님이 다시 해지하셨지만 말이다. 터키의 고고학에 대해서는 자세히 알지 못하고, 어렸을 때 빠져 살았던 십자군 전쟁기의 셀주크 투르크의 왕 클르츠 아르슬란이라던지 이러한 막연한 생각만을 가지고 있었는데, 발굴에 참가 신청을 하고 계획서를 작성하며 학교에서 했던 국제 학술대회에도 참가하고, 해외 논문도 찾아보며 공부를 하니 더더욱 설레는 마음을 멈출 수 없었다.

레술루굴루로 향하다

이스탄불 공항에 13일 도착하여 하루간 관광을 한 후 발굴지역으로 이동하게 되었다. 앙카라 공항에 도착하여 승현이를 비롯한 5인은 피키리 교수님과 함께 퀼테페로, 레술루굴루로 갈 나, 주석, 승주와 에스키야파르로 갈 정봉, 예선과 함께 타이푼 교수님의 발굴 차량을 타고 출발하였다. 생각보다 가는 길이 멀어 가면서 샌드위치도 먹고, 휴게소도 들리며 오랜 시간 이동하였다. 우리나라는 산이 많아서 차로 이동할 때 지형이 시시각각 바뀌는 느낌인데 터키는 높은 산이 많지 않고 평야가 펼쳐져 있어서 차로 이동을 하는데도 똑같은 풍경이 몇시간 동안 반복되니 색다른 느낌이 들었다. 터키의 평야는 붉은색이 돌고 있었고 가끔 보이는 얕은 산 들에는 흰색이 확연히 보이는 소금광을 찾을 수 있었다. 먼저 에스키야파르에 도착하여 정봉이와 예선이를 내려 주고 우리는 좀 더 이동하여 밤 늦게 발굴장소인 레술루굴루로 도착하였다. 레술루굴루에 도착한 당일은 너무 늦어 발굴지역에 있던 뷜란트 교수님, 앙카라대학교 학생인 오즈게, 에미네와 인사만 나눈 뒤 바로 머물 컨테이너를 안내받고 씻고 자게 되었다.

다음날 레술루굴루는 아직 발굴이 시작하지 않았기에 발굴 전 숙소에서 작업을 하게 되었다. 타이푼 교수님께서 커다란 물탱크 두 개를 청소해 달라고 하셨는데, 이 지역 전체가 단수되어 거의 십며칠간 물이 안 나온 경우가 있기에 이 물탱크를 청소하여 물을 받아 두어야 하고, 혹시 모르니 화장실의 물동이 등에도 물을 받아 두어야 한다는 것이었다. 정말일까 싶었지만 주석이, 승주와 함께 물탱크에 몸을 넣어가며 청소를 하였다. 그런데 그 다음날 거짓말 같이 단수가 된 것이다. 단수는 단 하루 뿐이었지만 만약 우리가 물탱크를 청소하고 물을 받아 두지 않았다면 화장실이며 기타 다른 것이 어찌 되었을지 끔찍했다. 말로만 들었던 일이 정말 일어나니 타이푼 교수님의 혜안에 감탄했다.

터키의 날씨는 건조하지만 정말 더워 오후에는 버티기 힘들 정도로 땀이 흘렀는데, 컨테이너 특성상 이런 더위를 전혀 막아 줄 수 없어서 정말 더웠다. 이런 더위를 막기 위하여 타이푼 교수님, 뷸란트 교수님, 그리고 우리는 컨테이너 위에 천막을 치는 작업을 하게 되었다. 원래 창고에 있던 수m 짜리의 나무 기둥을 들고 와 컨테이너 위에 설치 한 후, 그 위에 우리 농촌에서 고추 말리는 데에 쓰는 듯한 파란 천막을 들고 와서 설치하였다. 타이푼 교수님께서 직접 컨테이너 위로 올라가서 작업을 하시고, 우리는 그 작업을 도왔는데 힘들었지만 정말 재미있었다. 작업이 끝난 이후 지난번에 청소했던 물탱크 중 작은 하나를 컨테이너 위로 올려 물을 받았다. 물을 받는게 오래 걸려서 일단 호스를 고정시켜 놓고 쉬는 시간을 가졌다. 그러다 모두들 물 받고 있다는 사실을 까먹고 있어서 컨테이너 위로 물이 넘쳐 바가지로 물을 퍼내야 했다.

쿠데타?

7월 16일, 터키 도착 후 4일이 지난 날 아침 8시경에 눈을 부비며 일어나 보니 핸드폰 메신져(카카오톡)에 수십 통의 메세지가 도착해 있었다. 한국과의 시차가 6시간 빠르기 때문에 너무 늦은 시간이라, 단톡방에서 친구들이 밤늦게 게임하면서 메세지를 보낸 것 인가 싶어 읽어보니 모두 신변을 걱정하는 메시지 뿐이었다. 물론 동네 친구들은 장난으로 '죽음?

ㅋㅋ' 같은 연락이었지만 말이다. 자다 막 일어나서 뭔 소린지 이해가 잘 안되기도 하여 하나 하나 읽어봤는데 터키에 쿠데타가 났다는 것이었다. 쿠데타라니 책으로나 읽어본 일이라 잠시 멍하니 앉아있었다. 교수님과 해외 발굴 학생들이 함께 있는 단체 톡방에 나를 찾는 말이 있어 확인해 보니 부모님께 연락드리라는 말이 있었다. 생각해보니 터키에 도착하여 투르크셀 통신사에서 유심칩을 구매한 후, 바뀐 터키 번호를 가족들에게 알려주지 않았던 것이다. 쿠데타가 벌어진 이후 집에서 원래 번호로 전화를 해보았지만 이미 정지해 놓은 후였고, 걱정을 많이 하셨다고 했다. 바로 카카오톡으로 연락을 하였는데 무사하단 걸 아시고 안심하신 눈치였다. 아침 식사 시간이 9시 경이였던 것으로 기억하는데, 그전까지 딱히 부르거나 하지 않기에 친구들이 메신져(카카오톡)로 보낸 뉴스로 어찌된 건지 읽고, 괜찮다고 메시지를 보내며 있었다. 대충 들어보니 현 터키 대통령의 정책에 반발한 일부 군부 세력이 쿠데타를 일으켰다고 한다. 앞서 말했듯이 우리는 이스탄불 아타투르크 공항에서 내려 하루를 보낸 이후 국내선을 타고 앙카라 에센보아 공항으로 이동하였는데, 만약 우리 일정이 몇일 늦었더라면 쿠데타의 중심에 있었을 뻔 했다는 사실을 알고 가슴을 쓸어 내렸다. 잠시 후 같은 컨테이너에서 자던 주석이와 승주가 일어났다. 둘한테 가서 '야 쿠데타 났대 ㅋㅋ' 이정도로 가볍게 말하니 둘 다 이 형이 무슨 소릴 하는 건가 하는 표정이었다. 당시 주석이는 현지 유심칩을 사지 않았는데 로밍이 아직 개통되지 않아 데이터를 사용하지 못하는 상황이었는데 그래서 더욱 이해가 안되는 것 같아 보였다. 사람이 너무 어이가 없으면 웃음부터 난다더니 셋 다 이상한 농담이나 하면서 웃어댔다. 그러던 중에 우리 일주일도 안 되서 한국으로 바로 돌아가는것 아니냐며 걱정했지만 말이다.

아침식사 시간이 되어 오즈게가 우리 컨테이너로 밥 먹으러 오라고 왔고, 우리는 식사하는 장소로 향했다. 도착해보니 식당에 타이푼 교수님과 뷸란트 교수님이 계시고, 에미네가 아침 준비를 돕고 있었다. TV가 틀어져 있었는데, TV에서는 탱크가 나오고, 총격전 영상이 나오는 등 터키말은 하나도 모르지만 정말 쿠데타가 났긴 났구나 하는 생각이 들었다. 식사를 하던 도중에 쿠데타 이야기가 나와 타이푼 교수님께 상황에 대하여 여쭤봤더니, 일단 상황은 종료된 것으로 보이며 앙카라대학교 측과 우리 학교에서 측에서 어떻게 할지 대책을 세우고 있다며, 큰 문제는 없을 것이라 하셨다. 식사 후 교수님께서는 저녁에 돌아오신다며 나가셨고, 우린 특별히 할 일 없이 발굴 숙소에서 기다리고 있었다.

저녁시간이 되었지만 타이푼 교수님이 돌아오지 않았고 우리는 교수님이 오시면 같이 식사를 하자 하여 기다리게 되었다. 사람이 적응의 동물이란 것이 사실인게 아무리 쿠데타가 나서 정세가 뒤집히고 문제가 생겼어도 배는 엄청 고팠다. 주린 배를 잡고 한 두시간 기다리자 교수님이 도착했고, 늦은 저녁을 함께 먹게 되었다. 저녁을 먹으면서 간단하게 소식을 들었는데, 일단 사건은 모두 정리 되었고 큰 문제가 일어나진 않을 것 같아 해외 발굴 일정은 그대로 진행하기로 했다는 것이었다. 식사 이후 교수님과 함께 이야기를 나누다 터키 쿠데타에 대해 짧게 얘기를 나누며 터키라는 나라에 대하여 많은 생각을 하게 되었다.

터키 전통놀이와 생일을 맞이하다

18일으로 기억하는데, 이날 오전에는 창고 정리 등을 돕고 쉬었다. 이날 타이푼 교수님께서 우리 교수님들을 만나기 위해 다른 지역으로 차를 몰고가셔서 발굴지에는 아리칸 뷸란트 교수님과 오즈게, 에미네 그리고 우리, 그리고 몇일 전 도착한 타이푼 교수님의 친구 분인 귤텐 이렇게 7명이 있었다. 그날 뷸란트 교수님께서 저녁을 먹고 터키 전통 놀이를 알려

주신다고 하셔서 저녁을 먹은 후 같이 게임을 하였는데 식스 스톤과 파이어 볼 이라는 놀이였다. 먼저 식스 스톤은 돌 6개를 쌓아 놓고, 공격팀과 방어팀을 나눈다. 공격팀은 공을 굴려 이 돌을 무너뜨린 뒤, 무너진 돌 6개를 다시 쌓으면 승리하게 된다. 방어팀은 공격팀이 굴린 공이 돌을 무너뜨린 뒤, 그 공을 주워 던지거나 공으로 공격팀을 치면 아웃되고 공을 못 세우게 만드는 것이다. 이때 공격팀은 탑을 세우기 위해 공을 피하며 왔다 갔다 해야 한다. 파이어 볼은 그냥 피구인데 매우 재미있었다.

19일 교수님을 뵈러 발굴 숙소를 떠나게 되었다. 생각해보니 다음날인 7월 20일이 생일이어서 그 이야기를 했더니, 오즈게와 에미네가 근처 가게로 가서 조그만 컵케익을 사와 초를 꽂고 노래를 불러주었다. 짧은 만남인데도 이렇게 챙겨주는 둘의 마음에 정말 감동받았다. 헤어지기 전에 많은 이야기를 나누었는데, 오즈게와 에미네 모두 한국에 정말로 오고 싶어 했다. 둘 다 한국 고고학에 대해 관심이 많아 서로 유적들을 보여 주며 이야기를 나누었다. 물론 그날 헤어지는 줄 알고 고맙다고 하고 서로 인사를 했는데 저녁을 먹고 다시 돌아와서 발굴숙소에서 자게 되어 엄청 어색했지만 말이다. 그 다음날 우린 알라카회위크 등 터키 유적을 교수님들과 함께 관람하였고, 큘테페에서 온 승현이와 함께 알라카회위크에서의 생활이 시작되었다.

알라카회위크로 가다

알라카회위크에 도착했을 때는 레술루굴루에 도착했을때와 같이 늦은 저녁이어서 바로 자고, 9시에 아침을 먹을 것이니 그때 일어나면 된다는 이야기를 듣고 잠이 들었다. 알라카회위크 유적은 아나톨리아 중부에 위치하며, 이 지역은 상당히 건조하며 오후에 온도가 상당히 높아지기 때문에 오후에는 발굴 진행이 힘들다. 그렇기에 발굴을 진행하는 시간은 우리나라와 큰 차이는 없지만, 오전 5시에 시작하여 오후 9시까지 전반작업을 진행하고, 아침 식사 이후 10시부터 오후 1시 30분까지 후반 작업을 진행하게 된다. 이후 발굴 캠프로 복귀 한 후 실내작업이 필요한 경우 실내작업을 하거나, 자유시간을 가진다. 오후 5시에는 교수님과 발굴 참가 학생들이 모두 모여 티타임을 가지면서 발굴지에서 있었던 일에 대한 이야기를 나눈 후 모든 일정이 종료된다. 비정기적으로는 약 6-7시경부터 교수님의 터키 고고학 혹은 발굴 지역에 대한 강의가 진행된다.

첫날은 후반작업부터 진행하였다. 본격적인 발굴이 진행되기 전 유적 전역에 대한 제초작업이 있었는데, 그중 아직 완료되지 않은 부분인 제 3신전 출입구의 제초작업을 실시하였다. 면적이 넓고 장애물이 없는 장소의 경우 제초기를 사용하고, 건물지 내부와 같은 공간은 곡괭이를 이용하여 제초를 한다. 후반 작업 기간동안 제 3신전 출입구 및 첫 번째 방을 모두 제초한 후, 동쪽에 위치한 두 번째 방을 제초하게 되었는데, 두 번째 방의 경우 북벽에 붙어있는 사각형의 석제 대좌와 같은 형상이 있는데, 그 위에는 천둥신이 모셔져 있었을 것이라고 한다.

첫날 작업이 끝날 때 쯤에야 발굴 현장의 인원들과 교수님들과 인사를 다시 나눌 수 있었는데 알라카회위크를 담당하시는 교수님인 아이쿠트 치나로그룹 교수님의 눈이 옅은 하늘빛으로, 빠져 들어갈 것같이 너무 아름다웠다. 어떻게 그런 색이 있을수 있을까 싶을 정도로 너무 이뻐 옆에 있는 승현이한테 얘기를 해봤는데 승현이는 눈 색보다는 위엄이 넘치는 교수님의 모습을 보고 무서울 것 같다고만 할 뿐이었다. 앙카라대학생만 있었던 레술루굴루와는 달리 도쿠제이르 대학, 종굴닥 대학, 트라키아 대학, 불란트에제비트 대학 등 여러 학생들이 모여 있었다. 알라카회위크 현장은 금요일이 휴일로, 매주 목요일 저녁에 작은 파티를 연다.

터키 학생 들 중 메멧이라는 학생이 우리에게 이 파티에서 터키 전통 노래를 불러야 한다면서 노래를 2곡 알려주었는데 가사는 다음과 같다.

> Izmirin dağlarında çiçekler açar
> Izmirin dağlarında çiçekler açar
> Yaşa mustafa kemal paşa yaşaaaaa
> Adın yazılacak mücevher taşa

이 노래는 터키의 칭송받는 지도자인 무스타파 케말을 기리기 위한 노래로, 터키인기가 엄청나서 모든 화폐에 얼굴이 그려져 있어서 돈을 바닥에 떨어뜨리거나 구기는 것을 불쾌하게 여기고, 대부분의 가정집이나 공관 등에 무스타파의 케말의 사진이 걸려 있는 등 국민적 영웅이라고 할 수 있다고 한다.

> De get bayburt de get bayburt de get sende nem kaldı
> De get bayburt de get bayburt de get sende nem kaldı
> Hasan kalesinde yavrum ceketim kaldi
> Hasan kalasında yavrum ceketim kaldi

두 번째 노래는 터키의 아주 작은 마을인 바이부르트의 민요로, 메멧의 고향 노래이다. 우리나라로 치면 거의 해남 땅끝마을 민요 수준이라 다른 터키 친구들은 저런거 안 외워도 된다고 하는데 메멧이 너무 열성적으로 가르쳐 줘서 따라 배울 수밖에 없었다. 메멧은 정말 크고 아름다운 도시라고 주장했지만 옆의 다른 친구들은 구글맵에도 안 나오는 작은 마을이라며 놀려댔다.

이 두 노래를 부른 후, 부슈라가 기타를 들고나와 터키 노래 들을 불러주었는데, 정말 노래와 연주가 대단해서 승현이와 나는 모두 입을 헤 벌리고 노래를 들었다. 또 엠레라는 키 크고 통통한 친구가 있는데 터키

알라카회위크 친구들과

전통 춤을 메멧과 함께 추다가 나와 승현이를 불러내어 알려주었다.

본지 얼마 안된 우리들과 이렇게 허물없이 지내는 모습을 보고 정말 좋은 친구들이라고 다시 생각하였다.

다음날인 금요일, 터키 아이들이 현장 인부 대장인 이스마일씨가 운전하는 트랙터를 타고 프리지아 산성이 있는 곳으로 놀러간다 하여 같이 가게 되었다. 승현이는 그날 몸이 피곤했는지 못 갈 것같다 하여 나만 터키 친구들과 같이 가게 되었는데 이것을 계기로 더욱 친해 질 수 있었다. 다같이 발굴 숙소에서 놀러 가는 곳까지 트랙터를 타고 가며 노래를 부르고, 가지고 간 닭고기를 구워서 빵에 끼워 먹으며 정말 재미있게 놀았다. 놀러 가면서 풍경을 핸드폰으로 많이 찍었는데 필터를 따로 설정하지 않더라도 하늘과 산 모두 너무 아름답게 나와 놀랄 정도였다. 터키 친구들과 많은 이야기를 나누었는데, 그 중 을름과는 노래 취향이 맞아서 이야기 할 거리가 많았다. AC/DC라던가 Rise against 등등 미국 락 밴드 이야기로 한참 웃고 떠들었는데, 이야기를 나누다가 27살이라는 것을 알고 깜짝 놀랐다. 장난기 어린 말투에 20대 초반 정도겠거니 하고 생각했는데 생각보다 나이가 많더라.

그 다음주 휴일에는 알라카회위크 유적에서 걸어서 10분 거리 정도의 히타이트 댐을 보러 놀러 갔는데, 이번에는 병원에 가거나 한 인원들도 있어서 그냥 떠들며 걸어갔다. 승현이는 역시 가고 싶은 마음이 없어 보여 나 혼자 가게 되었는데, 터키 학생들은 을름, 부슈라, 에미네, 오즈게, 울라쉬가 가게 되었다. 가는 길에 꽃을 꺾어서 귀에 꽂아주니 다들 좋아하여 전부 꽃을 꽂고 다녔다. 울라쉬는 여성스러운걸 별로 좋아하지 않아서 질색했지만 말이다.

발굴이야기로 돌아가자면 알라카회위크 현장에서는 유물 분류를 위해 비닐봉지에 나무 팻말을 넣는데, 비닐에 직접 적을 경우 찢어져서 확인이 어려워질 가능성이 높기 때문에 나무 팻말을 사용한다고 한다.

나무 팻말에는
ALH/16 - 발굴지역/년도
24.07.2016 - 날짜
J3(9)-J3(8) - 발굴지역
1b/1 - S1b 유구
Seramik - Kemik - 세라믹(토기/도자기)
유골(인골/이외 동물 등)

와 같이 기록하는데, ALH는 'AL'aca 'H'öyük의 이니셜을 딴 것이며, 이 지역에서 16년도 발굴했다는 것과 정확한 날짜가 기록되어 있다. J3(9)-J3(8)은 알라카회위크의 방식으로 발굴 구획을 설정한 것인데, 다른 지역의 경우 다를 수도 있다고 한다. 먼저 50×50m인 구획을 나누게 된다. 이 구획은 가로열은 숫자, 세로열은 알파벳으로 분류되는데, 예를들어 알라카회위크 유적의 북서쪽 모서리 지역은 A1이 되고, A1의 동쪽으로 A2, A3, A4로 진행, A1의 남쪽으로는 B1, C1, D1이 이어지는 식이다. 그 이후 이 구획 안에 25개의 10×10m의 작은 구획을 설정하는데 이 것은 1~25의 숫자로 구분한다. 그리고 표시는 소괄호안에 하게 된다. 정리하자면 J3이라는 50×50 구획에서 10×10으로 나뉘어진 9번째, 8번째 사이에 걸치는 장소에서 출토된 유물이라는 의미이다.

우리는 J3(9)-J3(8) 해당하는 유구에서 작업을 하였는데, 해당 유구는 신전지와 신전지로 이어지는 비밀 통로인 샛문Potern이 위치하고 있었다. 근세에 해당하는 문화층을 모두 걷어내자 얇은 프리기아 시대의 층이 존재하고, 그 아래로는 모두 히타이트 문화층이 확인되었다. 프리기아와 히타이트 유물이 공반되어 나오는 층도 있기 때문에 토양 분석이 조금 더 필요하다고 하였다.

또한 발굴 지역에서의 토양에 대하여 기록하는 방법 등을 배웠는데, 총 5개의 기준을 작성한다고 하였다.

1. 토양의 색(S1b :흑갈색. / Potern : 갈색)
2. 토양의 성질 : 건조/습함, 입자의 크기가 작다/중간/크다 등(S1b : 입자가 작고 부드러우며 젖어있음. / Potern : 입자가 크고 젖어있음)
3. 세라믹(터키 고고학에서는 토기와 도자기 구분 없이 모두 세라믹이라고 한다)과 뼈의 출토량이 얼마나 되는가(S1b : 완형이 없으며 편들만 출토되었다. / Potern : 비교적 많은 양의 유물, 비교적 큰 크기의 편, 구연부가 완전히 잔존한 토기 등 비교적 상태가 좋다)
4. 유구의 사이즈(S1b : 1×2m 가량)

5. 유구의 위치 : 토탈으로 확인한 깊이 등의 정확한 위치 표시(S1b : 현 발굴지역인 J39)지역의 북동쪽 모서리에 위치하며 토탈로 확인한 깊이는 1083에서 굴토를 시작하여 현재 바닥면은 1082에 해당한다.

괄호의 안은 이 방식을 배울 때의 유구의 상태였는데, 학생들이 모두 이런 방법으로 기록하여, 교수님께 보여드리고 피드백을 받는 식으로 작업을 하였다.

8월 2일 다음 발굴지역으로 이동한다 하여 현장에 나가지 않고 실내에서 대기를 하였는데 토기 세척작업을 도왔다. 우리나라에서는 보통 발굴된 토기 세척은 학생들이 하는 경우가 많은데, 터키에서는 세척작업을 인부들이 하고, 분류 및 세부 정리 등을 학생들이 하였다.

마지막 발굴지인 퀄테페로!

10월 2일 오후 타이푼 교수님께서 알라카회위크로 다시 오시자 정든 친구들과 작별인사를 하고 차에 올랐다. 퀄테페는 알라카회위크이 속한 초룸 지방에서 따로 떨어져 있었기 때문에 도착했을때는 거의 12시 가까이 되었을 때였다. 늘 그렇듯이 그날은 짐만 풀고 자고, 다음날 아침부터 작업을 시작하게 되었다. 발굴 현장에 승현이가 먼저 온 적이 있었기 때문에 전체적인 현장에 대한 소개는 다음으로 미뤄졌고, 발굴 일정에 대한 공지를 받았다. 알라카회위크에서 여러 학교 학생들이 모여 있던 것과는 달리 퀄테페에는 발굴을 담당하는 학생은 전원이 앙카라대학교 출신이었고, 보존 처리 등을 담당하는 학생들만 하란 대학교에서 오고, 그 이외의 학교 학생들은 전혀 찾아볼 수 없었다.

큐테페 현장은 알라카회위크와는 달리 현장 시작을 아침식사 이후인 7시에 하게 된다. 전반부 작업은 오전 7시부터 오후 12시까지 하게 되며, 가장 더운 오후 12시부터 2시까지는 숙소에서 휴식을 취한 후 후반부 작업에 나가게 된다. 후반부 작업은 오후 2시부터 오후 5시 15분까지 진행되게 된다. 전반 작업 중 9시 30분경 10시까지 한번 쉬며, 후반 작업은 3시간가량 진행되기 때문에 따로 휴식시간이 주어지지는 않는다. 다만 도중에 유동적으로 휴식을 취할 수 있다. 발굴 종료 후 교수님을 포함한 발굴 인원 전원이 티타임을 가지게 되며, 저녁 식사 후 오후 8시부터 오후 10시까지 실내 작업을 진행하게 된다. 실내작업 이후 모든 일정은 종료된다.

　처음으로 맡은 작업으로 레벨 값 측정을 실시하게 되었다. 레벨 측정 기계는 터키에서 Niro라고 부르며, 함척은 Mira라고 부른다. 다루는 방법은 우리나라와 크게 다. 기기의 상단부의 버튼은 초점, 좌 우의 버튼은 거리조절을 하게 된다. 우상단 부분에는 물방울이 있는데, 이를 원의 중앙으로 위치하게 하면 기기가 수평이 된다.

　금일 발굴 작업은 트렌치 1(이하 T1)에서 진행하게 되었는데, T1은 가로 14.40m×세로 19.19m의 지역이며 TI 내부에는 방이 3개가 존재하게 된다(이하 M1~3). 이 T1 지점에서 총 54개의 지점에서 레벨 값을 측정하게 되었다. 레벨 기준 값은 1,129.825 이였으며, T1 지점의 가장 높은 곳은 1,129.825(기준고와 동일:0.00)에서 가장 낮은 곳은 1,128.765(-1.06)로 1.6m 가량 높이가 차이 난다. 그 중 M1에서는 거푸집으로 추정되는 석판 및 점토판과 슬러그, 무게 추 등이 상당한 양 발견되어 공방지로 추정된다.

　굴토나 기타 일도 많이 하였지만 인상 깊었던 일은 실측이였다. 실측을 하는 인원이 부족하여 승현이와 나 중 실측을 도울 사람을 정해 달라고 하였는데, 승현이가 실측에 별로 자신이 없다고 하여 내가 실측을 돕게 되었다. 나도 딱히 실측을 잘하는 것은 아니었지만, 한국고고환경연구소에서 현장실습으로 세종시 전의면 양곡리 발굴을 하였을 때 현장 실측을 몇 차례 한 경험이 있어서 그래도 크게 어렵지는 않겠지 하고 작업을 도우러 가게 되었다. 실측 작업은 앙카라대학생 누리와 함께 T2로 이동하여 함께 하게 되었다. T2는 T1으로부터 북쪽에 위치하는 트렌치로 계단 및 진흙 벽돌의 흔적이 잘 남아 있어서 여러 층으로 구성된 것을 확인할 수 있었다. T2지역의 전체 크기는 15×12m 이며 실측 범위 내의 고저차가 상당한 편이다. 또한 진흙으로 만들어진 벽과, 돌로 만들어진 벽들이 혼재되어 있어 실을 띄우는 식의 실측은 어렵다. 쿨테페의 실측 방법은 먼저 나무 화판을 삼발이에 연결하여 적당한 높이로 고정시킨 이후 그 위에 도면을 부착시킨다. 도면 위에 현재 위치를 바늘로 표시 한 뒤, 화판 위 바늘로부터 유구선 혹은 돌/진흙 벽까지의 거리와 방향을 측정하여 실측을 진행하게 된다. 앞서 말했듯이 고저차가 상당하기 때문에 실

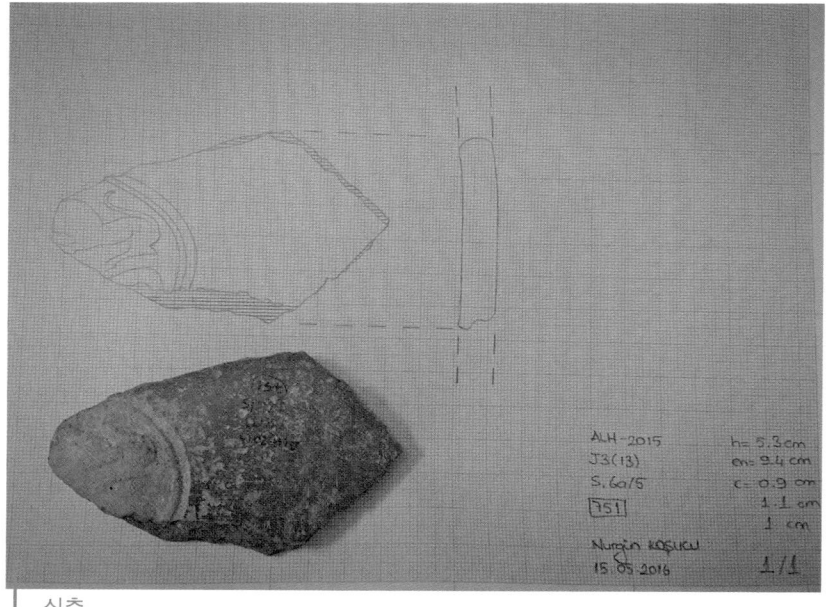

| 실측

| 작업하는 친구

을 띄우거나 줄자를 고정시켜서 작업하기 불편하기 때문에 측정할 부분에 못머리를 붉은 페인트로 칠한 못을 박거나, 돌의 경우 모서리 실측 위치에 붉은 페인트를 발라서 위치를 계속 확인할 수 있게끔 한다. 트렌치의 크기가 앞서 말했듯이 15×12m로 상당히 크기 때문에 1:50 축척을 사용하였으며 우 상단에 방위를 표시한다. 먼저 크게 윤곽선을 잡아 놓은 후 세부 표현을 하게 되는데, 우리나라의 실측도의 표현과 크게 다르지 않아 무리 없이 그릴 수 있었다. 실측을 마칠 때 즈음에 누리가 내 영어 이름 철자를 물어보았는데, 큘테페의 도면에 내가 실측자로 올라간다는 것이였다. 몇십년간 지속되어온 큘테페라는 중요한 발굴 현장에 내가 이름을 올릴 수 있었다는게 너무 기뻤고, 그렇게 잘 그린 것 같지는 않아 부끄럽기도 했다.

    큘테페에서 발굴을 하던 중 몇 번 시간표가 바뀌게 되었는데 기존 5시까지에서 5시 15분까지로 변경됨에 따라 일요일에는 전반 작업인

07:00~12:00까지만 진행하고, 후반 작업인 14:00~17:15을 작업하지 않게 되었다. 기존 전반 작업이 끝난 후 휴식을 취하다 17:00 경에 세미나가 있어서 참석하게 되었다. 처음에 알라카회위크에서의 세미나를 생각하고 기대를 많이 하고 참석 하였는데, 실망감이 매우 컸다. 발표 순서는 앙카라대학교의 대학원생 파티의 T1지역에 대한 소개, 마찬가지로 앙카라대학교의 PHD 과정인 치날의 T2 지역에 대한 소개, 하란 대학교에서 보존처리를 전공하는 기잼의 유물 분석 관련 소개, 일본인 교수의 드론을 이용한 항공촬영 강연 등으로 진행되었다. 터키 학생들은 많은 것을 배운 듯한 눈치였고 일본인 교수 또한 통역담당자가 있어서 모두 이해하였지만, 알라카회위크의 세미나와는 달리 영어 번역 혹은 영어로 진행한 것이 아니라 발표의 시작부터 끝까지 터키어로만 진행하여 아무것도 알아 들을 수 없었다. 2시간 40여분간 진행된 세미나에서 정확한 내용은 파악할 수 없고, 그림을 통해 알 수 있는 정도의 단편적인 지식만을 얻어서 굉장히 실망감이 컸다. 이후 이에 대하여 누리에게 전달하였고, 파티가 이번 세미나는 한국 학생에 대한 배려가 부족했었다고 미안하다고 사과를 한 뒤, 다음 주 일요일의 세미나에서는 통역을 해주겠다고 하였다. 단순히 발굴 작업만을 하는 것이 아니라 이러한 세미나를 통해 얻어갈 수 있는 것이 정말 많은데, 이렇게 한번의 기회를 놓치게 되어 상당히 아쉬웠다. 다행히 그 다음주부터는 파티가 우리에게 영어로 통역을 해주어 이해할 수 있었다.

　며칠간 평범하게 T1 지역 Mk.10을 굴토를 하다가 실측을 하는 누리가 도움이 필요하다고 해서 실측 보조 작업을 실시하였다. 8월 4일에서 6일까지 진행한 T2 지역 실측도는 진흙 벽과 돌 벽 등을 자세히 실측했었다. 그런데 이번 실측은 발굴지역 전체를 대상으로 하는 것이기에 벽의 내측선과 외측선만 간단히 그리는 작업을 실시하였다. 누리는 지난 3일간 이 도면 작업을 실시했는데, 이전에 도와주던 인원이 실내작업으로 보직이 변경되어 거리 측정 및 좌표 확인에 도움이 필요하게 된 것이다. 발굴 지역 중 이러한 실측이 필요한 부분은 총 40×25m에 해당하며 1/20 축척으로 여러 장을 그려서 스캔한 뒤 컴퓨터 프로그램을 통해 하나로 합치게 된다. 지금까지 작업한 지역을 제외하면 남은 구역은 총 5~6장 가량 되는데, 실측이 단순한 것에 비해 실측 하려는 지점을 페인트로 표시하고, 흙으로 된 부분에는 못으로 표시하는 등 부가적인 작업에 시간이 많이 들어서 진도가 더딘 편이었다. 전반 작업 시간인 07:00~12:00 기간동안 총 2장을 그리는 것에 그쳤다. 2장을 다 그린 시간이 11시 20분 경이였는데, 남은 40분간 새로운 도면을 완료할 수 없어서 도구를 정리한 뒤 후반 작업 시간인 14:00~17:45에 그릴 지역에 실측 지점을 표시하였다. 그날은 지금까지 퀼테페 현장 작업한 날 중 가장 더웠던 날이라 물을 30분에 500ml 이상 먹어야 했다. 아나톨리아의 기후는 한국의 여름과는 달리 습기가 거의 없어서 그늘에 있으면 시원하다는 느낌이 들 정도이지만 실측을 하는 지점은 40도에 가까운 온도에 그늘 한 점 없는 곳이기에 정말 더웠다. 후반작업 또한 전반작업과 동일하게 실측 보조를 하였고, 총 2장의 실측도를 더 그릴 수 있었다.

　발굴 작업이 계속 되던 중 T1을 책임지던 파티가 기관지가 아파서 현장을 나갈 수 없는 상황이 되어 피키리 교수님께서 우리보고 인부들을 지휘하고 현장 사진을 찍는 등 파티의 역할을 하라고 하셔서 마치 연구원이 된 것 같이 하나하나 기록하고 사진을 찍는 등의 일을 하며 며칠을 보냈다. 사실 발굴 기록을 하는 것은 중요한 일이기 때문에 이런 일을 맡겨 주셨다는 것에 대해 뿌듯하기도 하였고, 걱정도 되었다. 그냥 땅만 파고 흙만 옮기는 것이 아닌 교수님께서 현장을 믿고 맡길 수 있다는 것에 정말 기분이 좋았다. 3일간 우리가 T1의 발굴을 지휘하고 그 주 작업이 종료되어 세미나는 어찌 되려나 생각하였는데 파티가 실내에 있었기에 늘 하던 대로 일요일 정기 세미나에서 파티가 발표를 할 줄 알았는데 우리가 현장 책임자였으니 우리가 발표를 하여야 된다고 하여 놀랐다. 결국 승현이와 함께 PPT를 준비하고 영어로 발표를 하였는데, 짧지만 정말 놀라운 경험이었다.

금요일에 쉬던 알라카회위크와는 달리 퀼테페 현장은 월요일이 휴일인데, 이 때 발굴 숙소와 1시간 정도의 거리에 있는 카이세리를 방문하곤 했다. 한국으로 돌아오기 전날 교수님이 배려해주셔서 차로 태워주신 때 말고는 학생들과 함께 히치하이킹을 해야 했는데, 한국에서도 해본 적 없는 것을 터키에서 한다니 신기했다. 우리나라에서 히치하이킹을 하는 것은 뭔가 상상이 잘 되지 않는데 터키에서는 굉장히 자연스럽게 가는 방향이 같다면 태워주곤 하는 것이 신기했다. 승현이가 이번에도 주말에 어디에 나가려고 하지 않자 터키에서 한번도 안 놀아 줄거냐고 징징대자 툴툴대면서 따라와 주었다. 지금은 조금 시들하지만 당시에는 '포켓몬 고'가 세계적으로 선풍적인 인기를 끌고 있었는데, 대학원생인 파티와 그의 동생인 살 리가 포켓몬고에 푹 빠져 있어 둘과 함께 카이세리 시내에서 하루종일 포켓몬고를 하기도 하였다. 포켓몬 고는 고지형 분석과 같이 GIS를 기반으로 한 인구밀도와 지형에 의해 포켓몬의 수와 종류가 결

| 발표하는 승현

퀼테페 현장

정되기 때문에 퀼테페와 같은 사람이 많지 않은 지역에는 포켓몬이 적고, 카이세리와 같은 큰 도시에는 포켓몬이 많아서 많은 포켓몬을 잡을 수 있었다. 같이 포켓몬 고를 매주 하다 보니 점점 강해져서, 카이세리 백화점의 체육관을 내 것으로 만들기도 했는데 내 아이디의 국가코드가 한국이라 태극기가 터키 대도시 시내에 휘날리는 것을 보고 쓸데없이 뿌듯하기도 했다.

다시 한국으로 돌아오다

터키에서의 일정을 모두 마친 후 공항으로 향하는데 핸드폰이 계속 울려서 보니 지난 50일간 세 지역에서 만났던 친구들이 계속 메시지를 보내고, 전화를 걸고 있었다. 짧다면 짧고 길다면 긴 50일이였는데, 가장 행복했던 것은 이렇게 새로운 인연들을 만날 수 있었던 것이다. 앞에서 말했듯이 터키의 교육 환경은 좋지 않아 고고학 전공의 대학교를 다닌다고 하면 정말 이 일에 대한 열정을 가지고 있는 아이들이었다. 우리가 모르는 것을 물어볼 때마다 눈을 반짝반짝이며 설명해주던 그 친구들, 천진난만하게 한국에 꼭 와서 한국의 고고학도 배우고 싶다던 그 친구들을 만나게 되어 너무 행복했다.

한국에서 발굴 경험이 많은 것은 아니지만 몇 차례 발굴 현장에 나간 적이 있는데 모두 구제 발굴이였다. 여러 현장에서도 많은 것을 배웠지만 몇십년간 지속되어 온 학술 발굴 지역에서는 발굴을 해본 적이 없었던 터라 받는 느낌이 상당히 달랐다. 또한 유구나 유적 또한 전기 청동기 시대에 해당하는 것 같지 않게 진흙 벽돌이나 돌 벽으로 하나의 도시를 이루고 있어 웅장한 면에서는 우리나라와 비교가 되지 않았다. 누군가 설명해 주지 않았다면 그냥 역사시대 유적이려나 싶을 정도였다. 물론 힘들고

쿨테페의 식탁

말도 잘 안 통하는 등 여러 가지 문제가 있지만, 만약 누군가가 터키에서 발굴을 할 기회가 생긴다면 난 두말 없이 추천해주고 싶다.

터키 CNN에 출연하다

최승주

지난해 여름방학, 발굴을 하면 돈과 함께 숙식도 제공해준다는 말에 대학에 들어와 부모님께 아직도 손을 벌리고 있다며 자책하고 있던 나는 선뜻 양곡리 미래 산업단지 발굴현장에 참여하게 되었다. 그 곳에서 좋은 선배들과 동기들과 함께 땀을 흘리며 궂은 일들을 하면서도 그 안에서 서로가 서로에게 힘이 되어주고 웃음이 되었다. 덕분에 내 대학생활에서 잊지 못할 경험과 좋은 사람들을 만날 수 있었다.

이 기억을 떠올리며 나는 이번 여름방학에는 터키발굴조사프로그램을 신청하게 되었다. 하지만 내가 터키에 가게 되었다고 하자 가족들과 친구들은 그 위험한 곳을 왜 가냐며 가지 말라고 말렸다. 나도 그 말을 듣자 불안감을 감출 수 없었다. 나의 첫 해외여행이었기에 더더욱 그랬다. 인터넷에 터키 여행에 관련해 검색해 보자 왜 괜히 여행자제국가로 정부가 정했냐면서 가지 말라는 말도 있었지만 어떤 글들은 테러가 일어났을 때 당신이 다칠 확률은 매우 낮은 수치라며 나를 안심시키기도 했고 최근 터키를 다녀온 여행자들의 후기를 보며 걱정을 떨쳐내고자 하였다. 하지만 그 어떤 글 보다 나를 안심시켰던 글은 즐거워야 할 여행에 이런 걱정을 머릿속에 그리며 가는 것은 전혀 여행에 도움이 되지 못하며 차라리 안가는 것이 낫다는 글이었다. 이 글을 떠올리며 '그래 이왕 가는 거 즐거운 마음으로 가자'며 내 마음을 달랬다. 그리고 터키가기 몇 일전 한국에 오신 터키 교수님들이 터키로 가게 될 학생들을 만나면서 터키에 대한 얘기를 해 주셨는데, 터키는 한국과 달리 밤에는 추울 수 있으니 따뜻한 옷을 준비해야 된다는 조언과 함께 자신들과 항상 함께 돌아다니면서 테러가 일어날 만한 위험한 곳에는 가지 않을 것이고 자신들 옆은 언제나 안전하다고 하시는 따스한 말에 한결 더 걱정을 덜어 내었다. 또 터키와 관련된 다큐멘터리를 보면서 그들의 문화와 역사 그리고 자연환경을 눈에 담으며 하루하루를 설렘과 기대로 보냈다.

드디어 7월 12일, 이스탄불로 향하는 비행기를 탑승했다. 처음 비행기를 타보는 것이었기 때문에 탑승수속을 밟는 내내 더 긴장하고 불안했다. 하지만 막상 비행기에 올라타니 긴장이 풀리면서 잠이 몰려왔다. 10시간이 넘는 비행이었지만 기내식이 나오는 시간 이외에는 계속 잠만 잤던 것 같다. 7월 13일 새벽 5시가 넘어 이제 막 동이 틀려는 시간이 될 무렵, 우리들은 이스탄불 공항에 발을 닿았다. 짐을 찾은 후 곧바로 공항을 나와 호텔로 픽업해줄 차를 탔다. 이 차를 타고 오면서도 나는 여전히 터키에 왔음을 실감을 하지 못했다. 하지만 호텔에서 짐을 푼 후 곧바로 아야 소피아 성당으로 가면서 본 터키의 거리는 한국과 확연히 다른 모습이었다. 우선 건물의 색깔은 한국의 칙칙한 회색 건물 대신 흰색 계열의 밝은 색깔이 주를 이루었다. 거리에는 트램이라고 하는 붉은 색의 전동식 전차가 레일 따라 지나다니고 머리에 히잡을 쓴 여성들과 수염을 길게 기른 남성들이 양 옆을 지나다녔다. 이 새롭고 신선함은 내 눈이 토끼눈처럼 동그랗게 뜨게 하였다. 그러나 그 무엇보다 나의 눈을 사로잡았던 것은 바로 아야 소피아 성당의 내부 모습이었다. 이미 다큐멘터리와 블로그에 있는 사진과 영상을 통해 아야 소피아 성당을 보았지만, 섬세하고 세련되게 그려진 벽화들과 거대한 기둥들이 웅장한 성당을 받치고 있는 모습을 눈으로 직접 보자 입을 다물지 못했다. 이곳까지 걸어오느라 지쳤던 고되고 힘든 나는 마음과 정신만은 활짝 깨어 하나라도 더 보려고 열심히 더 돌아다녔다. 이후 오스만 제국말기부터 수집한 주요 유물이 소장된 '이스탄불 고고학박물관', 술탄의 거처였던 '돌체바흐체 궁전'을 둘러보고 마지막으로 시티투어버스를 타고 이스탄불 시내를 쭉 둘러보며 맞았던 상쾌한 바닷바람을 아직도 잊지 못한다.

다음날 아침, 호텔에서 간단히 조식을 먹은 후 전날 보지 못했던 블루모스크 사원을 보고 기념품을 산 뒤 앙카라 공항으로 가기 위해 이스탄불 공항으로 향했다. 2시간동안 비행을 한 뒤 앙카라 공항에서 터키에 오기 전 만났었던 터키 교수님들을 다시 만날 수 있었다. 기쁨도 잠시 이제 두 팀으로 나뉘어 교수님의 안내를 받게 되었다. 우리 팀은 타이푼Tayfun 교수님을 따라 그 분 댁에서 하룻밤 신세를 지게 되었다. 그 분 댁에 도착했을 때 집 대문 앞에서 교수님의 아내분과 딸이 우리들을 환한 얼굴로 마중해 주었다. 그리고 집 안을 들어서자 한 눈에 봐도 포근한 가정집이라는 것을 느낄 수 있는 가족의 사진들, 가족들이 여행할 때마다 가져온 듯한 기념품들과 여러 장신구들이 3층으로 된 넓은 집 안을 빼곡히 채우고 있었다. 그 날 집 앞마당에 있는 테이블에서 식사를 했는데 마지막에 디저트로 나온 푸딩이 정말 너무 맛이 있었는데 지금까지 내가 먹었던 디저트 가운데 최고의 디저트였다.

다음 날 잠깐이었지만 따뜻하게 대해준 교수님의 가족을 뒤로하고 레술로글루와 에스키야파르 두팀으로 나눠 이동하였다.

레술로글루(Resulogolu)

타이푼 교수님의 현장인 레술로글루로 향하면서 교수님께서는 원하는 인원만큼 인부들이 모이지 못해 발굴을 진행하지 못하고 있지만 조만간 작업을 시작할 것이라고 말씀하셨다. 그래서 우리들은 이제 막 시작하게 될 발굴 작업을 위한 준비 작업을 했는데 우선 발굴현장에 둘 큰 캠핑카 내부를 청소하는 작업을 했다. 또 우리가 있는 숙소는 이따금 물이 끊겨서 물탱크 안에 물을 채워 놓는데 물탱크를 깨끗이 청소하고 물을 채워 놓는 작업을 하였다. 그리고 발굴현장까지 올라가는 길이 가파라서 울타리가 필요했는데 울타리를 만드는 작업도 하였다.

하지만 여전히 인부들이 모이질 않아 한가한 시간을 보내게 되자 내가 축구를 좋아한다는 얘기를 들은 교수님은 나를 위해 공을 사 주셨다. 그리곤 하루는 저녁을 먹은 후 공을 이용한 터키의 전통놀이를 했는데 우리나라의 깡통 차기와 비슷하였다. 깡통차기가 깡통을 차는 것이라면 터키에서는 다섯 개의 돌을 상대방이 던지는 공을 피하면서 쌓는 것이었다. 굉장히 어려웠지만 계속하다 보니 승부욕이 붙게 되어 더 열심히 하게 되었다. 이후 한 가지 게임을 더 했는데 이번에는 피구와 똑같은 게임을 하였다. 이렇게 게임을 하다 보니 터키학생들과 더 친해지게 된 계기가 되었다. 이후 저녁을 먹은 뒤 게임을 하면서 운동을 하거나 차이라고 하는 터키 전통식 차를 마시면서 이야기를 나누면서 더 가깝게 친해지게 되었다.

아직도 인부들이 모이지 않아 여유 있는 시간을 보내던 어느 날, 터키 학생이 우리학교 교수님들이 레술로글루 현장에 올 것이라는 얘기와 함께 같이 히타이트의 수도인 하투샤Hattusa를 견학할 것이라는 말을 들었다. 그렇게 되어 우리들은 하투샤로 교수님들과 같이 견학을 가게 되었는데 이때 히타이트에 대해 정말 많은 것을 보고 배우게 되었다. 히타이트

시대 때 지어진 성벽들과 나무문을 놓았을 큰 돌기둥을 보면서 히타이트 제국의 강성함을 느낄 수 있었다. 무엇보다도 히타이트 신들을 모신 신전을 보면서 이들 제국의 강력한 통치권을 느낄 수 있었다. 이 날 다른 팀 선배들과 함께 레술로글루로 돌아와 그간 있었던 얘기를 했었는데 이 날 나눴던 이야기들과 함께 선배들이 계속 연락을 해주시면서 나에게 큰 힘이 되어 앞으로 있을 발굴에 있어 원동력이 되었다.

드디어 인부들이 모여 발굴 작업을 진행 할 수 있게 되던 날, 우리들은 아침 5시에 일어나서 간단하게 아침을 먹은 후 출발하였는데 이 날은 발굴지역 전체적으로 우거진 풀들을 정리하는 작업을 하였다. 이때 만난 인부들은 모두 우리 나이대로 고등학교를 졸업하고 발굴 작업을 하게 된 친구들이었다. 나이대가 비슷한 덕분에 인부들과 친하게 지내게 되어 그 친구들은 우리를 터키어로 친구라는 의미인 캉카라고 부르며 좋아했다. 또 그 친구들은 삽질이 서툰 나에게 삽질을 가르쳐주면서 더 가까워지게 되었다.

나에게 있어서 첫 발굴 현장인 레술로글루는 가장 오랜 시간 있었던 현장이고 그만큼 일도 많이 했던 현장이어서 나에게 있어서 가장 정감 가는 곳이었다. 또 그 곳에서 만난 사람들을 잊을 수 없을 것이다. 특히 이곳에서 함께 고생한 터키 학생들인 에미네, 오즈게 그리고 슬라를 잊지 못할 것 같다.

알라카회위크(Alaca Höyük)

알라카회위크는 나에게 있어서 가장 기억에 남고 추억도 많던 현장이었는데 처음 이 현장에 도착했을 때 레술로글루에서의 현장 분위기와 달라서 당황스러웠다. 이곳에는 레술로글루처럼 2~3명의 학생들이 있는 것이 아니라 20명 정도 되는 많은 터키학생들이 있었는데, 이미 이곳에 있었던 다른 선배들이 이곳 친구들과 많이 친해져 있어서 내가 이 현장에 도착하고 그 선배들이 다른 곳으로 이동하게 되자 선배들에게 보고 싶을 거라고 서로 얼싸 안고 있었다. 그 모습을 보자 나도 선배들처럼 저 친구들과 이렇게 친해질 수 있을까 라는 부담감과 함께 이미 친해진 선배들이 부러웠다. 하지만 걱정도 잠시 이 곳 터키 친구들은 먼저 나에게 얘기를 건네 주면서 살갑게 다가와 준 덕분에 더 빠르게 새로운 현장에 적응할 수 있었다.

이 곳 현장은 오전 5시까지 현장으로 가야했기 때문에 나는 오전 4시 35분에 알람을 맞춰놓고 잠들지만 언제나 알람 소리에 바로 일어나지 못하고 10분 정도 몸을 더 뒤척이다가 후다닥 옷을 입고 현장으로 향했다. 레술로글루에서 GPS가 잡히지 않아 못 했었던 포켓몬고를 알라카회위크에서는 할 수 있었는데, 현장으로 갈 때마다 나는 포켓몬고를 실행시켜놓고 출발하는데 항상 현장으로 가는 입구에 들어가기 직전 포켓몬을 두 마리씩 잡을 수 있었다. 하루하루 늘어나는 포켓몬 숫자를 보며 내가 이 곳에 얼마나 있었는지 가늠케 했다.

현장에 도착을 하고 나서는 커피와 케이크를 먹었는데 커피는 우리가 직접 타서 먹었다. 하지만 나는 평소에 커피를 마시게 되면 항상 카페에서 시켜 먹거나 믹스커피만 먹은 탓에 커피, 프림, 설탕을 잘 조절하지 못해 며칠간 완벽한 비율을 찾느라 다른 사람들이 타 먹는 모습을 계속 지켜 보기도 하였다. 이 현장에서 하는 일은 대체로 4가지 정도인데, 인부들이 곡괭이로 땅을 파고 있을 때 혹시나 유물이 출토되지 않는지 지켜 본 다음 큰 유물 조각이 나오면 그것을 주어서 상자에 넣었다. 그리고는 곡괭이로 판 흙을 삽을 이용해 아래로 보냈는데 아래에 모인 흙을 다시 수레에 담아 천천히 컨베이너에 부어서 다시 흙 속에서 유물을 찾는 작업을 하였다. 나온 유물들은 대체로 토기편이거나 동물뼈들이 주를 이뤘는데 가끔씩 문양이 있는 토기편이 나오기도 했다. 때로는 청동으로 만든 편이나 장신구들이 출토되기도 해 내 시선을 사로잡았다.

　　하루는 이 곳 담당 터키 교수님께서 알라카회위크에서의 발굴 기록 방법에 대하여 설명해 주셨다. 발굴 기록을 할 때는 크게 5가지를 기록하는데 먼저 흙의 색깔이 어떠한가 둘째, 흙의 성질이 어떠한가 셋째, 땅의 깊이는 얼마나 팠는가 넷째, 유구의 크기는 어느 정도 인가 다섯째, 출토된 유물의 양은 얼마인가였다. 이후 발굴을 하면서 더 집중해서 흙의 색깔과 성질에 대해서 보게 되었다.

　　알라카회위크에 도착한지 이틀째 되는 날은 목요일이였는데 알라카회위크에서는 금요일이 쉬는 날이기 때문에 이 날 교수님들과 학생들이 한데 모여서 디너파티를 항상 갖는 날이었다. 이 날은 교수님들이 학생들이 술을 마실 수 있도록 해주는 날이었기 때문에 터키학생들은 매우 좋아했지만 술을 별로 좋아하지 않는 나는 부담과 걱정이 가득했다. 하지만 그것도 잠시, 터키학생 중 한명이 화로에서 닭고기를 익히고 있는 모습을 보자 침이 꼴깍 삼켜지면서 걱정이 싹 사라져버렸다. 그리고 닭고기를 한 입 베어 먹었을 때 겉은 바삭하고 속은 촉촉한 살이 씹히면서 나오는 숯의 은은한 향이 입안 가득히 퍼지자 입가에 미소가 절로 나왔다. 저녁식사가 끝나가고 모두들 술을 마셔 분위기가 한껏 즐거워졌을 때 몇 명 터키 학생들이 자리에서 일어나 노래를 틀고 춤을 추었고 이어서 나도 흥겨워 같이 춤을 추게 되었다. 터키의 전통적인 춤을 추기도 하고 강남스타일의 말춤도 같이 춰가며 서로 더 가까워지고 재미있는 시간을 보냈다.

　　이 디너파티를 제외하고는 다른 날은 술을 못 마시게 되어있는데 하루는 터키 친구들이 몰래 맥주를 가져와서 같이 견과류 안주와 같이 먹었던 적이 있었다. 이 날 터키 친구들은 나에게 어떻게 터키에 오게 되었고 터키에 대해서 어떻게 생각하는지 물어 보았다. 또 좋아하는 노래는 뭐고 운동은 무엇인지 사소한 것 하나하나 서로를 알아갔다. 그러다가 엠레라는 친구가 자신은 별을 보는 것을 즐긴다면서 휴대폰 어플을 이용해 하늘을 비추니 하늘에 떠있는 별이 어떤 별자리인지 알려주었다. 그렇게 예쁜 별들을 보면서 서로 맥주를 마시던 그 날이 집에 혼자 앉아 티비를 보며 맥주를 마실 때 가끔씩 생각이 난다.

　알라카회위크에 있는 7일 중 3일정도 터키 CNN 방송국에서 나온 다큐멘터리 촬영을 했다. 어느 날 아침 평소와는 다르게 바로 터키 학생들이 현장으로 가지 않고 숙소 앞에서 기다리고 있었다. 이상하게 생각한 나는 터키학생 가운데 가장 학년이 높은 학생에게 무슨 일인지 물어보니 다큐멘터리 촬영 때문에 모두가 모여 출발하게 되었다고 설명해주었다. 그래서 우리들은 숙소에서 커피와 케이크를 먹게 되었는데 방송국 팀은 우리가 커피를 타는 모습부터 마시면서 서로 잠깐 대화를 나누는 모든 모습을 촬영하였다. 또 숙소에서 발굴현장까지 5분 정도 되는 거리를 거의 30~40분가량 조금 조금씩 걸어가면서 카메라에 우리들의 모습을 담았는데 터키학생들과 우리들은 그 상황이 재미있어서 웃음꽃이 피었다.

　현장에서는 일하는 모습을 연출하기도 했는데 나는 붓과 트롤를 들고 발굴을 하고 있는 모습을 연출했었다. 또 실제로 내가 컨베이너에서 유물을 찾고 있는 모습을 촬영하기도 하였다. 이후에 우리들은 인터뷰도 했었는데 우리의 인터뷰가 끝나고 인부들 가운데 가장 나이가 많으시고 경험이 많으신 이스라엘이라는 분이 계셨는데 모두들 이스라엘 아비라고 불리시던 분이 인터뷰를 하게 되었다. 평소 이분은 말수가 적으시고 일을 우직하게 하시던 분이셨다. 하지만 막상 카메라가 바로 얼굴 앞에서 촬영하고 인터뷰를 하게 되자 매우 부끄러워하시며 얼굴이 붉어져 모두들 웃음을 꾹꾹 참으며 그 모습을 지켜 보았다. 인터뷰가 끝나고 모두들 그 분께 인기스타가 되었다고 말하자 민망하셨는지 그저 웃음만 지으셨다.

　저녁을 먹는 촬영을 끝내고 터키 여학생이 기타를 치며 노래를 부르는 것을 촬영했었는데 이 터키 여학생은 정말 노래를 잘 불러 모두들 가만히 들으면서 노래에 빠져 들었다. 이후 방송국 팀에서는 한국학생과 터키학생이 같이 노래를 부르는 장면을 원했고 나와 메멧이라는 터키학생과 같이 노래를 부르게 되었는데 아직도 그 생각만 하면 부끄러워 얼굴이 발개지면서 몸이 움츠려든다.

하루는 나와 엠레는 흙을 삽으로 퍼서 컨베이너로 올려주는 작업을 같이 하고 있었다. 삽으로 흙을 치워도 치워도 흙이 계속 쌓였기 때문에 서로 힘이 들고 지쳐했다. 그때 엠레가 터키 노래를 가르쳐 주면서 같이 부르게 되었는데 노래를 부르면서 일을 하자 힘든 것도 사라지고 입가에 미소가 지어지면서 더 힘차게 일을 할 수 있게 되었다. 그 이후로 나와 터키 친구들이 일을 할 때 이따금씩 노래를 부르면서 일을 하였는데 나만 터키노래를 배운 것이 아니라 터키 친구들도 내가 한국노래를 가르쳐주면서 같이 노래를 부르며 일을 했다. 한국에 돌아왔을 때 그때 가르쳐준 노래를 들을 때면 같이 흥얼거리면서 노래했던 일이 생각나 미소가 지어진다.

알라카회위크에서의 마지막 날, 이 날도 우리는 현장에 나가 발굴 작업을 했는데 이때 웬일인지 터키 친구들 가운데 가장 흥이 많은 메멧이 기운이 없었다. 다른 친구들에게 물어보니 실내 작업을 하다가 교수님께 혼이 나서 현장으로 나오게 되어 시무룩하다고 설명해 주었다. 그 모습을 보니 내가 안쓰러워서 이번에는 내가 웃음이 되어 주어야겠다는 생각에 더 재미있게 작업을 하였다. 그러다가 장난이 조금 심해져 그 친구가 흙을 먹을 수 있냐고 물어 보길래 내가 당연히 먹을 수 있다고 해서 나는 너가 먹으면 내가 먹겠다고 하자 그 친구가 단번에 흙을 입에 넣었다. 나도 질세라 흙을 입술에 묻히면서 먹는 척을 했었는데 그것을 보고 다른 친구들이 재미있어 하였다.

그리고 그 날 일이 끝난 후 처음 내가 이곳에 왔을 때 이 곳에 있었던 다른 선배들이 이 곳 터키 친구들과 보고싶다며 포옹하면서 떠나던 그때와 똑같이 나도 터키 친구들에게 보고싶을 것이라며 말하면서 포옹을 하고 다음 발굴지인 오르타쾨이로 떠났다.

오르타쾨이(Ortaköy)

세 번째로 이동하게 된 발굴지는 오르타쾨이이다. 오르타쾨이는 히타이트 제국기의 중요한 발굴지 중 하나로서 그 가치가 매우 높다고 한다. 또 이곳에서는 다른 발굴 현장에서는 찾기 힘든 유물이 출토 되는데 그것은 바로 고대 히타이트어가 기록된 점토판Tablet이다. 대체로 이 점토판에는 당시 히타이트인들이 모시던 신을 숭배하는 글들이 적혀있다고 한다.

이곳의 발굴 작업은 다른 발굴 현장과는 다르게 고고학자뿐만 아니라 지리학자도 참여하였는데 저녁시간에 그 날 발굴 작업 진행 상황과 다음 발굴 작업을 어떻게 진행할 것인지 함께 얘기를 나누는 시간을 가졌다. 또 한 가지 달랐던 점은 히타이트 인들의 삶을 짐작할 수 있는 점토판뿐만 아니라 과거 히타이트 인들이 물건을 만들 때 쓰던 흑요석과 청동도 많이 출토되기 때문에 흙 속에서 유물을 찾는 작업을 더 꼼꼼히 진행하였다. 만일 이들 유물을 누군가 찾아내면 모두가 하던 일을 멈추고 박수를 쳐주는데 나도 청동 핀을 찾았을 때 한번 점토판을 찾았을 때 한번 박수를 받은 적이 있다. 박수를 받을 때 어찌나 민망했는지 부끄러워서 고개를 들지 못하고 그저 웃고만 있었던 것이 생각이 난다.

이 곳 현장분위기는 알라카회위크와는 다르게 사람들은 많았으나 조용한 성격을 가진 친구들이 많았다. 하지만 이들 역시 알라카회위크의 학생들처럼 노래를 매우 좋아했다. 그래서 나는 알라카회위크에서 배운 터키노래를 그 곳 친구들에게 불러주었는데 그 곳 친구들은 매우 즐거워하면서 자신들이 좋아하는 다른 노래들을 나에게 가르쳐주며 춤도 가르쳐

주었다. 그렇게 처음 조용하던 현장분위기는 노래와 춤으로 한껏 흥겨워졌다.

하루는 인부 아저씨 중 한 분의 아내와 아이들이 현장을 방문한 적이 있었다. 이 아저씨는 평소에 일할 때 여느 아저씨와는 다르게 먼저 나에게 다가와 말을 건네 주고 가끔은 노래를 부르면서 힘든 일 속에서 흥겨움을 넣어 주셨던 분이었다. 어느 날 아내분과 어린 아들, 딸의 깜짝 방문에 아저씨는 몹시 당황하시면서 부끄러워하셨지만 아내와 딸을 바라보는 눈빛이 너무나 사랑스러웠다. 그 모습을 보고 있자니 세계 어느 나라나 한 가정의 가장으로서 아내와 아이들을 먹여 살려야 한다는 생각에 몇 푼 되지 않는 인부 일당이지만 책임감을 가지고 일에 임했던 모습이 떠올리면서 눈시울이 붉어졌다. 그래서 나도 한 가정의 남편이 되고 아버지가 된다면 저 아저씨처럼 어느 일이든지 책임감을 가지고 일에 임하면서 언제나 가족들을 생각하는 가장이 되어야 겠다고 생각하였다.

이곳에서도 다큐멘터리를 찍었는데 발굴현장에서 일을 시작하기 전에 썬크림을 바르던 나의 모습을 본 카메라맨이 나에게 썬크림을 바르는 모습을 촬영해도 되냐고 물어본 뒤 촬영하게 되었는데 너무나 민망하였다. 촬영된 영상은 다큐멘터리에 그대로 올라갔는데 이때 나의 민망한 표정이 그대로 묻어나와 다큐멘터리를 보던 내가 더 민망해 졌었다.

오르타콰이에 온지 6일째 되는 날, 이날은 화요일이라서 발굴 작업을 쉬는 날 이었다. 아침을 먹은 후 터키학생들과 교수님을 따라 터키의 전통시장인 바자르Bazaar에 갔다. 한국의 전통 재래시장의 분위기와 유사했던 이곳은 사람들이 분주하게 움직이며 물건을 골랐고 상인들은 손님들을 모으기 위해서 큰소리로 물건을 팔았다. 왁자지껄한 시장 분위기에서 유독 눈에 띄었던 것은 머리에 빵을 지고 지나가던 아저씨의 모습이었다. 우리나라 전통시장에서는 할머니들이 머리에 떡을 지고 떡을 파는 모습이 떠올랐다. 우리나라만의 고유한 전통이라고 생각했던 나의 눈길을 사로잡았었다. 또 시장상인들은 동양인인 내가 물건을 사러 다니는 모습을 보고 신기했는지 힐끔힐끔 쳐다보았고 몇 분은 나에게 사진을 찍어도 되냐며 같이 사진을 찍기도 하였다.

저녁에는 근처 공원으로 피크닉을 갔는데 너무나 아름다운 산과 강으로 된 공원이었다. 공원 입구에서 산책로를 따라 걸어 갈 수 있었는데 웅장한 바위산을 보자 숨이 탁 트이고 들이마시는 공기가 맑아지는 기분이었다. 또 이때 마침 해가 지고 있어 붉은색의 노을과 바위산이 조화를 이루어 더 아름답게 느껴졌다. 저녁식사는 공원 내에 있는 정자에 모여 식사를 했다. 메뉴는 반으로 자른 빵에 고기와 토마토 양파를 넣어 만든 것이었는데 신선한 공기를 마시면서 먹어서 그런지 더 맛있게 느껴졌다.

공놀이로 다진 우정

장주석

아침에 이스탄불 공항에서 비행기를 타고 앙카라 공항에 도착해 터키 앙카라대학교 교수님들을 만났다. 그 후 퀄테페로 가는 사람들과 헤어진 뒤 나머지 지역으로 가는 사람들은 앙카라대학교 타이푼 교수님 집으로 가 저녁 식사를 했다. 저녁 식사 자리에는 우리 학생들 뿐만 아니라 교수님들도 같이 참석하셨다. 저녁 메뉴로는 터키식 가지 요리가 나왔다. 가지에 치즈와 양념을 넣어 조리한 음식인데 굉장히 맛있었다. 그 후 교수님들은 앙카라대학교에서 마련해준 학교 숙소로 가셨고 우리는 타이푼 교수님 집에서 잤다. 타이푼 교수님 집에는 사모님과 딸, 딸의 남자친구가 있었는데 사모님께서도 앙카라대학교 교수님이시라고 한다. 타이푼 교수님은 전기 히타이트 고고학 전공이시고 사모님께서는 생명공학 전공이시라고 한다. 교수님의 딸은 올 가을부터 영국의 한 대학교를 다닐 예정이라고 한다. 타이푼 교수님을 비롯해 모두들 터키 사람임에도 영어를 무척 잘하는 덕분에 대화를 하는 데 있어서는 크게 어려움이 없었다.

2016. 07. 15

아침식사를 하고 초룸으로 출발했다. 초룸 내 레술로글루와 에스키야파르로 갈 것이라고 한다. 원래는 현장이 더 많지만 아직 허가가 나지 않은 상태라서 현재 갈 수 있는 곳만 가는 것이라고 한다. 앙카라에서 초룸까지 차를 타고 꽤 많은 시간이 걸렸다. 우리를 데려다주시는 타이푼 교수님은 레술로글루 책임 교수님이시기 때문에 에스키야파르에 먼저 들러 그곳에 정봉이형과 예선누나를 내려주고 나와 승주, 현석이형은 레술로글루로 출발했다. 에스키야파르의 학생숙소는 주거용 컨테이너 박스였다. 한국에서 발굴현장 일을 하며 연구소 선배님들과 같이 아파트에서 생활했던 나는 에스키야파르의 컨테이너 박스를 보며 에스키야파르 현장은 우리나라보다 훨씬 열악한 환경이라 생각했다. 에스키야파르를 떠나 레술로글루로 가는 길에 레술로글루에서 차로 약 30분가량 떨어진 순굴루에서 장을 봤다. 레술로글루 현장 사람들이 지내는 곳은 굉장히 작

레술로글루에서

은 마을이기 때문에 식자재나 기타 필요한 용품은 순굴루에서 사서 갖고 간다고 한다. 순굴루에서 장을 다 본 뒤 해 질 무렵 레술로글루 현장 숙소에 도착했다. 도착하니 앙카라대학교 교수님 한 분과 학생 두 명이 우릴 반겨주었다. 타이푼 교수님과 함께 일하는 교수님은 이름이 '븰란트'교수님이다. 미국에서 꽤 오래 산 경험이 있어서 영어를 완벽하게 구사하신다. 그리고 두 학생은 이름이 각각 '에미네', '오즈게' 인데 둘 다 앙카라대학교에 재학중인 학생들이라고 한다. 둘 다 타이푼 교수님이 무척 아낀다고 교수님께서 직접 말씀하셨다. 레술로글루에서 우리가 지낼 숙소는 에스키야파르와 마찬가지로 컨테이너 박스였다. 레술로글루의 숙소는 에스키야파르보다 낡아서 그곳보다 더 좋지 않았다. 처음 도착했을 때 우리가 지낼 컨테이너에 전기가 들어오지 않아서 타이푼 교수님께서 직접 발전기를 수리할 정도였다. 뜨거운 물도 나오지 않기 때문에 일이 끝난 후 씻기 위해서는 다른 건물로 가서 씻고 나와야 했다. 레술로글루 현장 숙소는 마을에서 버려진 폐가를 개조하여 썼기 때문에 학생들이 지내는 숙소는 컨테이너이고 부엌이나 교수님 숙소는 집 안에 있었다. 타이푼 교수님께서는 언제든지 집으로 들어와 화장실을 이용하라고 하셨다. 터키는 발굴 비용을 학교에서 조달하기 때문에 항상 돈이 부족하다고 한다. 그래서 그런지 대부분의 현장 숙소가 컨테이너 박스인 것 같다. 레술로글루 현장은 숙소만 구한 상태이고 다른 현장과 마찬가지로 아직 발

아야소피아에서

현장에서

현장에서 흙나르기

굴 허가가 나지 않은 상태라 일을 시작하진 않았다고 한다. 언제부터 일할지는 미지수라고 한다. 따라서 당장 내일부터 일을 하지는 않는다.

2016. 07. 16

현장 일을 시작하진 않았지만 오늘은 다 함께 숙소 보수작업을 했다. 폐가를 개조하여 사용하는 데는 거의 불편함이 없었지만 우리가 지내는 컨테이너 박스는 보수가 조금 더 필요했다. 먼저 이곳의 해는 굉장히 뜨겁기 때문에 컨테이너 지붕에 해를 가릴 만한 천막을 설치하는 작업을 했다. 푸른색 천막을 밧줄로 연결해 컨테이너 위에 씌우고 천막 양쪽의 줄을 컨테이너 밑의 공간으로 통과시켜 서로 묶었다. 컨테이너가 바닥에 놓여 있는 게 아니라 바닥에 놓인 벽돌 위에 컨테이너를 올려놓았기 때문에 밑에 공간이 남아있었다. 또 컨테이너 주변 기둥이나 나무에 천막 끄트머리에 연결된 줄을 묶어 천막을 고정시키기도 했다. 대부분의 작업을 타이푼 교수님과 뷸란트 교수님이 다 하셨지만 우리도 같이 거들었다. 사다리를 타고 컨테이너 위로 올라가 밑에서 주는 천막을 골고루 덮었다. 일을 하던 중간 쉬는 시간에 터키식 홍차인 '차이'를 마셨다. 터키 사람들은 쉬는 시간이든 식사 시간이든 언제나 차이를 마신다고 한다. 천막을 치는 것 외에 또 다른 일은 창고에 있던 물탱크를 청소하는 일을 했다. 레술로글루 현장 숙소가 있는 마을은 수도가 끊기는 경우가 종종 있기 때문에 만약을 대비해 물을 항상 저장해 놓아야 한다고 한다. 물탱크 청소가 끝난 후 컨테이너 위에 올리고 여기에 호스를 연결해 물을 채웠다. 오늘 했던 모든 일은 대부분 교수님이 직접 하셨다. 우리는 그 중에 일부를 거들기만 했다. 젊은 나이가 아님에도 직접 일을 다 하시는 것을 보며 대단하다고 생각했다.

2016. 07.

현장 일을 시작하기 전의 어느 날은 저녁 식사를 한 뒤 차이를 마시며 터키 친구들이 터키 전통춤을 가르쳐 주었다. 터키 사람들은 대부분 알고 있는 춤이라고 한다. 음악에 맞춰 손을 튕겨 딱 딱 소리를 내며 발을 천천히 조금씩 스텝을 밟으며 오른쪽으로 움직여가는 춤이었다. 그렇게 어려운 춤이 아니었는데 처음이라 그런지 따라하기가 쉽지 않았다. 춤이 정해져 있긴 하지만 요점은 딱 딱 소리를 내며 리듬을 타는게 가장 중요한 것 같다. 다함께 둥글게 모여 같은 동작을 하며 한쪽 방향으로 돌아가는 것이 춤의 전체적인 형식이다. 굉장히 재미있었다. 또 다른 춤은 서로 서로 새끼손가락을 걸어서 팔을 앞뒤로 흔들며 오른쪽과 왼쪽 번갈아 이동하는 춤이었다. 우리에게 춤을 가르쳐 주면서 뷸란트 교수님이 휴대폰으로 사람들이 다 같이 모여 추는 모습이 찍힌 동영상을 보여주었다. 간단한 춤이었는데 나한텐 어려웠다. 어렵긴 했지만 계속 추다보니 어느새 익숙해졌고 나도 같이 재미있게 출 수 있었다.

2016. 07. 19

낮에 뷸란트 교수님이 저녁 식사 후 공을 갖고 하는 터키 전통 놀이를 할 거라고 얘기해주셨다. 에미네와 오즈게는 영어를 거의 못해서 대부분의 대화는 뷸란트 교수님을 통해 하는 편이다. 저녁 식사 후 낮에 말했던 대로 공놀이를 했다. 두 가지 게임을 했다. 처음 한 게임은 주변에서 납작한 돌을 5~7개 정도 구해서 탑을 쌓아 놓은 뒤 시작한다. 두 팀으로 나뉘어 한 팀은 상대팀이 돌을 다 쌓기 전에 상대팀 전원을 공으로 맞춰 아웃시켜야 한다. 나머지 한 팀은 상대의 공을 피하며 돌을 원래 쌓여 있던 대로 다시 쌓아 놓으면 승리를 차지한다. 경기는 처음 시작할 때 돌을 쌓아 놓고 이 돌을 다시 쌓아야 되는 팀이 몇 발자국 떨어진 곳에서 공을 볼링공처럼 굴려서 돌무더기를 넘어뜨리면 그 때부터 시작이다. 별 것 아닌 것 같았는데 몇 번 하고 나니 땀이 비 오듯이 쏟아졌다. 계속 돌을 쌓는 쪽보다 공을 던져 아웃시키는 쪽이 이겼는데 그러다 한 번은 돌을 쌓는 쪽이 이기기도 했다. 경기는 한판이 끝나면 서로 공수를 교대해서 재대결하며 반복했다. 이런 게임을 처음 해봐서 적응이 잘 되지 않았지만 하다 보니 어느 정도 적응이 되어서 요령을 터득하게 되었다. 공을 던져 아웃시키는 팀이 어쩌다 실수로 공을 멀리 보내 버리게 되면 그 때가 돌 쌓기의 유일한 기회이다. 그 때 재빨리 쌓아서 완성시켜야 한다. 이 게임은 굳이 뛰어난 실력을 요구한 것도 아니기에 모두 다 같이 재미있게 즐길 수 있었다. 20분 정도 그렇게 뛰어다니며 게임을 하다 보니 다들 지쳤다. 그래서 다른 게임을 하기로 했다. 두 번째 게임은 공만 필요한 게임이었다. 양 팀으로 나뉘어 한쪽은 공을 던져 상대를 아웃시키고 나머지 한쪽은 공을 피하는 게임이다. 공을 던지는 공격팀은 주어진 선을 빙 둘러싸 공을 던지고 피하는 수비팀은 마지막 한명이 남을 때까지 공을 피한다. 한명이 남게 되면 이때부터 카운트가 시작되는데 총 10번을 아웃되지 않고 버티면 수비팀의 승리이다. 방금 게임과 마찬가지로 공격팀은 그 10번이 되기 전에 전원 아웃시키면 된다. 단 공을 던질 때 공이 무조건 땅에 한번 튕겨야 한다. 곧바로 공에 맞는다면 그건 무효로 처리된다. 게임 규칙을 듣고 나니 피구와 비슷하다는 생각을 했다. 다만 피구와 다른 점은 처음부터 공격과 수비를 정해서 수비하는 쪽은 아예 공을 던지지 못한다는 점과 공이 땅에 한번 튕겨야 한다는 점이다. 피구를 하는 기분으로 게임을 했다. 그런데 게임을 한 시간이 해가 다 진 밤이었다. 가로등 불빛에만 의존해 하니까 공이 잘 보이지 않아 공을 피하기 힘들었다. 그래서 게임이 지루한 감 없이 진행되었다. 오즈게가 피구와 비슷한 이 게임을 무척 잘 했다. 한참을 재미있게 하고 난 뒤 시간이 늦어 더 이상 그만하기로 했다. 모든 게 끝난 뒤 다 함께 차이를 마시고 잘자라는 인사와 함께 각자의 방으로 돌아갔다. 오늘 공놀이를 하며 레술로글루 현장에서 같이 지내는 사람들과 한층 더 친해졌다.

2016. 07. 21

저녁을 먹고 모두 함께 밖에 놓여있는 탁자에 모여 차이를 마시며 영화를 보았다. 영화 제목이 기억나진 않지만 스릴러 영화였다. 영화는 언어를 영어로 설정하고 자막을 터키어로 설정해서 봤다. 나는 영어를 잘 못해서 영화 보는 내내 살짝 지루했다. 영화를 보며 터키식 디저트도 즐겼다. 에미네와 오즈게가 직접 만들었다고 한다. 비스킷을 잘게 부숴 초코크림과 함께 반죽을 한 뒤 냉장고에 넣어 냉각시켜 만든 것이라 한다. 직접 만들어서 그런지 참 맛있었다. 터키 친구들이 음식을 직접 만들어 줬는데 우리도 보답으로 한국음식을 만들어 줄까하는 생각이 들었다. 디저트를 만들어준 친구들이 고마웠다.

2016. 07. 25

현장에서 일할 때가 가까워진 것 같다. 타이푼 교수님이 식사 시간에 조만간 작업을 시작할 것이라고 말씀하셨다. 오늘은 레술로글루 현장에 필요한 나무 울타리 기둥을 제작하는 작업을 옆에서 거들었다. 창고에 있던 나무를 타이푼 교수님이 전기톱으로 자르면 그 자른 나무들에 드릴로 구멍을 뚫는 일을 했다. 이 일도 뷸란트 교수님이 대부분 다 하셨지만 나도 조금은 거들었다. 이 일을 통해 드릴을 처음 사용해 보았다. 드릴 때문에 손에 떨림이 너무 심했다. 모든 나무들에 구멍을 뚫고 나니 손이 얼얼했다. 타이푼 교수님이 이제 드릴 뚫는 법도 알게 되었으니 앞으로 드릴 사용할 일 있으면 내가 다 해도 되겠다고 농담을 하셨다.

2016. 07. 27

레술로글루 현장 처음 일을 시작한 날이다. 이날 현장 일꾼들과도 처음 일을 하게 되었다. 일꾼들은 마을 주민들 중에서 몇 명이 일하러 오는 것이다. 따라서 일꾼들은 모두 레술로글루 마을에 사는 주민들이라 할 수 있다. 터키는 교육환경이 우리나라에 비해 상당히 열악하다고 한다. 따라서 이런 시골에 사는 사람들 중에는 제대로 교육받지 못한 사람들이 대부분이라고 한다. 그래서 그런지 현장에 일하러 갔을 때 일꾼들은 우리를 굉장히 신기해 했다. 처음 보는 외국인이라 그런 것 같다. 그들은 웃으면서 우리에게 살갑게 대해줬다. 터키어로 말해서 하나도 알아듣지는 못했지만 바디랭귀지로 기본적인 소통은 한 것 같다. 일꾼들이 우리에게 '캉카'라는 표현을 사용했는데 우리말로 번역하면 딱히 적절한 단어가 없지만 그 뜻은 터키식으로 친구를 지칭하는 표현이라고 할 수 있다.

2016. 07.

현장에서 일을 하던 도중 쉬는 시간이었다. 에미네와 오즈게가 한국어에 관심을 나타냈다. 그러면서 영어의 'Go'가 한국어로 무엇인지 물었다. 승주가 '출발'을 가르쳐 주었다. 그 이후로 항상 이 친구들은 쉬는 시간이 끝나면 '출발~'을 외치며 일하러 간다. 외국 친구들이 한국어로 말하는 게 재미있었다.

현장 일을 쉬는 날이었다. 점심을 먹고 앙카라대학교 친구들과 차이를 마시며 나무그늘 아래 의자에 앉아 몇몇 얘기를 나누었다. 레술로글루 현장 숙소에 지내는 동안 새로운 사람들이 몇 명 왔는데 그 중에 우리 또래로 보이는 학생도 한 명 왔었다. 이름은 '슬라'였고 대학교에 재학중이지만 앙카라대학교는 아니라고 한다. 슬라가 한국 드라마를 몇 개 봤다고 했다. 한국 연예인 중에 좋아하는 연예인 있냐고 물으니까 이민호를 좋아한다고 했다. 머나먼 타국에서 우리나라 연예인을 알고 있는 외국인을 직접 보니 신기했다. 또 우리는 터키 친구들에게 한국말도 몇 가지 가르쳐 주었다. 자기소개 인사법을 가르쳐주었다. 가르쳐 주고 나서 에미네가

'안녕하세요 제 이름은 에미네입니다.'라고 말을 했다. 다른 친구들 중에 특히 에미네가 한국어에 관심을 많이 드러냈다. 우리가 터키어를 빨리 배우고 싶어 하듯 이 친구들도 한국어를 빨리 배우고 싶어 하는 것 같아 좋았다.

2016. 08. 02

오후에 레술로글루 현장에서 알라카회위크 현장으로 이동했다. 오늘은 모두 현장을 옮기는 날이다. 나와 승주는 알라카회위크로 옮겨졌다. 저녁에 알라카회위크 숙소에 도착했는데 그곳에는 터키 학생들이 되게 많았다. 모두들 나와 승주를 보고 반갑게 맞아주었다. 다 같이 모여앉아 맥주를 마시고 있었다. 우리도 잠깐 합석해 가볍게 마셨다. 알라카회위크 기상시간과 일하는 시간, 식사시간에 대한 설명을 들은 뒤 방에 들어와 쉬었다.

2016. 08. 03

9시에 일어나서 아침을 먹은 후 현장으로 향했다. 이곳은 원래 오전 5시부터 일하지만 우리는 어제 밤에 도착했고 알라카회위크 현장은 처음이었기 때문에 교수님께서 오늘 하루만 배려해주셨다. 이곳 20명의 학생들 중 '메멧'이라는 이름을 가진 사람이 두 사람이 있었는데 그 둘을 구분하기 위해 큰 메멧, 작은 메멧으로 불렀다. 일을 하는 도중 작은 메멧이 노래를 가르쳐 주었다. 이 친구의 출신 지역은 '바이부르트'라는 곳인데 이 도시를 찬양하는 노래를 가르쳐 주면서 따라하라 그랬다. 그러고 일하며 이 노래를 불렀다. 노래부르며 일하다 보니 시간이 금방 갔다.

9시부터 1시까지 일하고 점심 식사를 마친 뒤 다섯 시에 티타임이 있었다. 그러나 나와 승주가 잠을 자느라 티타임에 가지 못했다. 자고 난 뒤 일어나니 6시가 조금 넘어 있었다. 급하게 티타임 장소로 갔는데 이미 티타임이 끝난 뒤였다. 그곳의 학생들 중에서 가장 나이가 많은 친구가 하루정도는 별로 문제가 없다며 괜찮다고 그랬다. 하지만 다음부터는 절대 빼먹지 말라는 당부도 잊지 않았다. 첫날인데 이런 모습을 보여줘서 미안했다.

　이곳 알라카회위크 현장은 그 전에 있었던 레술로글루와 달리 학생들이 많다. 이 현장을 운영하시는 교수님은 은퇴한 교수님이시다. 그래서 각 지방에서 대학을 다니는 다양한 학생들이 이곳에 있다. 흑해에서 온 학생들도 있고 지중해 근처 학교에서 온 학생들도 있었다. 앙카라대학교 학생은 한 명도 없었다. 약 20명 정도가 있는데 모두 활발한 성격에 한 명도 빠짐없이 각자가 굉장히 가깝게 지낸다. 이곳이 처음인 나와 승주에게도 먼저 다가와 서툰 영어로 말을 걸어주고 말이 잘 통하지 않지만 최대한 대화를 하려고 노력해줬다. 덕분에 이곳 생활에 빠르게 적응할 수 있었다.

2016. 08. 04
알라카회위크 현장은 금요일이 휴일이다. 다음 날이 휴일이기 때문에 알라카회위크 발굴팀은 매주 목요일 밤은 파티를 하며 특별하게 보낸다. 격식있게 옷을 갖춰 입고 평소에는 간단하게 저녁을 먹지만 오늘만큼은 푸짐하게 먹는다. 이슬람교인 사람들이 많기 때문에 고기는 닭고기를 먹는다. 이 날은 친구들끼리 서로 사진도 많이 찍는다. 다 같이 저녁 식탁을 차리고 가장 나이가 많으신 교수님께서 자리에 앉으셔서 시작을 알리면 그 때 파티가 시작된다. 이곳 터키 친구들은 목요일 저녁을 항상 기다리며 매주 엄청 기대를 한다. 저녁 식사를 하며 터키식 보드카를 마시거나 맥주를 마신다. 터키식 보드카는 40도의 독한 술이어서 물을 타 먹는 경우가 많은데 보드카에 물을 섞으면 색깔이 탁해지며 하얗게 변한다. 참 신기했다. 이번 주 파티는 조용하게 진행되었다. 평소라면 시끌벅적하

식사시간

게 노래 소리에 맞춰 춤도 추는데 오늘은 교수님이 노래를 틀라는 지시가 없어 평소와는 다르게 무난하게 시간이 흘러갔다. 밤 9시 30분쯤 교수님이 파티가 끝났음을 알렸고 다 같이 식탁을 치웠다. 식탁을 치운 후 현장에서 일을 같이 하는 친구들은 아쉬웠는지 노래를 틀고 춤을 췄다. 우리도 함께 터키식 춤 중 하나를 출 때 같이 끼어서 췄다. 기차놀이를 하는 것처럼 일렬로 줄지어 맨 앞사람이 하는 행동을 따라하는 것이다. 정말 재미있었다. 신발을 벗고 긴 식탁을 줄지어 한바퀴 돌기도 했다. 기차놀이도 하고 가운데서 다같이 모여 그냥 춤을 추기도 했다. 작은 메멧은 흥이 넘치는 친구였다. 음악이 나올 때 마다 작은 메멧이 우리보고 따라 추라고 하며 춤을 가르쳐 줬다. 작은 메멧이 추는 춤을 따라하며 나중에는 싸이의 강남스타일을 틀어놓고 춤을 추기도 했다. 이곳에 온 지 이틀째인데 오늘 같이 춤을 추며 이곳 친구들과 많이 친해졌다.

2016. 08. 08

8월 7일부터 터키CNN 방송국에서 다큐멘터리에 필요한 현장의 모습을 촬영하고 있었다. 8일 저녁에는 현장 사람들의 일 끝나고 난 뒤의 모습을 촬영한다고 한다. 다 같이 모여앉아 이야기 하는 모습을 찍었다. 알라카회위크에 있는 터키 학생들 중 노래를 굉장히 잘하는 친구가 있었는데 다 같이 이 친구의 노래를 듣는 설정이었다. 노래가 끝난 뒤 모두 박수를 쳤고 방송국 PD가 노래가 너무 좋다며 한번 더 부르는 모습을 찍어야겠다고 했다. 터키어라 모두 알아 듣지는 못했지만 무척 좋다는 말 하나는 들렸다. 그리고 한 번 더 찍는 것으로 보아 저렇게 말했을 것 같다. 노래가 모두 끝나고 마지막으로 승주가 작은 메멧과 함께 무스타파 케말 찬송가를 부르는 장면을 찍었다. 작은 메멧이 승주와 같이 연습해주고 불러주면서 긴장을 풀어주었다. 촬영에 들어가기 직전에 그 노래만 3번 연속 부른 것 같다. 그렇게 연습을 하고 촬영을 성공적으로 마쳤다. 외국인이

터키 CNN 팀과 함께한 티타임

케말 찬송가를 부르는 장면이 카메라에 찍히는 게 재미있었는지 주변 사람들은 너무 재미있어 하며 웃음을 머금고 촬영장면을 지켜봤다.

2016. 08.
알라카회위크에서 일하는 일꾼들 중에 내 또래의 젊은 친구가 한 명 있었다. 그 친구는 영어를 조금 할 줄 알아서 일하다 쉬는 시간에 몇 마디 나누었다. 내가 항상 일하는 중에 내 옆에 와서 덜 힘들게 할 수 있는 방법을 가르쳐 주었다. 일주일정도 알라카회위크에서 일하면서 부쩍 가까워지게 되었다. 나중에는 말은 잘 통하지 않지만 서로 편한 친구사이가 되었다.

2016. 08. 10
오후에 짐을 챙겨 오르타콰이로 출발했다. 오르타콰이로 현장을 옮기는 날이다. 저녁이 되어서야 오르타콰이에 도착했다. 그곳에 도착해 저녁을 먹었다. 오르타콰이에는 고고학 전공 교수님들 뿐만 아니라 지질학 전공 교수님도 있었다. 학생은 5명 밖에 없었다. 오르타콰이 현장에서는 일을 나가기 전 숙소에서 아침식사를 하는데 아침식사 준비를 학생들과 같이 했다.
　오르타콰이에 도착했을 때 한 가지 재미있는 상황이 일어났는데 알라카회위크에서 촬영했던 터키CNN 방송국 촬영팀이 오르타콰이에 있는 것이었다. 알라카회위크에서 작별인사를 한 뒤 헤어졌는데 오르타콰이에서 또 만난 셈이다. 그 사람들도 이 상황이 재미있었는지 우릴 보고 웃었다.

2016. 08. 15
오전 일만 하고 오후에 나와 승주는 그곳 학생들 중 한명인 '무스타파'와 함께 오르타콰이 발굴 현장 주변 이미 발굴이 끝나고 개방된 곳을 보러 갔다. 히타이트의 신전과 곡식창고, 시장을 둘러보았다. 알라카회위크의

오르타쾨이

유적과 마찬가지로 똑같이 돌로 건물을 만들었지만 알라카회위크의 하티 시기와는 조금 다르다는 느낌을 받았다. 무스타파는 영어를 그렇게 잘하지 못했다. 설명해주고 싶은 이야기는 많은데 그 이야기를 제대로 설명을 못해줘서 안타까워하면서 우리에게 미안해했다. 나는 터키어를 모르는 우리가 더 무스타파에게 미안했다. 그래도 무스타파는 스마트폰의 번역기를 사용 하면서 우여곡절 끝에 기본적인 것들은 우리에게 설명을 다 해주었다. 설명을 들으니 히타이트 문명이 상당히 조직적이고 체계적으로 되어 있었던 문명이었음을 알게 되었다. 무스타파와 함께 주변 유적을 둘러보며 기념사진도 찍었다.

2016. 08. 16

오르타쾨이는 화요일이 휴일이다. 낮에 근처 시장에 장을 보러 갔다. 시장을 터키말로 '바자르'라고 한다. 처음에 바자르에 간다고 했을 때 어떤

지명인 줄 알았는데 그냥 동네 시장에 가는 것이었다. 터키의 시장은 어떨까 하는 생각을 하며 갔다. 직접 가서 보니 우리나라와 별 차이가 없었다. 물건을 놓고 흥정하는 모습까지 보았다. 어느 나라 시장이든 그 풍경은 대부분 비슷할 것 같다. 터키 선생님들과 함께 시장을 돌아다니다 몇몇 상인이 나와 승주랑 사진을 찍고 싶다고 했다. 그들과 같이 사진을 찍어주고 나서 같이 온 친구들 중 한 친구가 우리에게 이제 너희들은 여기서 유명인사라는 식의 농담을 건넸다. 시장에서 각종 과일과 식재료를 산 뒤 숙소로 돌아와 휴식을 취했다.

장을 보고 온 뒤 휴식을 취하다 저녁 6시에 숙소에 있는 모든 사람들이 다 같이 야외로 소풍?을 떠났다. 장소는 오르타쾨이에서 얼마 떨어지지 않은 인제수 캐니언Incesu Kanyonu으로 갔다. 캐니언 말 그대로 그곳

| 트레킹

| 트레킹

은 협곡이었다. 우리말로 바꾸자면 인제수 협곡으로 바꿀 수 있겠다. 저녁 시간임에도 많은 사람들이 있었다. 그곳 협곡 사이에 강이 흘렀는데 이 강 가장자리로 협곡을 따라 트래킹 코스가 있었다. 협곡 앞 공원에 내려서 협곡 안쪽으로 쭉 들어가면 트래킹 코스 출발점이 나온다. 오르타콰이의 학생들과 함께 그 길을 걸었다. 주변 지역의 많은 사람들이 이곳에 산책하러 온다고 한다. 협곡이 꽤 커서 트래킹 코스를 다 돌고 오는데 약 한 시간정도 걸렸던 것 같다. 우리가 갔을 때가 해질 무렵이라 협곡사이로 들어오는 노을빛이 정말 예뻤다. 협곡 산책로를 다 걷고 난 뒤 그곳에서 저녁식사를 했다. 저녁은 간단하게 빵 사이에 토마토나 오이, 계란과 고기를 넣고 잼을 발라 샌드위치를 만들어 먹었다.

195

2016. 08. 18

오르타콰이에서 일주일을 마치고 다시 레술로글루로 돌아갔다.

2016. 08. 24

터키에서 지내는 시간도 얼마 남지 않았다. 레술로글루에 있는 사람들에게 우리나라 음식인 컵라면을 맛보게 해줬다. 다들 괜찮다며 먹을 만 하다고 얘기하며 먹었다. 그러다가 점점 꽤 맵다며 더 이상 못 먹겠다고 얘기했다. 우리가 가지고 있는 라면들이 모두 매운맛 밖에 없어 그 사람들에게 약간 덜 매운 라면을 보여주지 못해 조금 아쉬웠다. 또 번데기 통조림도 보여줬다. 한국사람들은 이걸 간식거리로 먹는 경우가 있다고 알려줬더니 다들 표정이 좋아보이진 않았다. 그 중 에미네는 경악을 했다. 하지만 뷰란트 교수님은 궁금하다며 맛을 봤고 이것도 꽤 괜찮다고 말해줬다. 유일하게 번데기에 도전한 교수님을 보며 나중에 다시 만나게 되면

친구들과 함께

꼭 다른 맛있는 한국음식을 사 드려야 겠다고 생각했다. 그리고 타이푼 교수님께는 만두를 꼭 사 드려야 겠다. 한국음식 이야기가 나올 때 마다 만두를 외치셨다. 한국에서 먹었던 음식 중에 만두가 가장 맛있었다고 한다.

에스키야파르의 안네

지예선

2016년 7월 12일 터키 발굴을 희망하는 10명의 학생들이 인천공항에 모였다. 설렘과 두려움이 오고 가는 분위기 속에 우리는 터키 행 비행기에 올랐다. 첫 날 교수님들과 함께 이스탄불을 경험했다. 우리 모두는 앞으로 펼쳐질 일들을 까맣게 모른 채 그렇게 관광을 만끽했다. 그러나 이튿날, 너무나 빠르게도 이튿날 우리는 2인 1조로 각자의 지역으로 헤어져야 했다. 그렇다, 우리가 터키에 온 이유가 관광이 아닌, '발굴'이었다는 것을 다시 한 번 상기시켜주는 순간이었다. 그렇게 3주후 트레이드를 기약하며 각자의 지역으로 흩어졌다.

처음 우리 팀의 지역은 초룸의 '에스키야파르'였다. 처음 앙카라에서 에스키야파르로 가는 날의 기억이 선명하다. 그 전날 우리는 퀼테페 팀과 작별 후, 남은 5명은 타이푼 교수님 댁에 초대를 받아 초룸으로 가기 전 하루를 그 곳에서 보냈다. 따뜻한 보살핌 속에 아침을 맞이하며 초룸으로 향했다. 그날 에스키야파르로 가는 길은 영원히 잊지 못할 것이다. 터키의 도로는 마치 서부영화에 나올 법한 광경이었다. 타이푼 교수님께서

처음 에스키야파르로 가는 도중 처음 피데와 아이린을 먹은 곳

직접 운전으로 데려다 주셨는데, 가는 길에 피데(터키식 피자)를 포장하고 차를 도로 옆 초원 쪽에 세우신 후 다 같이 차에서 내려 바닥에 앉아 먹었다. 한국에서는 느낄 수 없었던, 일상에서는 절대 경험 할 수 없는 자유로움, 그 자체였다. 그때 먹은 피데와 아이린의 맛은 그후에는 느낄 수 없었다. 내가 터키에서 경험한 피데와 아이린 중 그날의 맛이 최고였다고 단언한다. 당시에 느꼈던 아직 가보지 못한 현장에 대한 두려움, 터키의 낯설음, 그리고 아직은 친구들과 함께 라는 안도감까지 모두 생생하게 기억이 난다. 그렇게 나는 에스키야파르에 도착했고 나머지 3명의 친구들과도 작별했다. 이제 정말 오롯이 나와 나의 파트너인 정봉 선배 뿐 이었다. 그렇게 작별이라는 감정 속에서, 후에 나의 터키에서의 고향이 될 에스키야파르와 툰치 교수님을 만났다. 지금 생각하면 그때 그 순간은 만남과 이별이 교차한, 아이러니한 순간이다. 처음 툰치 교수님과 데릭 아주머니와의 만남을 한마디로 표현하자면 '따뜻함' 이었다. 지금도 그분들만 생각하면 터키에서의 모든 복잡했던 감정들이 쏟아져 나온다. 그분들은 나의 또 다른 아버지, 어머니였다고 말할 수 있겠다.

그렇게 에스키야파르에서의 첫날이 저물어갔는데, 그날 저녁 식사 때 나와 선배의 터키이름이 만들어 졌다. 터키사람들에게 우리의 이름을 말해주었을 때 모두 하나같이 발음을 힘들어해서 그냥 한글자로 줄여서 소개했었는데, 선배와 나는 이름의 끝 글자를 따서 선배는 Bong, 나는 Sun 이었다. 실제 내 여권에 찍힌 영문이름이 sun 이었기에 그대로 설명했는데, 툰치 교수님께서 우리 현장에 '태양'이 왔다며 매우 좋아하셨다. 그리고 나에게 '태양'은 터키어로 '규네쉬güneş' 라고 하시며 두 가지 이름을 주셨다. 이 날 이후 나의 터키이름은 규네쉬와 썬이 되었다. 낯설음과 두려움 그리고 친구들, 교수님들과 처음 떨어져 버린데서 오는 허전함 속에서 잠에 들었다.

에스키야파르에서의 현장은 우리가 도착하고 일주일 뒤에 작업이 시작되었다. 현장에서 가장 편한 시간을 보냈던 그 일주일에 대해 말하자면 먼저, 그 일주일 중 하루, 툰치 교수님께서 우리를 알라카회위크에 데려가 주셨다. 그곳에서 초룸 박물관과 야외 현장까지 모두 견학 할 수 있었는데, 터키어를 모르는 우리를 위해 교수님께서 친절하게 하나하나 전부 영어로 설명해 주셨다. 견학을 마치고 알라카회위크 앞에 위치한 카페에서 식사를 했는데, 그때 데릭 아주머니께서 나와 선배에게 목걸이를 선물해 주셨다. 교수님과 우리가 견학하는 동안 목걸이를 골랐을 나의 '안네(터키어로 어머니라는 뜻이다)'의 애정이 아직도 그 목걸이를 보면 느껴진다.

데릭 아주머니의 선물

이쯤에서 에스키야파르의 식구들을 소개하고 넘어가야 할 것 같다. 에스키야파르에는 우선 툰치 교수님과 교수님의 부인이시자 나의 안네인 데릭 아주머니, 그리고 집안의 모든 일을 담당해 주시는 만능맨인 제이날, 유쾌하고 소녀의 감성을 지니신 오즈널 조교님(참고로 이분은 배우 이민호의 광팬이시다), 나의 언니 아이차, 나의 룸메이트인 담라와 정봉 선배의 룸메이트인 폴칸, 그리고 나중에 들어온 사랑스러운 제이넵, 공무원으로 와 계신 또 다른 데릭 아주머니와 그의 아들인 제이훈이 있다. 모두 나와 선배의 가족들이며 툰치 교수님의 말을 빌리자면 우리의 에스키야파르 팀이다.

평화의 일주일 중 또 다른 하루는 신라면 파티가 이루어진 날이다. 그날도 거실에 나와 모두와 이야기하던 중, 터키 친구들이 우리에게 한국 음식에 대해 질문을 해왔다. 특히 한국 드라마의 광팬이신 오즈널 조교님이 라면과 소주에 대해서 무척이나 궁금해 하셨다. 순간 나와 선배는 우리가 한국에서 가져온 컵라면들이 생각났다. 그래서 컵라면을 가지고 나와 모두에게 제조해 신기해 하는 터키 친구들에게 자신 있게 내주었는데, 아니나 다를까 땀을 뻘뻘 흘려가며 매워 했다. 한 번도 경험해 보지 못한 뜨겁고, 매운 맛이라고 했는데, 생각보다 잘 먹어주어서 놀랐다. 그렇게 라면 소동이 한차례 일어난 후 에스키야파르 식구들의

| 컵라면 파티

한국 음식에 대한 관심이 높아졌었다.

　터키에서 나에게 강렬한 인상을 남긴 것 중 하나가 바로 터키 전통 커피점이었다. 터키식 커피를 마신 후 잔에 남은 커피 찌꺼기를 접시에 엎고, 그 잔에 남은 모양을 해석해서 미래를 보는 것이다. 에스키야파르에는 두 명의 담라가 있었는데, 우리는 그들을 큰 담라와 작은 담라 혹은 담라와 담라미고 라고 불렀다. 그 중 작은 담라의 특기 중 하나가 커피점을 보는 것 이었다. 아침 식사 후 작은 담라가 우리에게 커피점을 봐준다고 했다. 커피를 다 마시고, 잔을 엎은 후 세 번 돌리는 데 이때 정신을 집중해야 한다. 담라는 나에게 향후 6개월간의 미래를 봐 줄 수 있다고 했는데, 그 시간동안 매우 바쁘고 빛나는 시간을 보낼 거라고 했다. 그리고 항상 사람들에 둘러싸여 있으며 가장 중요한 것은, 남자친구가 생길 거라고 했다. 이 말을 가장 믿고 싶었으나 정봉선배에게 굉장히 예쁜 여자친구가 생긴다고 하여 점에 대해 크게 믿지 않기로 했다.

　아, 그리고 이쯤에서 터키 다녀왔다고 하면 항상 받는 질문이었던 군사 쿠데타에 대해 이야기하자면, 그날은 터키 시간으로 새벽이었고 모두 잠에 들었던 시간이었다. 잠자던 도중, 핸드폰 진동이 자꾸만 울리기에 폰을 끄고 잤고 다음날 아침 핸드폰을 확인하고 바로 가족들에게 전화를 해야 했다. 엄마는 받으시자마자 어디냐, 괜찮냐 물으셨다. 하지만 우리가 있던 초룸은 정말 평화로웠고, 쿠데타가 일어난 나라에 있다는 것도 한국에서 온 연락들을 통해 알게 되었을 정도였다. 엄마께 잘 설명 드리고 아버지와 통화하려 했지만, 우리 아버지는 쿨하게 안 받으셨다. 남들은 모두 걱정했던 그날은 아침식사를 하면서 에스키야파르 식구들과 같이 뉴스를 보며 쿠데타에 대해 이야기한 게 전부였다. 그리고 나중에야 들은 얘기지만, 조교님께서 한국에 계신 부모님들이 걱정하실까봐 10명의 부모님께 모두 전화를 드렸는데, 우리 아버지만 받으시자마자 "걱정 안 해요~ 안 합니다." 라고 하셨단다.

7월 23일, 드디어 터키에서의 첫 발굴이 시작되었다. 현장마다 일정이 약간 씩 다른데, 에스키야파르는 오전 6시에 현장에 도착해 작업을 시작하고 9시에 현장에서 아침을 먹는다, 그리고 12시에 점심을 먹고 3시에 일이 끝난다. 처음 에스키야파르 현장에 나갔던 날이 생각난다. 터키의 새벽과 아침은 매우 춥다. 항상 나는 아침 5시반 알람이 울리면 어김없이 몸은 움직이지 않는다. 10분만… 1분만…을 생각하다가 45분이 되어서야 부랴부랴 일어나 작업복을 입고 뛰어나갔었다. 하지만 처음 현장에 나가던 그날은 정확히 5시에 눈이 떠져 한참을 앉아있었던 기억이 난다. 그날 나는 현장의 화려한 유적에 놀랐었다. 그 큰 유적이 화려함을 간직한 채 남아있었고 발굴 진행 중이었으며, 그리고 내가 곧 그 발굴에 참여할 것이라는 생각에 가슴이 벅찼다. 처음 나와 정봉 선배는 C 구역으로 배정받았는데, 그곳은 아이차가 발굴을 해오던 구역이라고 했다. 아이차는 나에게 언니와 같았는데, 그곳 C구역에서 우리는 수많은 이야기와 추억을 나누었다. 서로에게 의지하며 버티던 공간이었던 우리의 C 구역이 아직도 눈에 아른거린다. 처음 C구역을 보았을 때와 떠나기 전 마지막으로 보았던 때의 느낌은 사뭇 달랐다. 처음의 낯설음은 끝으로 가 아쉬움으로 남았고, 현장에서 의지가 되었던 서로가 되었다. 아이차는 그곳에서 나와 선배에게 많은 것을 알려주었다. 한국 발굴현장과 사용하는 도구는 크게 다르지 않았지만 수습 방법에 있어서 약간의 차이가 있었다. 교수님과 조교님은 현장에 대해 자세하게 설명해 주셨고, 에스키야파르에 대해 직접 경험하며 배울 수 있었다.
　이렇게 일주일간의 현장 작업이 있은 후 고대하던 첫 휴일이 되는 날이었다. 그날 우리는 에스키야파르 식구들과 보아즈쾨이, 히타이트의 옛 수도인 하튜샤를 방문했다. 하튜샤 유적지는 생각했던 것 이상으로 굉장히 넓었고, 고대 문명을 잘 간직하고 있었다. 그날도 어김없이 교수님은 우리에게 친절히 하나하나 세세하게 설명해 주셨는데 터키어로 한번, 터

히타이트 방문

키어를 모르는 우리를 위해 영어로 또 한 번 더 설명해 주셨다. 교수님께서 하튜샤의 성 바닥에 난 문 자국을 설명해 주시면서 이문을 지나면 우리는 기원전 고대의 히타이트로 돌아가는 것이라고 농담을 하셨다. 그 말을 듣는 순간 기분이 묘했다. 과거를 들여다보고 읽어내는 고고학의 매력에 대해 다시 한 번 생각해 볼 수 있는 기회였다.

 여기서 잠깐 고된 현장 일을 버티게 해준 요인을 꼽자면, 단연 데릭 아주머니의 케이크가 아닐까 싶다. 나의 터키 생활에 활력과 희망을 불어 넣어준 티타임 때마다 나오던 데릭 아주머니의 수제 케이크는 그 어디에서도 맛볼 수 없다. 케이크 이야기가 뜬금없지만 케이크에 얽힌 일화를 이야기하기 위해서다. 처음 2인 1조로 배정 받은 학생들을 3주 뒤에 트레이드하기 하루 전날이었다. 그날의 에스키야파르는 나와 선배가 다음날 떠날 것이라는 생각에 모두 침울해 하고 있었다. 나도 선배도 모두 나의 집을 떠나야 한다는 생각이 들 정도로 정이 들어 버렸었다. 그날 에스키

207

쉬는 시간의 에스키야파르 친구들

야파르에서의 마지막 저녁이라는 생각을 하며 식사를 했고, 어김없이 아주머니의 케이크가 나올 차례였다. 케이크가 나왔고, 나와 선배는 감동에 휩싸였다. '구정봉', '지예선'. 케이크 위에 나와 선배의 한글 이름이 적혀 있었다. 너무 놀라서 눈물이 나올 뻔 했다. 모두 우리를 위해 깜짝 이벤트를 준비해 준 것 이었다. 가만 생각해보니 하루 전날 제이훈이 우리의 한글 이름을 적어 달라고 했었던 것이 생각났다. 이 이벤트를 위해 낯가림이 있던 제이훈이 우리에게 한글 이름을 물어본 것, 아이차가 특별히 케이크를 만들어 준 것, 그리고 담라와 풀칸이 우리에게 부엌 근처에 못 오게 했던 것들이 다 생각나며 순간 터져 나오는 웃음을 참지 못했다. 모두 너무 순수하고 예쁜 사람들이었다. 현장에서 만나 같이 동고동락하며 지냈던 지난 한 달이 생각났다. 어디에서 또 이 같은 순수한 만남이 있을 수 있을까. 그날 밤은 나에게 영원히 기억될 것이다.

영원히 오지 않을 것 같았던 트레이드의 순간이 다가왔다. 8월 2일,

우리 10명의 한국 학생들은 다시 한자리에 모였다. 너무나 그리웠던 나의 친구들을 맞이한다는 생각에 차 소리만 나면 창밖을 쳐다봤던 것 같다. 그리고 퀼테페에서, 레술로글루에서, 알라카회위크에서 하나 둘 나의 친구들이 모이기 시작했다. 모두 각자의 지역에서 낯설음을 이겨내고 고된 현장 일을 버텨냈을 것을 생각하니 마음이 뭉클했다. 즐거운 저녁식사 자리 후 교수님들께서 드디어 트레이드의 결과를 발표했다. 먼저, 승현선배와 현석선배네 팀은 퀼테페로 이동, 요빈이와 정미네 팀은 레술로글루로 이동, 지은이 지연이네는 오르타쾨이, 승주 주석이네가 알라카회위크로 결정이 났다. 그리고 놀랍게도 나와 정봉선배는 또 다시 에스키야파르였다. 순간 아이차와 제이넵이 환호의 웃음을 지었던 것이 떠오른다. 나와 선배도 우리의 집을 떠나지 않는 다는 생각에 기뻐했다. 툰치 교수님께서 "we are Eskiyapar team!" 이라고 조그맣게 얘기해 주셨다. 잠깐의 만남 후 우리 10명은 또 다시 작별을 해야 했다. 각자의 지역으로 흩어져 또다시 3주를 견뎌내야 한다. 새로운 곳으로 떠날 친구들을 배웅해 주었다. 친구들을 보내고 참았던 눈물이 터졌었다. 지금 생각하면 참 주책스럽지만, 그때는 한국에 대한 그리움과 향수가 강했던 것 같다.

    트레이드 이후 또 다시 현장은 시작되었고, 모두 우리가 떠나지 않는다는 것에 기뻐해주었다. 그러나 그 기쁨은 그리 오래 가지 않았다. 일주일 후 8월 10일, 여느 때와 같이 현장에 나가 작업을 했고, 아침을 먹는데 교수님께서 갑작스러운 슬픈 소식을 전하게 되었다고 하셨다. 나와 정봉선배가 알라카회위크로 이동해야 한다는 소식이었다. 교수님께서 우리를 다른 곳으로 보내고 싶어 하시지 않으셨고, 우리 또한 에스키야파르가 너무 좋았기 때문에 저번 이동 때 우리 팀만 바뀌지 않았었다. 그러나 비자문제로 우리는 반드시 알라카회위크를 일주일 이상 거주해야 했다. 갑작스런 소식에 에스키야파르 친구들과 조교님, 교수님, 현장 분들 모두 슬퍼했다. 생각지도 못한 작별이었다. 모두와 작별인사를 마치고 정미, 요빈 팀과 트레이드를 했다. 실감이 나지 않아 어벙벙 했는데 제이넵과 아이차의 눈물을 보니 정말 이곳 에스키야파르를 떠나는 것이 그제야 실감이 났다. 나의 에스키야파르 식구들을 다시 만날 수 있기를 기도 하며 차에 올랐다.

　알라카회위크에서 주석, 승주 팀을 보내고 숙소 안내를 받았다. 소규모의 가족 같은 분위기였던 에스키야파르와는 확연히 다른 분위기였다. 학생 수도 많고 단체 숙소 생활을 한다. 나는 나포함 8명의 여 학우들과 같은 방을 사용하게 되었다. 당시의 상황은 한마디로 '갑작스러움' 이었다. 알라카회위크 친구들에게도 우리가 온 것은 갑작스러운 일이었다. 모든 것이 소란스러웠고 낯설었다. 그날 내가 쓴 일기를 보자면 '아직 매우 낯설지만 내일 현장을 나가고 하다보면 금방 적응을 할 수 있을 것이라 믿는다.' 라고 적혀있다. 그때의 일기를 보니 그날 밤, 새로운 숙소에 새로운 침대에 누워 그제 서야 에스키야파르와 작별했다는 것을 깨달았다는 것과 새로운 곳에서 새로운 사람들을 만날 것이라는 두려움과 설렘을 알았을 때의 기분이 생각난다. 오묘한 복잡한 감정이 휩쓸고 지나간 밤이었다.

알리카회위크

알라카회위크에서의 생활은 당연히 에스키야파르와는 달랐다. 오전 5시에 현장 작업이 시작되어, 9시에 아침 식사, 11시 30분에 음료수 타임, 1시 30분에 작업이 끝나고 점심을 먹는다. 5시에 티타임과 7시의 저녁식사가 끝나면 하루 일과가 끝났다. 이곳은 위 지표면은 히타이트, 그 아래는 이른 청동기시대 층이 발굴 중이다. 오늘 우리는 얼리 브론즈 현장 작업에 참여했다. 알라카회위크에서의 첫 현장 작업은 흙 속의 자기파편을 수습하는 것 이었다. 에스키야파르에서 하던 작업 보다 비교적 수월

한 것 이어서 크게 힘들지 않았다. 예전, 툰치 교수님과 박물관과 유적지 견학 차원에서 왔던 곳을 발굴하니 기분이 묘했다. 발굴 도중 방문객들이 드나드는 모습도 신기했다. 발굴 현장을 사람들에게 개방해두고 그 밑의 지층을 발굴하는 시스템도 신기했다. 알라카회위크에서의 처음 현장 작업을 하면서 그곳 친구들과 친해졌

알라카회위크 친구들

는데, 나와 선배의 이름을 소개하자 사람들이 어김없이 현장에 규네쉬가 떴다며 환하게 웃어주었다. 다시 한 번 더 나의 이름이 마음에 든 순간이었다.

　매주 목요일 저녁, 알라카회위크에서는 파티를 한다고 한다. 그리고 때마침 우리가 처음 알라카회위크의 발굴을 시작한 날이 목요일이었다. 해서 일과를 마치고 누워서 쉬던 나는 매우 당황스러웠다. 밖에서 누군가 나를 불러 나가보니, 큰 메멧(알라카회위크에는 두명의 메멧이 있는데, 큰 메멧과 작은 메멧으로 불린다)과 을름이 나에게 오늘은 파티라 예쁘게 꾸며야 한단다. 이곳 방침이라며 꼭 그렇게 해야 한다 길래 터키에서 영원히 안 입을 줄 알았던 예쁜 옷을 꺼내 입었다. 또래 아이들과 다 같이 모여 이런 식의 파티를 하는 것은 처음이었다. 파티가 시작되었고 다 같이 건배도 하고 돌아가며 노래도 불렀다. 특히 무슈라의 노래는 정말 최고였다. 그리고... 두려워하던 '강남스타일 신고식'이 돌아왔다. 이 곳에

지냈던 승현 선배와 현석 선배네 팀, 승주와 주석이네 팀 모두 이 신고식을 거쳤다고 했다. 울며 겨자 먹기로 우리도 무사히(?) 신고식을 마치고, 다 같이 춤을 추고 노래도 부르며 파티를 마무리 했다.

그리고 그날 유성관측이 육안으로 가능한 날이었다. 파티가 끝나고 몇몇 모여 마당에서 유성을 보려고 기다렸다. 항상 느끼는 거지만 터키의 하늘은 정말 맑다. 내가 보아온 하늘 중 터키에서의 하늘이 가장 맑고 깨끗하다고 말할 수 있다. 그래서 유성관측도 너무 기대되었다. 태어나서 한 번도 별이 떨어지는 모습을 본적이 없었기 때문에 꼭 한 개라도 보고 싶었다. 그런데 정말로 거짓말처럼 별이 떨어졌다. 새까맣게 맑은 하늘에 반짝이는 별이. 너무 놀라서 얼른 소원을 빌었다. 그리고 그 소원이 이루어지기를 또 한 번 빌었다. 터키에서 정말 많은 경험을 했지만 그때의 신비로움은 아직도 최고로 손꼽힌다.

알라카회위크에 휴일이 찾아왔다. 아침 식사 후 자유시간을 가지며 그렇게 한가롭게 저녁 식사까지 마치고 방에 들어왔는데 나의 룸메이트들인 친구들이 갑자기 "위 고 웨딩!"이라며 내 손을 잡아 끌었다. 알고 보니 어제부터 마을 전체에 울리던 북소리, 음악 소리가 결혼식 피로연 소리였던 것이었다. 그 결혼식 피로연에 초대되어 알라카회위크 친구들과 함께 놀러갔다. 그리고 그들과 함께 터키 전통 춤인 Halay dance를 췄다. 할라이 댄스는 전에 에스키야파르에서 오즈널 조교님께서 잠깐 알려 주신 적이 있었지만, 이렇게 직접 결혼식에서 다 같이 출 기회가 올 것이라곤 상상도 못했었다. 터키에서는 결혼식에 이렇게 모든 동네사람들이 다 같이 모여 축제를 열며 춤을 춘다고 한다. 맥주도 마시고 불꽃놀이도 보며 흥이 넘치는 터키 전통 결혼식을 경험했다. 낯선 타지인인 우리를 모두 기쁘게 맞이해주고 같이 춤을 추자며 이끄는 사람들을 보니 마음이 따뜻해졌다. 비록 신부도 신랑도 모르지만 마을 사람들이 모두 모여 이렇게 자신들의 잔치마냥 기뻐해주는 것을 보니 신기하고, 또 너무 좋았다. 초룸 사람들은 참 순수하고 착한 것 같다는 생각을 했다. 이곳 초룸에서의 추억, 이곳의 사람들을 평생 잊지 못할 것이다.

　알라카회위크 친구들은 다음날 현장에 나가야하더라도 축제와 파티를 재미있게 즐길 줄 알았다. 한국이나 터키나 우리 또래의 아이들은 다 비슷하다는 생각이 들었다. 우리가 다음날 아침에 강의가 있고, 과제가 있더라도 늦게까지 젊음의 문화를 즐기는 것과 같지 않을까. 이곳 친구들은 참 열정이 넘치는 친구들이었고 쾌활하며 활기찼다. 하루는 작업을 마치고 그날 밤에 다 같이 모여 축구 응원을 하기로 한 적이 있었다. 베식타스와 갈라타사라이의 경기였다. 교수님을 포함해서 모두 이 축구 경기에 엄청난 관심과 열정을 갖고 있었다. 저녁식사 시간부터 모두 어느 팀이 이길지 내기를 했다. 우리는 두 팀 다 모르는 팀이라 어느 쪽을 응원해야 하나 했는데 알리 호잠과 돌구 호잠께서 우리에게 알라카회위크는 무조건 백시타스다! 라고 하셨다. 그래서 우리도 백시타스를 응원하는 응원가를 함께 불렀는데, 큰 메멧이 세상에 다시없을 슬픈 표정으로 "oh... my heart broken"이라며 슬퍼했다. 표정만 보면 세상 무너진 줄 알았을 것이다. 알고 보니 그 친구 혼자 갈라타사라이의 팬이었다. 그 친구는 마치 믿었던 친구의 배신을 본 것 같은 표정이었다. 경기가 과열되자 내일 현장 시작 시간도 늦추었다. 축구에 대한 열의가 엄청났다. 결과는 큰 메멧 혼자만 좋아할 수 있는 결과였다. 4대 1로 갈라타사라이가 승리를 거뒀다. 메멧은 혼자 의기양양한 표정이었는데, 다행이라고 생각했다. 메멧이 혼자 응원한 팀이 지기라도 한다면 백시타스를 응원한 나와 선배가 너무 미안했을 것이다.

　터키 친구들과 한 번 더 동질감을 느낀 계기가 또 있었다. 현장 출근 전, 눈을 뜨는 순간 밖에서 빗소리가 들렸다. 설마 하는 마음에 밖을 확인하니 비가 오고 있었고, 나를 포함한 8명의 여자애들은 일제히 기쁨의 소리를 지르며 얼싸안았다. 그리고 "sleep! sleep!"을 외치며 환하게 웃던 에미네의 얼굴을 잊을 수가 없었다. 다시 눈을 감으며, 국경을 넘어선 동질감을 느꼈다.

알라카회위크 하면 떠오르는 것은 역시, 히티 카페의 샌드위치가 아닐까 싶다. 내가 그 샌드위치를 알게 된 것은 을름과 오즈게 덕분이었다. 어느 날 을름과 오즈게가 같이 숙소 밖으로 맛있는 것을 먹으러 가자고 했다. 나와 선배는 친구들을 따라 현장 앞에 위치한 히티 카페를 갔는데, 그곳의 샌드위치는 굉장히 맛있었다. 당시 일기에 "알라카회위크를 떠나서도 잊지 못할 것이다." 라고 기록할 정도였으며, 사실이 되었다. 지금도 생각이 난다.

알라카회위크에서의 가장 힘들었던 작업 날을 꼽으라면, 나는 주저 없이 알라카회위크에 초룸 정치인이 방문했던 날을 선택할 것이다. 그날은 모두 분주했다. 현장일은 크게 다르지 않았지만 1시 반이면 끝났을 작업이 그날은 5시까지 지속되었다. 그동안 한 쪽에 쌓아 두었던 흙더미를 평평하게 펴, 마치 바닥인 것처럼 보이게 하는 작업을 했다. 처음에는 이게 무슨 바보 같은 짓인가 했지만, 이유를 들어보니 이해가 갔다. 초룸의 통치자가 방문하기 때문에 그에게 발굴현장의 흙더미를 보여줄 수 없는데, 하필이면 그날 트렉터가 고장 나서 흙을 밖으로 운반할 수 없었기 때문이었다. 그 이유를 듣고 참 해외 어딜 가도 사람은 다 똑같다는 생각을 했다. 그날 터키의 현장 작업시간이 일찍 시작하고 일찍 끝나는 것에 대한 이유를 몸소 체험했다. 터키의 현장 작업시간이 한국과 다르게 새벽에 시작해서 일찍 마치는 이유는 오후에는 햇볕이 강렬해 지기 때문이다. 터키의 기온은 항상 30도 후반이며 40도 가까이 올라간다. 오후 5시까지 터키의 햇볕을 맞이해보니 새벽 작업은 참 현명한 작업 시간이라고 생각했다.

또 하나 기억에 남는 일이 있다. 여느 때와 같이 현장에서 작업을 하던 중이었다. 그때 나의 파트너 정봉선배가 나를 구박하고 있었고 그걸 보던 메멧이 "No,nono! Bong, girl is rose!"라고 외치며 나를 구해주었는데, 세상 참 따뜻하다고 느꼈던 사건이었다. 살면서 저런 말을 직접 내 두 귀로 들을 날이 올 줄은 꿈에도 몰랐다. 이후에 한국에 돌아와 터키에서 있었던 일에 대해 얘기해 줄 때 항상 이 이야기가 가장 큰 호응을 얻었었다.

발굴 현장이라는 특수한 환경에서 같이 고생하고 힘을 북돋아 주던 친구들은 그 기간과 상관없이 서로에게 특별해 진다. 서로 언어도 다르고 인종도 다르고 사상, 문화도 모든 것이 다르지만 같이 고생하며 같은 공간과 시간을 공유한다는 것은 서로를 특별한 존재로 만들어 주는 마법과 같은 작용을 한다. 알라카회위크를 떠나던 날 이 사실을 깊게 깨달았다. 열흘 동안 우리는 이미 서로를 이해하게 되었고, 현장에서의 의지와 협심이 우리를 끈끈하게 해주었다. 나와 선배가 알라카회위크를 떠나던 날 큰 메멧은 나에게 자신의 첫 번째 코리안 시스터라고하며 아쉬운 마음을 전했고, 에브로는 나에게 아테네 여신 조각을 선물해 주었고, 을름은 자신의 티셔츠를 선물해 주었다. 그리고 차에 탄 나에게 을름은 "everything gonna be alright"라고 작게 말해 주었다. 이건 나와 을름만의 이야기인데, 그 전날 밤, 나와 을름은 밤늦게 까지 대화를 나누었다. 을름은 나에게 한국에 대한 이야기를 물었고, 나는 을름에게 내가 느낀 터키에 대해 이야기해주었다. 그리고 을름은 자신의 많은 여행담을 들려주었고, 서로 미래와 가치관에 대해 이야기했었다. 을름은 미래에 대해 많은 걱정과 두려움을 갖고 있는 나에게 "everything gonna be alright"라고 말했다. 자신이 좋아하는 노래 제목이라고 한다. 노래 제목이었고, 노래가사도 나와는 상관없었지만 저 말이 너무나도 마음에 와 닿았다. 모든 게 잘 될 거야, 모든 건 잘 흘러갈 거야라고 말해 주고 싶었던 을름의 마음이 나에게 그대로 전달되어 왔다. 지금도 가끔 불안해 질 때면 저 말을 생각하며 스스로를 다독이게 된다.

그렇게 눈물의 이별을 마친 후 다시 못 볼 줄 알았던, 에스키야파르로 돌아왔다. 다들 마치 돌아 와야 할 가족들이 돌아온 것처럼 우리를 맞이해 주셨다. 툰치 교수님, 데릭 아주머니, 오즈널 조교님에 아이차가 있었다. 아쉽게도 담라와 풀칸, 제이넵은 집으로 돌아간 뒤였다. 그러나 나의 단짝 친구들 요빈이와 정미가 함께했다. 드디어 꿈에 그리던 요빈이, 정미와 함께 지낼 수 있게 되었다. 그날은 나와 선배의 환영 파티가 있었다. 마당에 나와 다같이 고기도 구워 먹고, 여느 때 보다도 푸짐한 저녁 식사를 했다.

이후 요빈이, 정미 팀과 지은이, 지연이 팀의 트레이드가 한 번 더 있었고 무사히 터키에서의 생활이 끝나가고 있었다. 그러던 중 떠나기 몇일 전쯤 오즈널 조교님의 다리가 부러지는 일이 발생했다. 평소 상당히 활발하던 조교님께서 발이 미끄러지면서 깁스를 하게 되었다. 병원에 갔다가 집으로 돌아온 조교님의 깁스에 모두 낙서를 해주었는데, 조교님이 너무

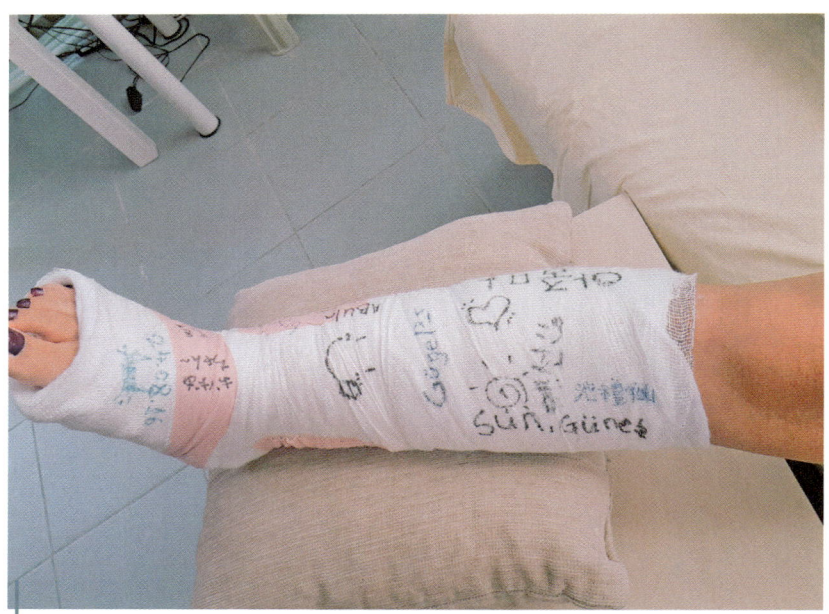

한류팬인 오즈널 조교님의 발깁스

에스키야파르로 돌아 온 나와 정봉선배의 축하파티

좋은 말만 하면 누군가의 질투심에 화를 입는다는 속담이 터키에 있다고 알려 주셨다. 그래서 정봉선배가 조교님에게 '아줌마' 라고 적어 주었는데, 평소 한류에 지대한 관심을 가지고 계시던 조교님은 그 말뜻을 이해하시곤 바로 웃으셨다. 그리고 조교님은 그날 바로 그 속담에 따라 칭찬을 피하기 위해 인스타그램을 접으셨다고 한다.

이렇게 시간이 지나 정말로 오지 않을 것 같았던 한국으로 돌아가는 날이 다가왔다. 나는 에스키야파르 식구들에게 선물을 하고 싶어 내가 가지고 있는 것들 중 최대한 골라 보았다. 우선 나의 안네, 데릭 아주머니께는 평소 더위를 잘 타시기에 내가 평소 들고 다니던 한국 전통부채와 스카프를 드렸고, 한국문화에 관심이 너무나 많으신 오즈널 조교님께는 마스크 팩을 드렸다. 그리고 나의 언니 아이차에겐 내가 항상 하고 다녔던 목걸이를 선물했다. 처음에 아이차는 너무 귀한 선물이라며 받을 수 없다고 했다. 그러나 나는 그 목걸이에 대해 우리언니가 나에게 준 것이고, 아

| 에스키야파르로의 출근길

에스키야파르로의 하늘

이차 너 또한 나의 언니이기 때문에 이것을 주고 싶다고 말했다. 그러자 아이차는 자신의 팔찌를 풀러 나에게 주었다. 그 팔찌는 아이차의 동생이 아이차에게 직접 만들어 준 것이라고 했다. 이렇게 서로에게 가장 소중한 것들을 교환하며 서로 그동안의 같이 견뎌냈던 날들을 생각하며 펑펑 울었던 기억이 난다. 나는 그 팔찌를 지금 까지도 하루도 빼지 않았다. 이글을 쓰는 지금도 내 손목에 팔찌가 있다. 항상 몸에 지니며 아이차와 그날 나누었던 이야기들을, 서로 했던 미래에 대한 다짐들을 되새긴다. 현장에서 항상 나를 돌봐 주었고, 지켜 주었고, 가르쳐 주었던 친구이자 언니를 나는 평생 기억 할 것이다.

　에스키야파르를 떠나는 그 날 아침에도, 안네는 내가 평소 좋아하던 에리키를 가는 길에 먹으라며 챙겨주었다. 낯설음으로 시작했던 터키 발굴은 어느새 아쉬움과 그리움으로 마무리 되었고, 그렇게 우리는 터키를 떠났다.

내 인생의 터닝포인트 : 터키 해외 발굴

구정봉

이번 터키 해외 발굴은 나에게 터닝 포인트가 되지 않았나 싶다. 이번 발굴은 발굴에 대한 경험은 물론 사람과 사람에 대한 이해를, 가치관을 알려 주었다. 히타이트의 역사와 유적을 직접 눈으로 보고 배울 수 있었고, 이는 고고학도로서는 매우 특별하고 귀한 기회가 아니었나 싶다. 기원전 고대 중앙 아나톨리아 반도의 지층을 한눈에 확인해 볼 수 있었던 경험은 누구도 쉽게 가질 수 없을 것이다. 또한 히타이트의 유물들을 직접 수습해보고, 분류해 보았으며 역사를 현장에서 배웠다. 과거를 열어보고 읽어 내야 할 고고학이 무엇인지에 대해 생각해 볼 수 있었다. 또한 새로운 도전에 대한 두려움도 극복 했다. 다음번엔 어떤 도전도 망설이지 않고 할 수 있을 것이다. 부딪히지 않으면 얻을 수 있는 것은 아무것도 없다는 것이 또 하나의 깨달음이 되었다.

그러나 가장 크게 얻은 것은 무엇이었을까. 문화도 종교도, 언어도 사상도 모든 것이 다른 사람들이 발굴이라는 같은 공간과 같은 시간을 공유하면서 생기는 동질감, 그 어떠한 것과도 바꿀 수 없는 현장에 대한 이

해가 아닐까. 툰치 교수님께서 떠나기 전 마지막으로 해주신 말씀이 생각난다. "In excavation, The most important thing is teamwork." 교수님은 떠나는 날까지도 우리에게 서로에 대한 믿음을 강조하셨다. 이번 나의 터키 발굴을 한 번에 표현하는 말이 아닐까 싶다.

나는 터키에서 발굴을 통해 만난 많은 사람들에게 많은 것을 배웠고 위로와 믿음을 얻었다. 제일 먼저, 터키에서 나의 호잠이 되어주신 툰치 호잠, 그리고 나를 너무나 따뜻하게 보살펴 주신 나의 안네, 데릭 아주머니. 그리고 나에게 서로에게 멋있는 사람이 되자고 약속했던 아이차와 나의 에스키야파르 식구들. 알라카회위크에서 만난 너무나 유쾌하고 쾌활했던 친구들, 나를 첫 번째 코리안 시스터라고 말해주던 메멧과 모든 게 잘 될 거라고 말해주었던 을름 까지 모두 나에게, 앞으로 내가 살아가는 데 있어서 큰 영향을 줄 것이라 생각한다. 또한 나와 함께 터키로 떠나 같은 경험을 공유한 10명의 친구들도 서로 더 돈독한 사이로 발전했다. 터키에서의 서로 의지하며 버틴 시간들은 무엇과도 바꿀 수 없을 것이다.

비록 현장일이 고되고, 말도 안 통하는 타지에서 발굴을 배우고 역사와 문화를 배우는 것이 쉽지는 않았지만, 낯설고 그리운 감정을 이겨내고 많은 내면적 성장을 이루게 해준 이번 터키 발굴은 후회 없는 선택이자 가장 자랑스러운 선택 중 하나가 될 것이다. 그리고 이런 기회를 만들어주신 우리 고려대학교학교 고고미술사학과 교수님들과 앙카라대학교 교수님들께 감사의 말을 전하고 싶다.

올해 2월에 여름방학 터키 발굴 신청소식을 받아 마음에 맞는 친구들과 신청을 했었다. 처음에 겨울에 막연히 신청하게 된 이 프로그램은 시간이 갈수록 구체화되었고, 여름방학이 시작되고, 어느새 출발의 날이 나가왔다. 방학이 시작하고 6주 동안 터키에서 머물 준비를 하고 모인 우리는 7월 12일, 터키행 비행기에 몸을 실었다. 비행기가 떠오를 때 만감이 교차했고, 비행하는 시간동안 즐겁고 재미난 일들이 가득한 시간이 되기를 바랐다.

2016년 7월 13일

우리는 해가 떠오르기 시작한 이른 새벽에 이스탄불의 아타튀르크공항에 도착했다. 그리고는 공항 밖으로 나와서 호텔에서 온 픽업차량을 타고 호텔로 향했다. 차안에서 창밖으로 보이는 다른 풍경에 내가 먼 이국땅에 도착을 했음을 실감할 수 있었다. 숙소로 가는 30여분 되는 시간동안 앞으로 일어나게 될 여정이 무척이나 기대되고 설레었다. 체크인 시간보다 몇 시간 더 일찍 도착하게 된 우리는 장시간 비행으로 피곤할 새 없이 조식만 먹고 로비에 짐을 모아둔 채 밖으로 나섰다. 앙카라로 가기 전 하루의 시간이 있었기에 우리는 이스탄불 답사를 갔다.

거리로 나와 얼마 걷지 않아 사진으로만 보던 이스탄불의 유명 랜드마크들이 한눈에 들어왔다. 아침이라 그런지 거리는 한산하고 날씨도 무척이나 좋아 걸음이 가벼웠다. 그렇게 첫 번째로 도착한곳은 이스탄불 고고학 박물관이다. 터키 최초의 박물관이다. 안 들릴 수 없다. 이곳에서는 다양한 건축 양식과 여러 시기에 걸친 다양한 유물들을 한데 모아두었다. 여러 조각상들에서는 뭔가 이야기를 담고 있는 듯해 그 형상에서 다양한 추측을 해볼 수 있는 재미있는 시간이었다. 박물관을 다 둘러보고 나와 잠시 쉬고 있는데 수많은 고양이들이 진을 치고 있는 광경을 볼 수 있었다. 심지어 기념품가게에 들어가 진열대에 앉아있는 녀석도 봤다. 사람들은 내쫓지도 않으며 의식도 하지 않는다. 일상다반사인 것이다. 바깥에서는 갸르릉 거리며 서로 싸워대고 그 와중에 또 한 놈은 사람 품에 편안히 안겨 쉬고. 이런 광경에 우리만 신났었다. 그러면서 나는 아침부터 걸어 다니면서 생각난 이곳의 독특한 점을 발견했다. 이곳은 정말 많은 개와 고양이들이 아무렇지 않게 거리를 활보한다는 것이다. 사람만한 개들이 얼마나 많이 돌아다니고 여유와 한가함 묻어나오는지 여기는 진짜 개팔자가 상팔자란 소리를 입에 달고 다녔던 기억이 난다.

그렇게 발걸음을 옮겨 이동한 곳은 아야소피아 Ayasofya 성당이다. 이스탄불하면 이곳을 바로 떠올릴 수 있을 정도로 유명하고 웅장하며 멋진 건물이었다. 높은 곳에 어찌나 이리 화려하고 웅장한 것들을 많이 만들어 놓았는지 관람하는 내내 위만 올려다보며 걸었다. 황금으로 된 모자이크와 벽에 새겨진 문양들이 멋진 곳이었다. 내부수리중이라 눈에 담지 못한 부분도 있어 아쉬움도 있었지만 이를 뒤로하고 이곳을 떠났다.

    이른 아침부터 돌아다닌 우리는 근처 식당에서 케밥을 먹었다. 나는 얼마나 배고팠던지 허겁지겁 먹어댔다. 맥주와 함께 먹는 맛은 꿀맛이었다. 만족스런 식사를 마치고 우리는 다음 목적지를 가기 위한 투어 버스에 올랐다. 오후가 되면서 무더위에 지쳐있을 때 2층에 오픈된 버스에서 시원한 바람과 함께 경치를 즐기니 마음이 편안해지고 너무 기분은 시간이었다. 넓게 펼쳐진 바다와 오래된 갈색 건물들이 빼곡하게 펼쳐져 있는 모습을 대교를 건너며 봤던 그 풍경은 정말 잊을 수 없을 것이다. 한참을 달리다 우리는 다음 목적지인 돌마바흐체 궁전Dolmabahçe Saray에 도착했다. 이곳은 바다를 메워서 간척한 곳에 술탄 하흐메트 1세가지은 건물로,

이스탄불 돌체바흐마 궁전에서 다같이

로코코와 바로크양식이 혼재되어 있는 건축미를 자랑하는 곳이다. 이 말처럼 궁전의 외관과 더불어 내부로 들어가게 되면 마치 유럽에 온 것 마냥 아야소피아와는 다른 아름다움이 있었다. 궁전이라 그런지 다양한 방을 구석구석 둘러 볼 수 있었고 마지막에 나타난 거대한 연회장에서는 눈부심과 웅장함에 놀라워했다. 구경을 마치고 나온 뒤 바로 앞 카페 테라스에 앉아 넓은 바다를 보며 아이스크림을 먹고 잠시 쉬는 시간을 가졌다. 터키에서 먹어보는 첫 아이스크림은 쫀득쫀득하니 무척이나 맛있었다. 목구멍으로 술술 넘어갔다. 우리는 다시 순환하는 버스를 타서 처음 출발했던 곳으로 향해갔다. 그러다보니 어느덧 시간은 저녁이 다가왔고 우리는 일정을 마치고 숙소로 돌아갔다. 얼마 안 있어 우리는 숙소 근처의 식당을 찾아가 저녁식사를 했다. 점심과는 또 다른 다양한 음식들이 식탁에 올려 졌고 우리는 술과 함께 서로 많은 이야기들을 나누며 즐거운 이스탄불에서의 마지막 밤을 보냈다.

2016년 7월 14일

장시간 비행에 터키에 도착했을 땐 아침이어서 자는 시간 없이 일정을 진행했기에 나는 시차적응과 더불어 다음날 잘 일어날 수 있을까 했지만 전혀 문제없었다. 다만 시차적응이 뭔지 못 겪어 본 것이 조금 아쉬울 뿐이었다. 이후에도 문제없이 한국에서의 생활을 하듯 시차에 문제없이 생활해서 다행이라고 생각한다. 터키생활 하면서 사람들이 흔히 한다는 물갈이도 없이 건강하게 잘 지낼 수 있었다. 나는 참 건강한가 보다.

  전날 이야기를 나눌 때 어제 일정에서 보지 못한 블루모스크Sultan Ahmed Mosque를 아침 일찍 일어나 가고 싶은 사람끼리 약속된 장소에 모여서 가기로 했다. 너도나도 가자고 말하고 서로 깨워 주자며 그렇게 자러 들어 갔으나 그렇게 잠에서 헤어 나오지 못했고, 그들을 두고 다섯 명에서 한두 시간 남짓한 시간에 블루모스크로 향했다. 터키 역사지구를 대표하는 사원답게 경건하며 웅장했다. 이곳은 신발을 신고 들어갈 수도 없으며 짧은 의상 역시 제재되어 긴 걸칠 것을 받아 두르고 들어가야 했다. 안은 기도를 하는 사람과 구경을 온 사람들로 이른 아침부터 인산인해를 이루었다. 나도 기도하는 그들을 따라 눈을 한번 슥 감아보기도 했다. 시간 탓에 그리 여유로운 구경은 하지 못했지만 일찍 일어나서 나오길 잘했다는 생각을 했다. 블루모스크는 숙소와 그리 멀지 않은 곳이어서 최대한 많이 보고 집합시간에 늦지 않게 도착 할 수 있었다.

모두 갈 준비를 끝마치고 우리는 짐들을 픽업차량에 싣고 앙카라로 가기 위해 아타튀르크 공항으로 다시 갔다. 터키에 처음 도착했을 때도 그랬지만 이 공항은 우리가 오기 얼마 전 공항테러가 일어났던 곳이라 이곳에 오면 나는 뭔가 모를 긴장을 조금 했었다는 것도 잠시 앙카라로 출발하기 전 주어진 자유시간에 배가 고팠던 우리는 곧장 패스트푸드점으로 달려가 굶주린 허기를 채웠다. 먹고 여유있게 둘러보기도 했다.

시간이 되고 우리는 앙카라행 비행기를 탔다. 앙카라는 그리 멀지 않아서 약 1시간 정도 뒤에 도착했다. 비행기를 내려서 나온 우리를 반겨준 건 저번 학기에 먼저 한국을 방문해 학교를 찾아와 즐거운 시간을 갖고 가신 앙카라대학교의 타이푼 교수님이었다. 구면을 만나 그런지 그날 같이 대화를 많이 나누지 않았음에도 무척이나 반가웠다.

공항에서 우리는 교수님들의 차를 타고 앙카라대학교로 갔다. 우리는 녹음이 드리워진 캠퍼스 안에 있는 카페에 모여 앉아 시원한 음료를 마시며 인사와 이야기를 나누었다. 그 뒤에 우리는 터키에 와서 미처 하지 못했던 핸드폰 개통을 하러 번화가로 나갔다. 하지만 왠지 모르게 많은 인원이 개통을 하기가 쉽지 않았다. 우리는 두 세 군데 돌아다닌 끝에 개통을 할 수 있었고 그렇게 오후가 되고 우리는 그곳에서 각자의 현장으로 가기 위해 작별을 했다.

다섯 친구들은 바로 현장으로 출발하였고 나를 포함한 나머지 다섯 친구들은 타이푼 교수님의 집에서 하루 묵고 각자의 현장으로 가게 되었다. 그래서 우리는 시내에서 잠깐 장을 보고 교수님의 댁으로 향했다. 가서는 교수님의 가족의 큰 환대를 받으며 맛있는 저녁식사를 함께했다. 터키에서 처음 먹어보는 가정식인데 입에 너무나 잘 맞아 맛있게 잘 먹었다. 이때 앞으로 있을 생활에서의 음식걱정을 좀 덜었다.

2016년 7월 15일

타이푼 교수님 댁에서 편안한 잠을 푹 자고 일어나 아침을 먹고 본격적으로 남은 우리도 각자의 현장에 가는 길에 올랐다. 한국도로만 생각해서였을까 생각보다 오래 걸릴 것만 같았는데 땅이 넓어서 그런지 차도 그리 많지 않아 시원시원하게 달려 나갔다. 다만 에어컨이 나오지 않는 먼 뒷좌석에서 숨을 좀 헐떡였을 뿐 그렇게 끝없는 허허벌판을 달리고 달려 나온 한 마을에서 터키식 피자인 피데pide를 사서 가다가 길 한복판에 세워놓고 점심 식사를 했다. 처음 먹어보지만 피자와 비슷해 생소하지 않아 잘 먹었다. 한적한 곳에서 편안히 식사를 마친 우리는 나와 예선이의 첫 현장인 에스키야파르Eskiyapar로 계속 향해갔다.

한 2, 30분 더 갔을까, 우리는 금세 에스키야파르에 도착했다. 가자마자 교수님 부부께서 우리를 반겨 주셨다. 모두와 차를 마시며 시간을 보낸 뒤 타이푼 교수님은 나머지 세 명의 친구들을 데려다 주기위해 다음 현장으로 떠났다.

남겨진 우리는 배정 받은 각자의 방에 짐을 풀고 휴식을 가졌다. 모든게 정리되고 혼자 있는 방 침대에 누웠다. 어제부터 아까 전 까지도 있던 시끌벅적함이 사라지고 적막함이 찾아오면서 발굴현장에 왔음이 확 실감났다. 하지만 곧이어 발굴작업을 함께할 조교님, 터키 친구들이 더 찾아왔고 사람이 없던 집안도 활기가 살아났다.

2016년 7월 16일

잠이 들지 못해 침대에 누워 새벽에 폰을 보고 있던 나는 교수님이 계시는 우리 단톡방에 걱정 말고 있으라는, 침착하게 숙소에 있으라는 한통의 톡을 보게 되었다. 다들 자는지 나만 읽었던 터라 물어보지 못해 이해하지 못한 채 폰을 가지고 놀다 잠들었다. 그리고 지난 새벽 그 내용의 이유를 확인할 수 있었다. 별일 없냐는 한국에서의 연락들과 아침식사를 위해 모여 앉아 보는 텔레비전 속 뉴스에서 그 이유를 알 수 있었다. 터키에 군사 쿠데타가 일어난 것이다. 처음에는 어찌하나 당황이 조금 되었지만 나는 하도 떨어진 외진 곳의 발굴현장이기에 크게 걱정할 일이 없었던 것이다. 이후에도 뉴스는 시끌시끌했지만 우리는 평안했다.

2016년 7월 17일

이 나라의 발굴은 절차가 복잡해 보인다. 절차상의 이유로 이곳에서의 발굴은 다음 주 주말이나 되어서야 시작할 수 있다고 한다. 그렇다고 집에만 있기만 하지 않았다. 교수님께서는 우리를 데리고 몇 주 뒤에 가게 될 현장인 알라카회위크Alaca Höyük에 견학을 갔다. 이곳은 유적지이자 작업

알라카회위크의 의례 행렬 부조

이 진행중인 현장이기도 하며 박물관이 있어 복합적인 곳이었다. 이곳에서 자료집에서만 보던 실제 마을과 건물터들의 그 흔적들을 걸으며 둘러보았다. 교수님께서 영어로 친절하게 설명해주신 덕에 이해도 잘 되어 궁금한 걸 되물어 보기도 했다. 한국에서 방문하던 유적지와는 또 다른 느낌이었다. 또 박물관에서 발굴한 유물들을 보면서 앞으로 있을 발굴작업에서 나는 어떤 걸 발견하게 될지도 상상하면서 기대해보았다.

2016년 7월 22일

이곳에 온 지도 어느덧 일주일이 되었다. 이곳 생활에 별 탈 없이 적응을 잘 해서 잘 지내고 있다. 집 주변에 아무것도 없어 하루 종일 집에 있어서 어디론가 나갔으면 하는 찰나에 근처 바자르Bazaar라는 우리나라의 재래

바자르에서 우리에게 사진을 찍자고 하신 어르신과 한 컷

시장과 비슷한 곳으로 장을 보러 가게 되었다. 그곳은 매우 친숙했다. 진짜 우리나라 시장과 별반 차이가 없었기 때문이다. 매주 금요일에 크게 바자르가 열려 아주머니는 항상 이때 장을 보러 나가신다. 가서 흔히 볼 수 없던 먹거리들을 구경하고 짐을 들고 나르며 밥값을 했다.

2016년 7월 23일

드디어 에스키야파르에서의 첫 발굴 작업을 시작하는 날이다. 눈을 떴다. 춥다. 너무 춥다. 터키의 여름은 일교차가 심한지 낮에는 더워 미치겠다가도 해만지면 선선해지더니 밤이 되면 겨울마냥 춥다. 작업 없는 날에 아침 9시에 일어나다 새벽 5시 반에 일어나려 하니 쉬운 일은 아니었다. 하지만 그만큼 일찍 자고 매일 반복되는 일상이 되다 보니 아무렇지 않게 잘 일어나게 되었다. 이른 아침 몸을 덜덜 떨며 일으키고 가볍게 씻고 나와서 한국에서 챙겨온 작업복을 입고 교수님께서 이스탄불에 도착하고 나누어 주신 조끼를 딱! 착용해서 준비를 끝마쳤다. 그리고는 멈추지 않는 콧물에 킁킁대며 현장에 가는 차에 올랐다. 현장은 차로 1, 2분 거리의 아주 가까운 곳에 있었다. 이곳은 흙을 파내면 나오는 게 토기파편이다. 정말 무수히 많은 유물들이 매장되어 있다. 그냥 흙을 파더라도 뭔가 나오니까 그 재미가 쏠쏠했다. 첫 날이라 그런지 요령 없이 작업을 한 탓인지 일과 후 몸이 좀 욱신거렸다. 앞

준비해 간 현장복과 교수님이 주신 조끼까지 딱!

에스키파야르 유적

으로 많은 것을 보고 배울 수 있을 거란 생각이 들었다.

2016년 7월 28일

현장 작업이 끝나자 마자 차에 탄 채로 집을 들리지 않고 바로 마을에 장보러 따라가게 되었다. 조교님과 터키 친구 아이차, 나와 예선이는 마을의 광장 분수대 근처에 앉아 기다리고 있었다. 앉을 자리가 없던 나는 힘들어서 그냥 바닥에 양반다리하고 앉아버렸다. 그러더니 어디선가 같이 일하던 동생 녀석이 오더니 동전을 준다. 영문을 모르는 나는 어리둥절해 하고 있다가 눈치챘다. 내가 거지같은 모습을 하고 있었다는 것을. 순간 다 같이 웃음이 터져 나왔다. 알고 보니 사진도 찍고 있었다. 보고 또 웃었다.

2016년 7월 29일

1주일 만에 단 하루 찾아오는! 금쪽같은 휴일이다. 전날 교수님으로부터 유네스코로 지정된 유적, 히타이트의 수도 하투샤Hattuşa에 간다는 얘기를 들었다. 평소보다 조금 늦은 아침을 먹고 다들 나갈 준비하느라 바빴

231

하투샤에서

다. 그렇게 차를 타고 1시간 쯤 갔을 때 도착한 하투샤는 넓고 높은 곳에 자리하고 있었다. 무척이나 넓어 차로 이동하며 군데군데 내려서 구경했다. 많은 설명도 들을 수 있었고 사진도 많이 찍었다. 좋은 공부가 된 시간이었다. 집에 돌아왔을 때는 해가 졌고 이날 완전 녹초가 되어버렸다.

2016년 7월 31일

집 근처에 밥상에 자주 올라오던 난 같은 얇은 빵을 만드는 곳이 있다고 하여 하루 일과를 마치고 우리를 그곳으로 데려가 주었다. 그리 넓지 않은 벽돌집 안에 아주머니들이 옹기종기 앉아 빵을 만드는 작업을 하고 계셨다. 실제로 눈앞에서 보니 무척 신기했다. 아주머니들은 능수능란하게 빠른 속도로 반죽과 굽기를 반복하고 계셨다. 또 우리가 가서 반죽에 계란을 넣어 만든 다른 빵도 만들어 주셨다. 갓 구운 빵은 정말 맛있었다. 맛이 강한 터키식 피클과 함께 그곳에 둘러앉아 저녁식사를 해결했다.

그리고 이곳은 에스키야파르 집에서 모든 일은 만능으로 도와주는 제

전통방식으로 빵을 만드는 아주머니들

이날 형이 사는 집인데 형에게 아홉 살짜리 남동생 함자가 있다. 시골에서 자라 그런지 동물들과 친하고 날쌔기도 무척 날쌔다. 우리가 자기 사는 곳에 왔다고 키우는 새들도 보여주고 평소보다 더 신나 보이는 모습이었다. 귀여운 녀석.

2016년 8월 1일

어느덧 새로운 달이 시작되었다. 벌써 그렇게 되었나 싶으면서도 한국으로 돌아갈 날이 머지않았음을 느낀다.

전날 같이 지내는 터키 친구들이 본인들의 이름을 한국어로 써 달라며 다들 부탁해 왔다. 나는 하나하나 잘 써줬다. 마지막엔 나와 예선이의 이름도 써 달라고 해서 써주었다. 그리고는 이날 저녁 식사 후 후식시간에 친구들이 티라미수를 가져오는데 낯이 익은 데코가 눈에 띄었다. 바로

우리 이름이 써진 감동의 티라미수

전날 내가 써준 이름을 보고 따라 써 올린 우리 이름인 것이었다. 정말 감동이었다. 너무 기뻐서 사진이 잘 나올 때까지 찍기를 반복했다. 너무 고맙다고, 최고라고 입이 닳도록 말하고 최고로 맛있게 먹었다. 진짜 고마워 Çok teşkkür ederim!

2016년 8월 2일

이스탄불 이후로 각자 현장에서 일하느라 보기 힘들었던 우리 열 명이 드디어 한곳에 모이는 날이다. 우리 현장에서 모였기에 내 집에 손님맞이 하는 기분이고 내가 잘 살고 있는 모습도 보여주고 싶은 기분이었다. 아침부터 친구들을 만날 생각에 들떠있었다. 오후에 우리는 모이기 시작했고 티타임과 함께 지난 2, 3주 동안 있었던 얘기들로 회포를 푸는데 정신이 없었다. 우리끼리 한국말로 막힘없이 시원하게 쏟아냈다. 하지만 그 시간도 그리 길게 이어지긴 힘들었고 바로 또 다들 새로운 현장으로 바꾸어 출발하게 되었다. 나와 예선이는 에스키야파르에 더 있게 되어 이동하지 않았다. 타국에서 나의 동지를 만난다는 게 이리도 반갑고 좋지 않을소냐!

2016년 8월 4일

터키의 하늘은 무척이나 예쁘다. 항상 푸르고 솜사탕 같은 구름이 떠다닌다. 한국에 있을 때 무심코 하늘을 하루에도 몇 번씩 올려다 본적이 있을까 싶다. 볼 때마다 참 좋다.

2016년 8월 5일

또 다시 찾아온 휴일이다. 이번 휴일은 한가로이 집에서 쉬는 시간을 가졌다. 평소 조교님이 두르고 나오는 스카프를 부러워했다. 햇빛 쨍쨍한 이곳 날씨에 그것은 머스트 해브 아이템이었기 때문이다. 그런데 이날 바

해바라기가 있는 풍경

자르에 갔다 오신 조교님께서 나와 예선이에게 스카프를 선물 해 주셨다. 또 너무나 감사했다. 항상 잘 챙겨주셔서 감사할 일이 끊이질 않는다 이 곳은. 이 오즈널 조교님은 한류열풍에 한 몫하고 계신 분이다. 한국드라마를 엄청 사랑한다. 특히 이민호를 사랑한다. 그와 결혼하는 것이 꿈이라고 한다. 하지만 얼마 전 수지와 사귄다는 얘기를 해줘서 그녀의 기분을 우울케 했다. 미안했다. 며칠 뒤 새 남친 이종석과 서인국을 알아내왔다. 정말 다행이다. 그런데 한국에 돌아오고 나서 메시지로 박보검을 그렇게 보내오신다. 축하드립니다.

 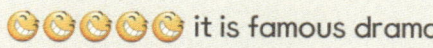

오즈널 조교님의 새로운 한국 남자친구!

2016년 8월 7일

이곳 에스키야파르의 책임자이신 우리 툰치 교수님은 정말 자상하시다. 우리가 하는 모든 행동을 좋게 봐주시고 예뻐해 주신다. 오후에 나와 교수님 둘이서 거실에 남았다. 나는 교수님께 터키어에 대해 이것저것 물어보다. 교수님은 '나는 차를 마시고 싶습니다.'를 터키어로 가르쳐주셨고 나는 외웠다. 그랬더니 무척이나 기뻐하시면서 나의 손을 잡으시더니 집안 사람들이 있는 곳곳으로 데려가 나에게 시키며 자랑하셨다. 무척이나 뿌듯해 하시는 모습에 나까지 뿌듯해 졌다. 보답하고 싶었다. 이날 이후로도 열심히 외치고 다녔다. "나는 차를 마시고 싶습니다."

2016년 8월 10일

에스키야파르를 떠나는 날이 왔다. 계속 있고 싶었지만 현장을 옮기는 일이 불가피해졌기 때문이다. 예정대로 나와 예선이는 알라카회위크Alaca Höyük으로 옮겨갔다. 다정한 교수님, 요리를 너무 잘하시는 아주머니, 다른 친구들과의 대화를 도와준 아이차, 배려 많은 제이넵, 쿨한 내 룸메이트 푸칸, 제이날 형님, 이갈이 한다고 신발을 매일 물어가 아침마다 보물찾기 시켜주는 아기 강아지들. 다시 만날 날을 기약하며.

2016년 8월 11일

새로운 곳에 왔기에 적응을 다시 시작하는데 힘들 줄 알았으나 이곳 터키 친구들이 너무 활기차고 벽이 없는 친구들이라 다행이었다. 목요일 저녁은 휴일을 앞두고 만찬을 즐기는 날이다. 다들 만찬 자리에 맞게

매일 신발을 물러오는 현장 강아지들

멋지게 꾸며왔다. 나도 최선을 다했다. 그러고는 강남스타일을 틀더니 만난 지 하루도 안 된 사람들 앞에서 춤을 시켰다. 이곳을 다녀간 친구들은 다 했다며 동영상을 보여줬다. 힘이 되지 못했다. 할 수 없이 나가 부끄럽지만 열심히 췄다. 좀 더 친해지고 했다면 더 잘 췄을 텐데. 그렇다고 아쉽다는 말은 절대 아니다. 덕분에 더 빨리 친해질 수 있었던 것 같다. 우리는 신나는 밤을 즐겼다.

2016년 8월 15일

평소 간간이 나가서 슈퍼와 카페 등을 갔다 오는 친구들을 쳐다만 보던

마약같은 샌드위치

나와 예선이는 드디어 둘이서 나가 보기로 결심한다. 교수님께 허락을 받고 우리는 밖으로 나갔다. 에스키야파르에서는 주위에 아무것도 없어 돈 쓸 일이 없었는데 드디어 돈주머니 지퍼를 여는 날이 온 것이다. 우선 우리는 현석이가 추천해준 카페로 달려갔다. 그곳에서 샌드위치를 시켜먹었다. 후로 나는 3일간 내내 이 샌드위치를 먹으러 카페에 갔다. 지금도 잊을 수 없는 별미다.

2016년 8월 17일

바깥에서 우리나라의 사물놀이와 비슷한 소리가 하루 종일 들려온다. 물어보니까 결혼식 피로연이 열려 지인과 온 마을 사람들이 모여 잔치를

한다고 한다. 저녁을 먹고 다들 피로연에 놀러간다고 해서 우리도 따라가게 되었다. 우리나라로 치면 마을 회관 같은 곳에 자리를 마련해 많은 사람들이 놀고 있었다. 노래 소리는 크게 울려 퍼졌고 사람들은 둥글게 모여 민속춤을 췄다. 빠질 수 없다. 우리도 친구들과 함께 원에 들어가 노랫소리에 맞춰 민속춤을 추며 둥글게 돌아갔다. 정이 많은 전통이 계속 해

알라카회위크의 친구들

피로연의 한 장면

내려오는 것 같아 훈훈하고 보기 좋았다. 그곳에서 현장사람들과 둘러 앉아 정신없이 놀다 왔다.

    근데 누구 결혼식이지.....?

2016년 8월 18일
고된 일을 마치고 시원한 밤에 밖에서 남자들 끼리 모여 빔프로젝트로 축구를 보면서 맥주를 마시는 기분이란. 사실 축구는 하도 렉이 심해서 본지도 모르겠다. 그래도 최고였다.

2016년 8월 19일
사람이 많아 정신없이 북적대고 활발한 이곳 친구들과의 헤어짐을 하는 날이 왔다. 이전부터 우리 메멧이 입이 닳도록 마음에 든다 하던 조치원표 티셔츠를 건네 주고 많은 사람들과 인사를 나누고 돌아왔다. 정들만 하면 헤어짐을 반복하는 것이 조금 아쉬웠다. 하지만 세상이 좋아졌기에 우리는 SNS에서 만날 수 있으니까 괜찮다.

    그리고 다시 에스키야파르에 다시 돌아온 우리는 사람들과의 재회로 너무 반가워했다. 강아지들도 안 본 사이 무럭무럭 자라 있어 반가웠다.

2016년 8월 20일
교수님께서 에스키야파르에 있는 나와 예선이, 요빈이, 정미와 함께 바깥 나들이를 데려가 주셨다. 차를 타고 달리고 달려 온 것은 큰 공원 같아 보이는 곳이었다. 계속 들어가더니 많은 동물들이 있었다. 내가 터키 동물원에 다 와보네. 동물원을 마지막으로 가본 적이 언젠지 기억도 나지 않는다. 우리는 들뜬 마음에 동물원을 휘젓고 다녔다. 동심으로 돌아간 것 같아 좋은 경험했다. 현장 이외도 많이 이것저것 접할 수 있게 해주는 툰치 교수님께 감사하다.

2016년 8월 22일

오랜만에 다시 현장에 나가 사진촬영을 하고 들어왔다. 전날 요빈이와 정미가 다른 현장으로 가고 그곳에서 지은이와 지연이가 왔다. 그래서 우리 네 명에서 다녀왔다. 현장을 보호해주던 차단막들을 걷어내고 촬영을 시작했다. 교수님께서는 여러 대의 사진기와 렌즈를 들고 오셔서 매번 상황에 알맞은 카메라와 렌즈를 골라 쓰셨다. 나도 직접 들고 보면서 각각의 차이점을 느끼고 어마어마한 가격도 느낄 수 있었다. 완전 조심, 또 조심히 다루었다. 항공촬영을 위해 새 드론을 사셨는데 오류가 생겨 이 날 작동시키지 못해 조종을 못했다.

    막 날아다닐 수 있었는데.

2016년 8월 25일

6주가 언제 다 가냐 언제 다가냐 노래를 불렀는데 다갔다. 출국을 하루 전 앞두고 각지에 흩어져 있던 우리는 모이기 시작했다. 에스키야파르의 나와 예선이, 그리고 퀼테페에 있던 승현이와 현석이 이렇게 네 명을 제외한 친구들은 타이푼 교수님 댁에서 모여 하룻밤 묵었다. 나와 예선이는 우리 현장에 있던 지은이와 지연이를 픽업장소에 데려다 주러 나갔다. 내일이면 만나서 돌아갈 텐데 금방 만난 모두와 헤어지는 게 그리 아쉽지 않을 수 없었다.

2016년 8월 26일

한국으로 돌아가는 터키에서의 마지막 날이다. 에스키야파르에서는 두 번째 작별을 해서 그런지 다들 의연하게, 굳이 말 안 해도 느껴지는 아쉬움과 함께 웃는 얼굴로 헤어졌다.

    이른 아침 우리 쪽으로 도착한 승현이, 현석이와 합류해 앙카라 공항으로 향했다. 앙카라 공항으로 돌아가는 차안에서 터키에서 있었던 일들

앙카라 공항에서 배웅해 주신 교수님들

돌아와서 첫 분식!

을 차근차근 생각해 보았다.

    우리는 모두 다시 만났고, 터키를 떠나갔다.

그 후

한국으로 돌아오고 일상으로 돌아왔다. 그 길다하면 긴 시간을 언제 갔다 왔나 싶을 정도로 오랜만의 일상이 마치 어제부터 이어져 온 것처럼 느껴져서 이상했다. 돌아 왔을 때는 한국의 악명 높았다던 폭염이 물러갔다는 소식이 반가웠다. 근데 이상하게 가서도 안한 물갈이를 한국에 돌아와서 한다고 고생 좀 했다. 참 건강한 건 아닌가 보다.

    글로는 다 할 수 없는 좋은 시간을 보내고 많은 생각을 하고 왔습니다. 이번 발굴은 지금까지의 나를 돌아보고 또 앞으로의 내가 어떻게 해 나가야하는지에 대해서도 곰곰이 생각 해 볼 수 있었던 뜻 깊은 시간이었습니다. 이때의 경험을 떠올리며 다른 새로운 도전 앞에서도 겁먹지 않고 조금은 더 의연하게 이를 마주할 수 있게 되지 않을까 생각합니다.

    마지막으로 우리 모두 안전하고 건강하게 돌아올 수 있게 많은 신경 써주신 모든 분들에게 글로 한 번 더 감사를 전하고 싶습니다. 감사합니다. 또 같이 갔다 온 우리 열명의 친구들도 감사합니다.

잊지 못할 터키에서의 생일 파티

김지은

터키에 도착한 지 3일째 되는 날 새벽, 퀼테페 유적 조사 현장에 도착했다. 그리고 그날 아침, 처음으로 터키의 가정식으로 하루를 시작했다. 우리는 정해진 아침 식사 시간인 오전 여섯 시 반에 맞춰 식당으로 움직였다. 식사를 담당해 주시는 아주머니인 '베디아'는 우리를 문 앞에 세워놓았고 아직 때가 되지 않았다며 기다리라고 했다. 무슨 일이 있나 궁금해진 우리는 주변을 살폈고, 터키 학생들은 익숙한 일 인 듯 자기 자리에서 시간을 때우고 있었다. 강아지와 놀며 기다리다 지친 우리는, 때가 되지 않았다는 말의 의미가 교수님이 아직 이 자리에 함께하시지 않았기 때문이라는 것을 알게 되었다.

터키는 어른을 공경하는 장유유서 문화가 우리나라 보다 더 엄격하게 지켜지는 나라라고 느꼈다. 식사가 다 준비되어도 가장 연장자 혹은 높은 지위에 있는 사람이 식당에 들어오지 않으면 식탁에 앉지 않을뿐더러, 식사하는 곳으로 들어가지 않고 기다려야 한다. 연장자가 식탁에 앉으면 차례대로 식탁에 앉아서 식사를 시작한다. 또한, 식사 시작과 끝에는 항상

에스키파야르의 식사

'잘 먹겠습니다', 혹은 '잘 먹었습니다'라는 의미인 '아피엣 올순Afiyet Olsun'이라고 인사를 하는데 이것 마저도 가장 연장자가 시작하고 끝낸다.

터키의 아침식사를 보면 동서양의 중간에 있어 왠지 모르게 들던 친근함이 사라지게 된다. 터키의 식탁에는 매 식사마다 바게트 빵이 올려지고, 주식이 빵이나 다름없는 식사를 한다.

터키인들의 아침 식탁에는 올리브 절임과 치즈가 빠짐없이 올라온다. 발굴 현장이나 캠프에서도 간단하게 빵과 치즈, 각종 잼들과 간단한 채소를 먹는 것으로 아침식사를 대신하는데, 밥心으로 23년을 살아온 나에게 조금은 적응이 되지 않았다. 또한 유제품을 매우 사랑하는 터키인들인 만큼, 그들은 거의 모든 음식에 요거트를 곁들어 먹는다. 어떠한 기준에서 나온 조합인지 이해하기 힘들 때가 종종있다. 물론 그들은 요거트와 함께 먹으면 더욱 맛있을 음식을 그냥 먹는 우리가 이해되지 않았을 거라 생각도 된다.

큘테페에 머무른지 약 1주일 정도 지났을 때부터 아침을 제외한 매 식사마다 쌀밥이 준비되었다. 감사하게도 교수님께서 나를 포함한 한국 학생들을 배려해주신 거였다. 하지만 터키의 쌀밥 역시 우리가 생각하던 것과 많이 다르다. 먼저 전기밥솥이나 압력밥솥을 이용해서 지은 밥이 아니며, 굉장히 포슬포슬하고 기름진 쌀밥이었다. 처음에는 쌀밥이라는 이

유만으로 너무 기쁘고 맛있게 먹었지만, 나중에 쌀밥을 지을 때 알 수 없는 흰 가루가 들어가는 것을 본 뒤에는 밥 먹을 때 후추가 필수품이 되었다.

터키에서 7일 째, 7월 19일, 충격적인 TEA TIME

터키의 일상생활에서 가장 중요한 것이 무엇이냐 물어본다면, 주저하지 않고 티타임이라고 할 수 있다. 터키인들은 하루 중 몇 번이고 꼭 시간을 내어 '차를 마시는 시간'을 갖는 것이 일상이며, 그 정도로 차를 굉장히 사랑한다. 터키의 어느 곳을 가든 작은 카페 앞에 간이테이블을 늘어놓고 의자에 앉아 작은 컵에 차를 마시고 있는 남자들이 볼 수 있다. 그들이 마시는 것은 터키 홍차로 한 잔에 1리라 이다. 한국으로 따지면 한 잔에 400원 정도.

또한 터키인들은 식사를 할 때마다 이 홍차를 마시기도 한다. 어느 곳은 식사와 함께 마시고, 어느 곳은 식사 후에 디저트로 마시기도 하는데, 맛은 일반적인 홍차와 크게 다를 것이 없다. 그렇지만 단 음식을 사랑하는 터키사람들은 작은 잔의 홍차에 각설탕을 2개씩 넣어서 마신다.

더운 발굴 조사 현장에서 까지 볼 수 있었던 터키인들의 대단한 티타

현장에서 티타임

임 사랑에 놀랐던 적이 있었다. 퀼테페 유적에서 7시에 조사 작업을 시작해서 해가 뜨고 점점 더워지기 시작 할 때에 캠프에서 항상 누군가 뜨거운 홍차와 마늘빵을 가지고 현장으로 왔다. 그렇게 9시 30분 즈음이 되면 자연스럽게 각자 하던 일을 멈추고 티타임을 위해 만들어진 그늘로 하나 둘 모였다.

 처음에는 이 더운 날씨에(하루 중 가장 더울 때는 40도까지도 올라간다!) 방금 끓인 듯한 뜨거운 차를 마시는 것이 이해되지 않았다. 또한 만들어진 그늘이 낡아 그늘지는 곳은 손바닥만 했기 때문에 뙤약볕 밑에서 힘든 일을 하던 중에 뜨거운 차를 마시는 상황이었다. 만약 이곳이 한국이었다면 누군가 시원한 수박 화채를 새참으로 가져다 주었을 텐데… 하지만 역시 인간은 적응하는 동물이었고 어떻게 하면 더욱 잘 적응하여 도움이 될지 자연스럽게 알아갈 수 있었다. 나중에 가서는 조사 작업 중에도 '차를 마시는 시간'을 기다리고, 즐기게 되었다. 홍차에 각설탕을 2개씩 넣어서 마시는 것도 즐길 수 있었다. 누구도 자세히 설명해 준 적 없지만 시간이 지나고 나니, 왜 이 뜨거운 날씨에도 뜨거운 홍차를 마시는지 이해가 되는 것 같았다.

 이런 티타임은 작업이 다 마치고 난 뒤 오후에도 있었다. 단순히 차를 마시고 빵을 먹는 시간이라고 해서 자유롭게 참여하는 것이 아니었다. 이들의 일상이고 하나의 약속이었다. 그렇기 때문에 땀을 잔뜩 흘리고 찝찝한 몸 상태에서도 여유롭게 앉아 홍차를 마시고 터키 친구들과 대화를 나누는 시간을 가져야 했다. 처음에는 어색하고 불편했지만 시간이 지나니 익숙해졌고, 여유로운 이 시간이 기다려지기도 했다.

터키에서 12일 째, 7월 24일, 휴일 전날의 파티

터키의 발굴 현장은 주 6일제이다. 주 5일제로 살아온 우리에게는 조금 충격인 일정이었다. 또한 현장에서는 주말이 사라진다. 현장마다 정해진 휴일이 다른데, 내가 처음 간 현장인 퀄테페의 휴일은 매주 월요일이었다. 그래서 휴일 전날인 일요일에는 저녁식사 후에 하는 실내 조사 작업을 하지 않고 다같이 맛있는 저녁 식사를 만들어 먹는다.

주로 바비큐 파티를 하거나 터키 전통 음식을 피데를 만들어 먹는다. 이 조촐한 파티는 화덕에 불을 붙이는 것으로 시작된다. 연기가 피어날 때 즈음, 음식을 준비하기 시작하고 한, 두 사람 씩 야외 테이블로 모인다. 바비큐는 주로 꼬치에 돼지고기를 제외하고 양고기나 소고기를 끼워서 만든다. 고추와 토마토도 굽고 터키 전통 샐러드도 준비한다. 피데를 먹을 때에는 몇 사람이 주도하여 만든다. 피데는 터키식 피자라고 생각하면 이해하기 쉽다. 밀가루 반죽을 얇고 넓게 펴서 소고기와 야채를 넣어 만드는 것인데, 피자와 한 가지 차이점이 있다면 치즈가 들어가지 않는다는 것이다. 개인적으로 치즈가 들어가지 않는 것이 매우 아쉬웠다. 화덕에서 모든 것이 다 구워 지면 교수님부터 한 사람씩 큰 접시에 각자 자기 몫을 담아 테이블에 앉으면 파티가 시작된다. 음식을 먹다 보면 어느새 해가 지고 교수님은 자연스럽게 들어가신다. 그렇게 되면 진정한 파티가 시작된다. 한 쪽에서는 노래를 틀고 터키 전통 춤을 추기도 하고, 시간이 더 흐르면 학생들끼리 간단히 맥주를 마시기도 한다. 다음날이 휴일이라서 모든 사람들이 부담없이 즐기고 늦게까지 놀다가 서로 마음속에 있던 얘기를 나누기도 한다. 이 시간에 터키 친구들과 가장 재미있게 놀고, 가장 많은 이야기를 나누었던 것 같다.

퀄테페 현장에서의 휴일에는 근처 큰 도시인 카이세리로 가서 쇼핑을 하는 것이 주된 일과였다. 카이세리 포룸이라는 곳에서 일주일간 먹지 못했던 패스트푸드를 마음껏 먹고, 카페에서 커피도 마시고 쇼핑몰에서 필요한 음식과 개인용품을 사기도 한다. 두 번째로 맞는 휴일에는 근처 박물관에 답사도 가기도 하고, 터키 전통 재래시장에도 다녀왔다. 아기자기한 소품 가게가 많아서 그런지 'Japanese Bazar'라고 불리는 카이세리의 시장은 꼭 우리나라 남대문시장 같았다. 전통시장의 모습은 우리나라와 같아 북적북적하고 보기만해도 사람들의 넘치는 정을 느낄 수 있었다.

터키에서 20일 째, 8월 1일, 퀼테페에서 마지막 휴일, 그리고 나의 생일 하루 전

생에 처음으로 외국에서 생일을 맞게 되었다. 사실 나에게 터키는 단순히 외국이 아닌 가장 가보고 싶은 특별한 나라였다. 동서양의 문화가 어우러져 화려하면서도 절제미를 가지고 있는 나라이며, 이슬람에서 비롯된 문화들 또한 터키를 더욱 특별하게 만들어 준다고 생각했다(물론 이 문화들이 모두 긍정적인 모습만을 하고 있는 것이 아니라는 것을 알고 있다). 또 중학생 때까지 취미로 벨리댄스를 배우면서 터키는 더욱 가보고 싶은 나라가 되었다. 중국이나 일본과 같이 가까운 것이 아니라 비행기로 무려 11시간이 걸리는 멀리 있는 나라여서 그런지 가보고 싶다는 갈망이 더욱 커지게 만드는 나라이기도 했다. 그토록 가보고 싶었던 나라에서 생일을 맞게 되었다는 사실 만으로 나에게는 특별하고 잊지 못할 생일이 될 수 있었다.

마침 생일 전날이 휴일인 월요일이었다. 다른 휴일들과 마찬가지로 카이세리에 가기로 했는데, 퀼테페 현장과 카이세리는 차로 약 30분 정도 떨어진 거리에 있었기 때문에 대중교통이나 차를 이용해야 했다. 그 전 까지는 교수님이 차로 데려다 주셨는데 이번에는 처음으로 학생들끼리 가게 되었다. 버스를 타고 가기로 했는데 시외지역이라서 그런지 40분이 기다려도 버스가 오지 않았다. 더운 여름날 도로 한 복판에서 40분이나 버스를 기다리는 일은 한국에서는 한 번도 겪어보지 않은 일이며, 지루하기 그지 없었다.

기다린 지 1시간이 다 되고 있을 무렵 나를 비롯한 한국 학생들이 누가 시키지 않아도 히치하이킹을 시도하기 시작했다. 터키 친구들이 매우

카이세리에서 다함께

당황해 했지만 우리는 더 이상 하염없이 기다리고 있을 수 없었다. 히치하이킹은 생각보다 쉬웠다. 우리가 이 지역에서는 잘 볼 수 없는 동양인이라서 그런지, 터키사람들이 친절해서 인지는 정확히 모르겠지만 약 10명 정도 되는 학생들이 2,3명씩 모여 15분이 채 되지 않는 시간에 모두 히치하이킹을 성공할 수 있었다. 지금 생각해보면 타지에서 그것도 세계 공용어라는 영어도 잘 안 통하는 곳에서 정말 위험한 일이었지만, 잊지 못할 추억 중에 하나가 되었다.

그렇게 카이세리 포럼에 도착해서 점심으로 햄버거를 먹고, 주변을 구경하고 큰 마트에 들렀다. 휴일 다음날은 내 생일이기도 하지만 현장을 이동하는 날이기도 해서 마지막으로 터키 친구들과 먹을 간식거리와 맥주, 음료수 등과 이동하는 중에 먹을 간식을 사기로 했다. 그런데 쇼핑을 하는 중에 내 친구들과 터키 친구들의 반 이상이 보이지 않았다. 순간 답답하고 힘들었지만 찾아 나서는 것이 더 힘들 것이라고 판단하고 혼자 쇼핑을 마저 하고 계산할 무렵 어디선가 친구들이 나타났다. 그렇게 힘겹게 장을 보고 먼저 계산을 마치고 친구들을 기다리는데, 친구들이 굉장히 부산스러워 무슨 일인가 해서 다가갔다. 친구들한테 다가가자 가장 눈에 띈 건 큰 케이크 박스였다! 그제서야 왜 친구들이 사라졌던 이유를 알 수 있었다. 큰 마트에서 케이크를 사러 사라졌던 것이다. 갑자기 그 순간에 답답해 했던 내 자신이 창피하기도 하고 친구들이 너무 고맙고 너무 귀여웠다. 더 귀여웠던 것은 계산할 때 친구들이 부산스러웠던 이유이다. 이 케이크을 끝까지 비밀로 하려고 어떻게 가져갈지 작전을 짜다가 들킨 것이었다. 발굴 현장으로 돌아가는데 40분이 더 걸리는데, 그 큰 케이크를 몰래 가져가려고 했던 친구들이 너무 귀여웠다.

　발굴 현장으로 돌아와서 바로 저녁준비를 했다. 저녁으로 화덕에 터키 전통 소세지를 구워 샌드위치를 만들어 먹기로 했다. 화덕에 불을 피우고, 소세지를 준비하고, 노래를 틀어 놓고 놀면서 저녁준비를 하니 어느새 해가 졌다. 다 같이 모여 샌드위치를 먹으면서 얘기를 하다가 이 현

│ 생일케이크

장의 음식을 담당해 주는 베디아 아들의 결혼식 영상을 반강제로 보게 되었다. 그 영상은 모두들 한 번씩 본 것인지 시작도 하기 전에 지루한 기색이 역력했다.

결혼식 영상이 시작되고 왜 다들 시작도 전에 지루해 했던 것인지 알 수 있었다. 그 영상은 터키 전통 결혼식의 피로연 영상으로 2시간 동안 춤만 추는 모습을 담은 것이었다. 영상이 시작되고 30분 정도 지났을 때 즈음 다들 지친 것 같았고, 한두명씩 사라졌다 나타났다 했다.

그렇게 아무 생각 없이 영상을 보고 있을 때 잠깐 사라졌던 친구들이 케익과 함께 나타났다. 당연히 다음날일 것이 라고 생각하고 있어서 깜짝 놀랐다. 비록 케익은 들켰지만 깜짝 파티는 성공한 셈이었다. 카이세리에서 내내 붙어 다녔다고 생각했는데 언제 샀는지도 모를 소소한 선물들까지 함께 있어서 더욱 놀라고 기뻤다. 케익은 정말 달고 맛있었고 모두 함께 먹기에 부족함이 없었다. 터키에서의 생일파티가 끝날 무렵 나를 제외한 모두가 그날 밤에 깜짝 파티를 알고 있었다는 사실에 두 번 놀랐다. 비록 화려한 생일파티도 아니고 맛있는 음식이 잔뜩 있었던 것도 아니었지만, 내가 가장 가보고 싶었던 나라에서 한국 친구들과 터키 친구들의 진심어린 축하를 받은 이번 생일은 평생 잊지 못할 것 같다.

터키에서 21일 째, 8월 2일, 나의 생일, 터키 친구들과 첫 이별
전날 깜짝 생일파티를 했지만 나의 진짜 생일은 오늘이었다. 다 같이 점심식사를 할 때 교수님께서 준비한 케익과 함께 한 번 더 축하를 받게 되었다. 교수님이 직접 준비해 주셨을 거라고 기대하지 않아서 더 감사했고 감동이었다. 점심 후에는 다른 현장으로 이동해야 해서 분주하게 준비해야 했다.

점심식사를 마치고 터키 친구들과 작별인사를 했다. 서로 인사하고 사진을 찍고, 단체사진을 찍기도 했다. 기념이 될 만한 작은 선물을 주고 싶었는데 따로 준비해온 것이 없어(이 부분은 한국에 돌아올 때 까지 후회되었다) 각자 가지고 있던 공책이나 소품들을 선물로 주었다. 오히려 더 기억에 남는 선물이 될 수도 있을 것이라고 생각하면서 작별인사를 했다.

사실 우리가 큘테페 현장을 떠나기 전에도 몇 명의 터키 친구들과 이별을 했다. 먼저 '소넬'과 '톨가'라는 영어를 하나도 못 했지만 착하고 재미있는 친구들이 있었는데, 예정보다 일찍 집으로 돌아가게 되어 나에게는 가장 먼저 헤어진 터키 친구들이 되었다. 가장 짧게 만났던 친구들이었지만 기억에 남았던 이유는 그 친구들이 헤어지면서 해주었던 말 때문이다. 정확히 말하면 그 친구들은 영어를 하나도 못했기 때문에 주로 번역기를 사용해서 의사소통을 했다.

소넬과 톨가가 집으로 가는 날 새벽, 작별인사를 해주러 온 우리에게 핸드폰으로 번역기를 사용해서 '너 자신을 돌봐' 라는 말을 전해주었다. 그 당시 우리는 터키 발굴 현장에 적응하느라 정신적으로도 힘들었고, 생각보다 빡빡한 일과에 몸도 지쳐 있던 상태였다. 번역기에 뜬 '너 자신을 돌봐'라는 말을 본 순간 다들 울음이 터졌고, 헤어지기가 참 힘들었었다. 자신들은 더 힘들었을 텐데 떠나는 와중에 언어도 안 통하는 외국 친구들에게 따뜻한 말을 전해준 소넬과 톨가에게 너무 고마웠고 감동할 수밖에 없었다.

소넬과 톨가가 떠나고 며칠 뒤, 우리보다 먼저 와있었던 '엘마스'라는 친구가 학교와 집이 있는 이스탄불로 돌아갔다. 엘마스는 같은 여자이기도 하고, 영어로 대화가 가능해서 터키 친구들 중에 많은 얘기를 나눌 수 있었던 몇 안되는 친구 중 하나였다. 저녁 8시부터 10시까지 했던 실내 작업 때에도 항상 같이 있어서 그런지 정이 많이 들었고, 생각보다 많은 얘기를 나누어서 서로에 대해 많이 알아가고 있을 무렵이라 많이 슬펐다.

그렇게 큘테페의 모든 친구들과 작별인사를 하고 에스키야파르로 이동했다. 지금까지는 카이세리 근처 큘테페에 유적에서 발굴조사를 했고,

다음 차례는 초룸 지역에 있는 에스키야파르 유적이었다. 이곳은 퀼테페 북쪽에 위치하고 있었고, 차로 약 6시간이 걸렸다. 점심식사 후 출발해서 저녁식사 시간에 도착하였다. 퀼테페의 친구들과 헤어지는 것은 아쉽고 슬펐지만, 또 새로운 친구들을 만난다는 기대감에 설레기도 하고 각 현장에 흩어졌던 한국친구들이 다 모여 함께 저녁식사를 한다고 하여 기쁘기도 했다.

터키에서 22일 째, 8월 3일, 에스키야파르에서 첫 발굴 조사, 박물관 견학
에스키야파르에서는 새벽 5시부터 발굴 조사가 시작되었다. 각 현장마다 휴일이 다른 것처럼 하루 일과도 다르다. 또한 터키 발굴 현장에서 특기할 만한 점은 현장마다 정부에서 파견된 감찰사가 있다는 점이다. 구제발굴이 많이 행해지는 우리나라와 달리 터키는 거의 대부분이 학술발굴이고, 오랜 시간에 걸쳐 진행된다. 그렇기 때문에 정부의 지원과 함께 감시를 받는다.

우리나라의 여름과 마찬가지로 터키의 여름도 매우 덥기 때문에 발굴 조사를 아침 일찍 시작해서 늦게 끝낸다. 에스키야파르는 일을 일찍 시작한 만큼 어느 현장보다 일을 일찍 마쳤다. 오후 3시가 되면 일이 끝나고 자유시간인데, 휴일이 아니더라도 근처에 박물관이나 유적에 답사를 가기도 했다.

내가 에스키야파르에 머무를 때에는 근처에 있는 알라카회위크 유적 박물관에 답사를 가게 되었다. 알라카회위크에 도착하자 마자 쨍쨍했던 하늘에서 굵은 빗방울이 떨어졌다. 모두들 당황해서 근처 가게에 들어갔는데, 에스키야파르 교수님께서는 히타이트 제 1신이었던 태풍의 신 테슈프가 답사를 온 우리를 마중 나온 것이라고 했다. 아직도 기억에 남은 너무나도 유쾌한 말씀이었다!

히타이트 주요 도시었던 알라카회위크 유적은 발굴 현장 자체가 유적이었으면 아직까지도 발굴이 진행 중 이었음에도 불구하고 관람객들에게 개방이 되어 있었다. 유적 바로 옆에 있는 박물관을 보고 아까 소나기를 피하던 가게 겸 간단한 음식을 파는 식당에서 저녁을 먹었다. 터키에서는 간단한 음식을 파는 가게를 종종 볼 수 있는데, 파는 음식은 우리나라의 빈대떡과 같은 음식이다. 솥뚜껑 같은 것 위에 얇고 넓게 편 밀가루 반죽을 두 장 굽고, 그 사이에 나물이나, 감자 또는 치즈와 같은 것을 넣어서 먹는 음식이다. 그 중에서 감자가 들어간 것은 한국음식 같은 친근한 맛을 냈다.

이러한 작은 가게에서 음식을 먹는 것은 단순히 여행이나 관광으로 와서는 겪어보지 못할 경험일 것이다. 또한 이러한 것들이 진정한 터키의 문화이고 생활이라는 생각이 들어 작은 경험일지라도 소중하게 느껴졌고, 흐르는 시간이 아쉬웠다.

터키에서 24일 째, 8월 5일, 오르타쾨이에서 만난 어른같은 꼬마, 티벳

내가 터키에서 만난 사람들, 친구들 중에 가장 어린 친구가 티벳이었다. 오르타쾨이 유적 현장에서 만나 티벳은 영어교사인 아버지와 함께 매년 여름마다 이곳에 며칠씩 온다고 했다. 아버지가 영어교사라서 그런지 티벳은 영어를 아주 잘했다. 그래서 티벳이 오르타쾨이에 있는 동안 모든 통역을 맡아서 해주었다. 오르타쾨이에 있던 친구들은 대부분 영어를 잘 못해서 간단한

티벳과 우리

의사소통에서부터 저녁에 열리는 세미나에서 오가는 교수님과 선생님들의 얘기까지 모두 티벳이 없었으면 나랑 같이 갔던 한국 학생인 지연이는 꿔다놓은 보리자루처럼 멍하니 앉아있었을 것이다.

  티벳은 13살이고 터키에서는 7학년을 다니고 있다고 했다. 우리나라로 치면 중학교 1학년인 셈인데, 정말 똑똑하고 똘똘했다. 특히 세미나 때 티벳의 똘똘함과 센스가 빛을 발했다. 한번은 점토판을 찾는 기계에 대한 얘기를 하고 있었는데 그 기계는 이 현장에서 직접 주문제작 한 것이며, 지금까지 몇 백개의 점토판을 찾아냈다고 한다. 그런데 티벳은 여기서 멈추지 않고 사실은 그 기계가 50년이 더 된 기계이며, 딱 봐도 오래되 보이고 시끄럽지만 새로 만들게 되어도 지금만큼의 기계를 만들 수 없다는 것까지 통역해주었다. 이 말을 하는 순간 나와 지연이는 웃음이

점토판을 찾는 기계

나왔고 사람들은 티벳이 기계의 나이까지 통역해주었다는 것을 알아차렸다. 선생님들은 그런 이야기는 통역하지 말라고 웃으면서 핀잔을 주었지만 티벳과 나, 지연이는 그저 재미있고 우리에게 필요하고 이야기를 빠짐없이 통역해주는 티벳에게 너무나도 고마웠다.

티벳의 활약은 발굴 조사 현장에서도 이어졌다. 현장 조사하는 내내 동에 번쩍 서에 번쩍 하면서 현장에서 일어나는 모든 일을 도왔다. 보고 있으면 나까지 지칠 것 같이 열심히 뛰어다녔다. 어른스럽지만 아직 어린 아이라서 그런지 현장에서 일어나는 모든 일이 재미있고 신기하게 느껴진 것 같았다. 다들 그런 티벳을 귀엽고 대견하다고 생각했는지 말리지 않고 티벳이 위험해지거나 사고를 치지 않도록 알게 모르게 도와주었다.

하지만 티벳은 우리와 만난 지 3일째 되는 날 어머니가 계시는 여름 별장으로 떠났다. 티벳도, 헤어지는 우리도 너무나도 아쉬웠다. 티벳과 이메일 주소를 교환하면서 오르타쾨이 현장에서 새로운 것을 찾으면 꼭 알려주기로 했고, 그렇게 시작된 이메일은 아직까지도 주고받고 있는 중이다.

티벳이 같이 아침식사를 할 때 아직도 기억에 남는 티벳의 말이 있다. 터키는 우리나라 보다 더 관료제가 일상생활에 녹아 있는 듯 해서, 긴 식탁에 모여 앉아 식사를 하면 교수님과 선생님들 앉는 앞쪽일수록 음식의 종류가 많고 학생들이 앉는 뒤쪽으로 갈수록 같은 잼, 채소라도 종류가 적어진다. 학생들과 같이 식탁에 앉아 아침식사를 할 때 티벳은 마치 '설국열차의 꼬리칸' 같다고 하였다. 대신 우리에게는 초코잼이 있다고 웃으면서 말했다. 물론 영어로 말했기 때문에 알아들은 터키 선생님들이나 친구들이 없었다. 티벳의 재치와 유머에 또 한 번 웃고 감동한 순간이었다.

터키에서 29일 째, 8월 9일. 진짜 터키 전통시장, 오르타쾨이 Bazar
터키에 처음 도착하고 나서 이스탄불을 관광했을 때, 가장 아쉬웠던 점은 터키 전통 바자르를 가보지 못했다는 것이다. 카이세리에서 갔던 바자르는 우리가 보통 생각하는 전통적인 재래시장 느낌이 많이 없었다. 그래서 오르타쾨이의 휴일인 목요일에 바자르에 간다고 해서 전날부터 기대를 많이 했다.

　휴일에는 주로 바자르에 가서 일주일 치 먹을 음식 재료들을 사오는데, 오늘은 특별히 에스키야파르 유적에 있는 교수님과 친구들이 답사를 온다고 하여 평소의 2배가 되는 약 20명 분의 점심식사를 포함하여 더 많은 장을 보게 되었다.

　친구들도 오고 바자르에 갈 생각에 신이 나서 현장복이 아닌 예쁜 옷도 꺼내 입고, 안하던 화장도 조금 하고 바자르에 가길 기다렸다. 평소보다 조금 늦게 아침식사를 마치고 현장을 오고가는 미니버스에 탔다. 바자르는 생각보다 너무 가까웠다. 버스에 탄지 5분만에 내렸기 때문이다. 내가 기대했던 바자르는 매우 크고, 식재료를 비롯해서 생활용품, 없는 것 빼고는 다 있는 큰 시장이었다. 하지만 우리가 도착한 곳은 마을 안쪽에 있는 우리나라로 치면 5일장과 같은 곳이었다. 평소에는 없다가 특정한 날에만 열리는 5일장. 이 곳은 우리가 걸어와도 됐을 법도 한데, 장을 볼 것이 많아 짐이 많아지는 것을 걱정해서 미니버스를 타고 온 것 같았다.

　실망하지 않았다면 거짓말이겠지만, 언제 터키의 5일장을 보겠는가. 아니, 터키에도 5일장이라는 것이 존재하는 지 관광으로 오면 알 수조차 없는 것이었다. 그렇기 때문에 신나게 작지만 알찬 바자르를 꼼꼼히 구경했다.

　터키에서는 각종 채소와 과일이 우리나라와 비교하면 반의 반도 안되는 가격들로 살 수 있다. 가장 충격 받은 것은 수박으로 터키돈으로 약 2리라면 잘 익은 수박을 살 수 있는데, 우리나라 돈으로 약 1,000원 이다. 메론, 복숭아, 체리 등등 많은 과일들이 수박과 비슷한 가격대로 살 수 있다. 또한 소고기, 양고기 등 우리나라에서는 비싼 음식으로 생각되는 것들도 훨씬 싸게 구입해서 먹을 수 있다. 아마 땅이 넓고 여름에는 비가 잘 오지 않고 뜨거운 탓에 식재료가 저렴한 것이라고 생각되었다. 그런 부분에서는 터키에서 사는 친구들이 너무 부러웠다.

작은 바자르였지만 우리는 감자, 토마토, 수박, 메론, 고기, 주전자와 컵 등 정말 많은 음식재료와 생활용품들을 살 수 있었다. 장을 보고 오자마자 점심 식사 준비가 시작되었다. 점심 식사 준비가 다 되어갈 무렵, 에스키파야르에서 손님들이 왔고 그 중에는 우리 친구들도 있었다. 모두들 지난 내 생일 즈음에 잠깐 보고 오랜만에 보는 거라 굉장히 반가웠다. 에스키파야르에서 준비해온 후식까지 먹고 우리는 다 같이 오르타쾨이 현장 답사를 다녀왔다. 많은 선생님들과 친구들이랑 함께 하는 것이어서 그런지 매일 보던 현장이지만 재미있고 신나게 답사를 했다.

터키에서 37일 째, 8월 17일, 다큐멘터리 혹은 드라마. CNN촬영
오르타쾨이에서 일주일이 지나고 레술로글루 유적으로 이동하였다. 레술로글루에 도착하고 며칠 동안은 실내작업을 했다. 주로 토기 세척, 토기 접합과 실측 등을 하고 레술로글루의 더위에 익숙해질 즈음에 현장 조사를 갔다.

현장 조사를 가는 이틀째 되는 날에 터키 CNN 다큐멘터리 촬영 팀이 왔다. 사실 이 촬영팀은 두 번 째 보는 것이다.

처음 CNN 촬영 팀을 본 건 오르타쾨이에서다. 초룸지역에 있는 유적을 돌면서 발굴현장과 발굴캠프에서 일어나는 모든 일들을 촬영하여 다큐멘터리로 제작한다고 하였다. 촬영팀은 외국인인 우리들에게 관심이 많았다. 아무래도 터키의 현장에 외국인 학생들이 발굴 실습하러 온 것이 신기하기도 하고, 자랑스럽기도 했을 것이다.

내가 가장 처음으로 촬영팀의 카메라에 담긴 것은 오르타쾨이에서 아침식사를 준비할 때이다. 오르타쾨이에서는 학생들이 돌아가면서 아침

식사를 준비했는데, 그 날은 나와 터키 친구들 2명이 식사를 준비하는 날이었다. 식사 준비가 끝날 무렵 내가 오르타쾨이 현장에서 음식과 청소를 담당해주는 '에스마 아나'를 찾았다. 이곳에서는 에스마를 '에스마 아나(에스마 엄마)'라고 불렀고, 실제로 그녀는 엄마처럼 따뜻한 사람이었고, 우리 모두를 예뻐해 주었기 때문이다. 영어를 못하는 터키 친구에게 서툰 터키어로 '에스마 아나 어디 있어?'라고 물었고, 친구가 대답을 하기도 전에 촬영팀은 이 모습을 카메라에 담아야겠다고 생각했는지 다시 물어보라고 했다. 카메라가 준비되고 내 바로 맞은편에서 녹화를 하였다. 나와 친구는 괜히 긴장해서 인지 '에스마 아나 어디있어?', '곧 올 거야.'라는 간단한 대화를 3번이나 해야했다. 얼마 후 실제로 에스마 아나가 왔다. 그리고 그녀가 캠프에 들어오는 것, 들어와서 나와 볼키스를 나누는 것 모두 2번씩 촬영했다. 타이밍이 안 맞거나 촬영팀이 만족하지 못했기 때문이다. 이런 반복을 하면서 너무 민망하고, 이게 내가 알고있던 다큐멘터리가 맞는 건가 하는 생각이 들기도 했지만 재미있었다. 무엇보다 내가 좋아하던 엄마처럼 포근한 에스만 아나와 원 없이 진한 인사를 할 수 있어서 좋았다.

    그날은 현장에 가는 미니버스에 타는 것, 버스에서 내려서 현장으로 가는 것 등을 모두 2번 이상 했으며, 걸어가다 가도 촬영팀 카메라를 기다리기도 했다. 발굴 조사 중에도 청동기를 찾았다는 것을 5번 이상 말해야 했고, 나와 지연이에게 흙을 나를 때 쓰는 수레에 거의 눕다시피 앉아서 쉬는 것처럼 연출하기도 했다. 그렇게 촬영팀과 함께 한 정신없는 하루가 지나갔다.

    하지만 우리는 그날의 촬영이 어떻게 녹화되고 편집되었는지 영원히 볼 수 없게 되었다. 왜냐하면 하루동안 촬영한 메모리 카드가 부서졌기 때문이다. 그날 저녁에 메모리 카드가 부숴졌다는 얘기를 전해 듣자마자 하루종일 같은 일을 반복했던 것이 떠올라, 촬영팀 만큼 허무하고 상심할 수 밖에 없었다. 만약 메모리카드가 부숴진 것이 아니라 잃어버린 것이었다면, 나와 지연이 그리고 모든 터키 친구들은 발굴 캠프와 현장을 다 뒤져서라도 찾아내고 말았을 것이다.

다음 날, 우리는 오르타쾨이 식구들과 CNN 촬영팀을 두고 레술로글루로 이동했다. 그리고 며칠 후 다시 레술로글루에 촬영하기 위해 온 CNN 촬영팀을 다시 만날 수 있었다. 오르타쾨이에서 촬영팀 때문에 고생한 것이 생각나기도 했지만 반가운 마음이 더 컸다. 하지만 또 다시 반복에 반복을 거듭하는 촬영이 시작되었다.

오르타쾨이에서 했던 것과 마찬가지로 레술로글루에서도 저녁식사를 하는 것, 아침에 현장에가는 교수님의 캠핑카에 타는 것, 현장으로 올라가는 것 등을 찍었으며 그들이 만족하지 못하면 2번, 3번 다시 촬영했다. 발굴 조사 중에도 내가 터키 친구와 함께 일하고 있는 것, 선생님을 도와 발견된 탄화미를 수습하는 것 등을 촬영했다. 만일 내가 터키어를 할 수 있었거나, 그들이 영어를 잘 했다면 인터뷰도 했을 것이다. 바쁘고 정신 없는 발굴현장에서 촬영팀과 함께하면 더욱 복잡해져서 시간이 빨리 지나갔다. 또 좋았던 점은 촬영팀이 와서 현장의 아침 식사가 풍부해졌다는 것과 교수님과 선생님들을 인터뷰할 때, 조용히 해야했기 때문에 발굴 작업을 쉬었다는 것이다.

촬영팀은 다른 유적들과는 달리 레술로글루에서 하루 적은 이틀 동안 머물면서 촬영하고 떠났다. 오르타쾨이와 레술로글루에서 있던 시간을 모두 합쳐서 3일 정도 밖에 안되는 짧은 시간이지만 그 사이에 또 정이 들고, 이제 막 친해 지기 시작했다고 생각될 때 헤어지게 되어 아쉽고 슬펐다.

그리고 한국에 돌아와서 터키 교수님들 덕분에 CNN에 방송된 다큐멘터리를 볼 수 있었다. 나를 비롯한 초룸 각 유적에서 발굴 실습을 하고 있던 친구들이 나오는 장면이 여러 번 있었고, 찍을 때는 힘들었지만 괜시리 뿌듯하고 자랑스러웠다. 우리가 터키에서 발굴했다는 것을 세계적으로 증명할 수 있어서 굉장히 좋았다.

터키에서 40일 째, 8월 20일, 감사해요, 타이푼 교수님!
레술로글루를 떠나 다시 에스키야파르로 이동하는 날, 다른 유적에서 떠나는 것과 마찬가지로 친해졌던 친구들, 선생님들과 헤어져야 한다는데 참 아쉽고 슬펐다. 특히 레술로글루에서는 담당 교수님이었던 타이푼 교수님과 헤어지는 것이 매우 아쉬웠다.

　다른 현장에서 있던 것 보다 레술로글루에서는 교수님과 함께 있는 시간이 많았다. 교수님이 직접 발굴 조사에 참여하여 대화할 수 있는 시간이 많았고, 종종 순글루 지역으로 함께 장을 보러 가기도 했기 때문이다.

　교수님은 유쾌하고 정이 넘치는 분이셨다. 다른 선생님들, 학생들과 대화하는 것을 좋아하셨으며 재미가 있던 없던 농담하시는 것도 좋아하셨다. 발굴 현장에 있으면서 직접 진행상황을 확인하시고, 현장이 끝난 후 캠프로 돌아와서는 실내작업 하던 친구들에게 하루 일과가 어땠는지 꼭 물어보셨다.

　교수님과는 지연이와 함께 종종 차로 30분 거리에 있는 순글루에 장을 보러 갔는데, 그 지역의 유명인사였다. 어른, 아이 할 것 없이 많은 사람들이 '호잠(선생님)!' 하면서 교수님께 인사했고, 교수님은 넉넉한 웃음으로 대답해 주셨다.

　교수님께 가장 감사하고 감동했을 때도 순글루에서 장을 보고 있을 때였다. 그곳에는 교수님 단골 슈퍼가 있었다. 슈퍼 주인 아저씨와도 굉장히 친해서 우리에게 음료수를 서비스로 주기도 했다. 우리에게 필요한 것들을 주인 아저씨의 아들이 준비해주는 동안 교수님의 통역을 통해 주인 아저씨와 대화를 했다. 하루는 아저씨가 나에게 아버지의 직업을 물었다. 터키는 어느 지원서에나 부모님의 이름을 써야 할 정도로 가족과 혈

통을 중요시 하는 나라이기 때문이라고 생각했다. 아니면 단지 멀리 외국까지와서 발굴실습을 하는 여학생의 부모님 직업이 궁금했을 수도 있다.

하지만 나는 아버지의 직업을 물어보는 데에 대답을 할 수 없었다. 나의 아버지는 2년 전에 돌아가셨기 때문에 뭐라고 대답을 해야 이 분위기를 좋게 이어갈 수 있을까 고민하는 동안 지연이가 대신 대답을 해주었다. 잘 넘겼다고 생각하는 순간 주인 아저씨는 다시 나에게 물어보셨고, 나는 솔직하게 대답했다.

타이푼 교수님은 주인 아저씨에게 나의 말을 통역해주고 그 끝에 'So, 지은 is my daughter.'이라고 웃으면서 나에게 말해주었다. 그 말을 듣는 순간 울컥하여 나도 모르게 눈물이 날 뻔 했다. 어쩌면 순간 어두워졌을 지도 모를 분위기가 따뜻하게 바뀌는 순간이었다. 교수님의 배려와 따뜻한 마음씨에 너무 감사하고 감동할 수 밖에 없었다. 그리고 장을 다 보고 돌아오는 길에 펼쳐진 넓은 들판과 노을이 지는 해질녘, 교수님의 낡은 캠핑카 안에서 흘러나온 'release me'라는 오래된 팝송을 듣던 그 순간을 평생 잊을 수 없을 것이다.

터키에서 44일 째, 8월 24일, 아름다운 터키의 자연, 풍경 그리고 사람들
터키에서 본 아름다운 자연과 풍경들은 매 순간 새롭고 놀라웠다. 내가 갔던 유적들이 대부분 시외지역 혹은 시골에 있었기 때문에 가능한 일이었기도 했지만, 유난히 높은 하늘과 너무나도 입체적인 구름들은 어느 곳에서나 볼 수 있는 한 폭의 그림같은 풍경이었다.

퀼테페에서는 오후 10시에 실내작업을 끝내고 나면 항상 무수히 많은 별들을 볼 수 있었다. 저녁 식사 후에 하는 실내작업을 굉장히 지루했지만 작업실에서 나와 고개를 들어 하늘을 본 순간 지루함은 사라지고 목이 뻐근할 때까지 고개를 들고 하늘을 보게 되었다. 가져간 카메라에 담기지 않아 눈에 열심히 담으려고 노력했다. 크고 작은 별들이 높은 하늘

해질녘

에 가득 차 있는 것은 우리나라 시골에서도 볼 수 없었고 앞으로도 볼 수 없을 것이다.

오르타콰이와 레술로글루는 다른 유적에 비해 더욱 시외지역에 있었는데, 소가 떼를 지어 지나가기도 하고, 캠프 안에 오리 가족이 들어와 놀다 가기도 하였다. 차를 타고 가다 보면, 도로를 건너는 양치기 소년과 양떼를 심심치 않게 볼 수 있었다. 또, 마을 구멍가게 앞에는 짓궂은 어린아

오르타쾨이

이들이 당나귀를 귀찮게 하는 모습을 볼 수 있었다. 그들에게는 일상적인 모습이 나에게는 특별한 풍경으로 다가왔고, 매 순간 카메라에 담고 싶은 소중한 풍경이었다.

터키에서 마주한 아름다운 풍경처럼 터키에서 만난 사람들 모두 아름답고 착한 사람들이었다. 유적마다 우리를 살갑게 보살펴주고 배려해 주셨던 교수님들, 여러 유적에서 만난 많은 터키 선생님들과 친구들, 식당

| 레술로글루 당나귀

에서 만난 종업원들, 히치하이킹 성공하게 해준 운전자들까지 모두들 따뜻하고 좋은 사람들이었다. 낯선 동양 학생들에게 호기심을 가지고, 친절함을 베풀었으며, 우리가 하는 서툰 터키어를 기쁘게 들어 주었다. 우리는 그들에서 무엇이라도 주고 싶어 했고, 그들은 미안해하고 감사해 하면서 더 많은 것을 주려고 했다. 약 50일 동안 만난 모든 터키사람들 통해 국적을 넘어서 느낄 수 있는 우정과 사랑을 깨닫게 되었으며, 다른 나라에서 낯선 사람들을 만나는 것이 얼마나 기쁘고 감사한 일인지를 깨닫게 해주었다.

양떼

딸처럼 보살펴 주신
툰치 교수님 부부를 기억하면서

최지연

지난 겨울, 터키 발굴실습 신청자로 지원할 때만 해도 내가 정말 터키에 가게 될 줄이라고는 상상도 못했다. 친구들, 가족들에게는 '여름방학에 터키로 발굴 갈지도 몰라' 라며 내가 할 수 있는 최대한의 태연함으로 설레는 마음을 숨기며 말했지만, 사실은 수천 년의 역사가 쌓인 유적지 한복판에서의 시간을 상상하니 〈인디아나 존스〉가 절로 떠올랐다.

떠나기 몇 달 전, 터키 교수님들의 방문으로 고고환경연구소에서 국제학술세미나를 열게 되어 터키 고고학에 대해서도 공부하고, 각자 파트를 나누어 답사지도 만들며 발굴실습을 준비해갔다. 터키는 낮과 밤의 기온차가 크니 꼭 스웨터를 챙기라는 아빠 같은 따뜻한 터키 교수님의 마음도 커다란 캐리어에 꾹꾹 담아 총 10명의 학생의 '터키에서의 두 달'이 시작되었다.

발굴단의 인솔해주신 이홍종 교수님, 이희진 교수님과 발굴단 10명이 함께 이스탄불에 도착하여 '이스탄불 고고학박물관', '아야 소피아 교회',

'블루 모스크'를 간단히 둘러보았다. 이튿날, 앙카라로 나누어진 팀별로 유적지로 이동하였다. 팀은 2명씩 이루어져 5개의 팀으로 나누어 일정 기간이 되면 이동하며 5개의 조가 다른 유적지로 이동하여 작업하였다.

터키 교수님들이 한국을 방문 하셨을 때 현장에서 보신 한국 호미가 무척이나 마음에 드셨는지 몇 개나 사가지고 터키로 돌아 가셨다. 그 모습을 보신 이홍종 교수님께서 터키 현장의 선물로 호미 100개를 구입하여 터키 현장으로 각각 나뉘어 질 때 현장에 계신 선생님들께 호미 선물을 하며 잘 부탁드린다고 예쁘게 인사드리라고 챙겨 주셨다. 터키에 가져가기까지 혹시나 검역에 걸리지는 않을까 수량이 너무 많아서 세관에 걸리지는 않을까 모두가 걱정이 많았지만 우여곡절 끝에 터키까지 잘 챙겨 들고 와서 터키 교수님들에게 전해드릴 수 있어서 다행이었다. 지금 생각 해보니 호미 100개라니 마냥 웃기기만 하다.

이번 발굴 프로그램은 히타이트 문화기와 히타이트 문명에 관한 곳들을 전반적으로 발굴 하였다. 우리가 갔던 유적지에서는 대부분 신전, 성, 공방, 왕궁과 같은 유구를 볼 수 있었고 당시에 사용하던 유물들을 발굴할 수 있었다.

첫 유적지는 퀄테페였다. 원래는 지은언니와 내가 둘이서 오게 될 곳이었는데 정미언니와 요빈언니의 트로이 비자에 문제가 생겨서 함께 퀄테페에 오게 되었다. 언니들은 아쉬운 마음이 컸겠지만 나는 언니들이 3명이나 있어서 신나고 설레는 마음이 더 컸다.

퀄테페는 히타이트 제국의 조형으로 여겨지는 카네시 소왕국이 있던 곳으로 지배층이 살던 왕궁이 있는 상부도시와 일반 사람들이 살던 하부도시로 이루어져 있고, 하부도시에는 아시리아에서 온 상인들이 살던 카룸이라는 교역소가 있다. 당시 카룸은 국제 교역의 중심지였다고 한다. 퀄테페는 히타이트 시대의 도시 유적을 발견된 곳으로 퀄테페의 의미는 흙먼지 구릉 이라는 뜻인데 이름처럼 흙먼지가 아주 대단했다. 오후 작업

▎퀼테페 인부 아저씨들과 함께

이 끝나고 종일 코와 입을 가려주던 스카프를 내리면 까만 먼지가 콧구멍에 턱에 곱게 화장하듯 묻어 있을 정도였다.

성벽과 방을 찾아내고, 도자기 편을 수습하며 퀼테페에서의 2주가 되어 갈 무렵이었다. 여느 날처럼 덥고 지치는 하루 일을 마무리하며 트랙터에 장비를 싣고 있었던 때였다. 문득 같이 실습을 온 정미언니의 얼굴을 봤는데 까만 먼지가 잔뜩 묻은 모습이 너무도 짠하고 마음이 찌르르해져서 '언니 왜 이렇게 불쌍해요?'라는 말과 함께 울음이 터져버렸다. '최지연 내가 뭐~'라며 장난으로 받아치려던 정미언니도 울컥 하는 마음에 같이 눈물 흘리며 '언니 나 너무 배고프고 언니는 너무 얼굴이 까매서 불쌍해요'라고 말하니 함께 있던 언니들이 안아주며 한국가서 삼겹살 꼭 먹자며 토닥여 주었던 조금은 부끄러운 추억들도 생생하다.

그때는 정미언니, 요빈언니, 지은언니 그리고 나 이렇게 퀼테페에서 4명만 외국인이자 유일히 현장에 나온 여학생이어서 더더욱 열심히 했었다. 어떤 남학생보다 그리고 대한민국 대표로서 누구보다 잘해내야 한다는 마음과 배고픔 그리고 정미언니의 까만 얼굴은 결국 나를 울게 만들어서 부끄러운 흑역사가 되었지만, 지금은 마냥 깔깔거리며 웃을 수 있는 재미난 추억거리가 생겨서 참 행복하다.

퀼테페는 처음으로 간 곳이자 가장 오래 있었던 곳이라 추억들이 참 많은데, 매일 밤 토기 넘버링 작업까지 끝내고 나면 숙소 옆에 옹기종이 모여 앉아 콜라 한 잔, 맥주 한 캔 마시며 터키 동요도 배우고 쏟아지듯 많은 별도 보며 정이 들었다.

터키 발굴지에는 보통 식사를 도와 주시는 아주머니가 계신데, 퀼테페에도 '베디아'라는 분이 계셨다. 매일 우리 딸 이라고 불러 주시면 나는 '아나 아침'이라고 답했는데, 터키어로 '엄마 배고파요'라는 뜻이었다. 그게 꽤나 웃겼는지 터키 친구들은 내가 퀼테페에서 떠나는 날까지 '아나 아침' 동영상을 찍었다. 나중에는 이상하게 찍힌 나의 사진을 스터디 룸 컴퓨터 배경화면으로 해 두어 놀리기도 하고 웃긴 사진을 편집하여 아직까지도 놀리고 있다. 처음 사귀어서 그런지 유난히 마음이 많이 가는 친구들이 많았던 곳이다.

매주 월요일은 퀼테페 현장이 쉬는 날인데 그 날마다 베디아 엄마는 터키식 피자인 '피데'를 어떻게 반죽하고 토핑은 어떻게 올려야 예쁜지 정말 엄마 마음으로 비법을 알려주셨다. 티타임이면 항상 마늘빵을 해 주셨는데 너무 잘 먹는다고 그 모습을 예뻐해 주셔서 현장 가는 날이면 항상 두어개 더 넉넉하게 챙겨 주시곤 했다. 배탈이 나면 터키식 민간요법인 터키 커피와 레몬즙을 먹는 약도 만들어서 주셨고, 더위를 잔뜩 먹어 밥을 잘 못 먹으면 빵이라도 먹으라며 다 먹을 때까지 혼도 내시는 진짜 엄마였다.

한국에는 종이로 뽑아 쓸 수 있는 간편한 세탁용 세제가 몇 년 전부터 유행하여서 시중에서 쉽게 구할 수 있고 많이들 사용하고 있다. 터키에는 가루 세제를 많이 이용하는데, 베디아 엄마와 같이 빨래를 할 때 종이 세제를 보여드리니 너무 신기하시고 좋아하셨다. 터키에 가서 가장 크게 후회한 것은 따로 터키 친구들을 위한 선물을 준비 해가지 않은 게 가장 마음에 걸렸었는데, 넉넉히 세제를 챙겨 간 덕에 종이 세제 한 상자를 베디아 엄마에게 마지막날에 작별 선물을 드릴 수 있었다. 베디아 엄마에게 받은 만큼에 비하면 한없이 부족하지만 종이 세제라도 드려서 참 다행이었다. 딸처럼 가끔은 밥 투정도 하고 같이 드러누워 휴대폰 게임도 하며 정이 듬뿍 들어서 헤어질 땐 베디아 엄마도 나도 눈물이 절로 나와버렸다.

큘테페에 계신 피키리 교수님께서 실측을 알려주셨는데 교수님께서 말씀하시길, 최신 실측 방법 혹은 현대적인 고고학을 잘하고 잘 아는 것도 중요하지만 기본 원리를 이해하려면 맨 처음의 아날로그적인 방식도 알아야 한다고 하셨다. 그러한 가르침을 바탕으로 옛날 방식의 실측도 가르쳐 주셔서 번갈아 가며 실측도 해보고 직접 유구도 그려보고 한국에서는 사용해보지 않았던 여러 나라의 다양한 도구들을 접해본 '처음'을 가장 많이 경험한 첫 번째 유적지였다.

터키 친구들이 발굴 하던 곳을 도와서 발굴한 게 아니라, 현장에 가자마자 요빈 언니, 정미언니, 지은 언니 그리고 나 이렇게 총 4명에게 하나의 '아치마(트렌치)'를 주시면서 어떻게 땅을 평평하게 발굴하여 땅의 깊이를 레벨기를 이용하여 측정하는지 해수면의 높이에서 빼고 더하는 복잡한 과정을 설명해 주셨다. 이를 영어로 소통하고 이해하고 질문하느라 머리가 빙글빙글 돌기도 했지만, 4명 다 포기하지 않고 끝까지 배워서 나중에는 레벨기 전담이 되었다.

큘테페에 있는 2주동안 '데파스' 라는 토기편도 찾고, 동물 뼈, 건물지, 부엌에서 사용하던 오븐 자리, 성벽, 흑요석, 청동 바늘 등 신기하고 외국

유물 발견 확인서 작성

다큐에서만 보던 유구와 유물들을 보았고, 직접 조사하고 유물을 수습하였다.

매일 밤 토기에 어느 유구에서 발견되었는지 토기 전체 중에 어느 부분인지에 대한 정보를 적는 넘버링을 했다. 때로는 스터디룸 마당에 모두 모여 터키 친구인 빠티가 터키어 선생님을, 한국어 선생님으로는 서승현 선배가 수업을 진행하여 교수님, 베디아 엄마, 터키 친구들 그리고 퀼테페 강아지, 고양이들도 모두 모여 터키어-한국어 교실을 열었다. 그때 배운 터키어가 두 달 동안 터키에서 꼭 필요한 단어와 회화를 표현하는데 가장 일등공신이 되었던 시간이었다.

퀼테페에는 가장 큰 현장인지라 학생도 가장 많고 함께 사는 동물 식구들도 많았다. 쌍둥이 강아지 두 마리, 도도한 고양이 한 마리 그리고 퀼테페에서 15년을 함께 동고동락한 탈춘이라는 할머니 강아지가 있다. 탈춘은 터키어로 계피라는 뜻으로 털 색깔이 계피색 같은 진한 갈색이라서 탈춘이라는 이름을 지었다고 한다. 탈춘은 눈치없는 말썽꾸러기 강아지들과는 다르게 점잖고 눈치도 참 빠른데, 티타임의 시작을 누구 보다 빨리 알아차리고 테이블을 맴돌며 마늘 빵을 위한 애교를 부리면서, 함께 꼬리를 살랑살랑 움직인다.

나이가 워낙 많은 탓에 항상 기운도 없고 숨도 가쁘게 쉬곤 했는데, 퀼테페에 떠나기 몇일 전부터 탈춘이 아프기 시작하더니 결국 동물병원에 입원하게 되었었다. 그러곤 우리가 큐테페를 떠난지 이틀만에 탈춘은 세상을 떠나고 말았다는 소식을 듣게 되었다. 어릴 적부터 강아지를 키워오며 우리 집에도 강아지가 있어서 그런지 탈춘이 무지개 다리를 건넜다는 소식은 너무나도 슬펐다. 탈춘은 지금 큐테페 강아지답게 카룸에 묻혀 큐테페를 지켜주고 있다. 큐테페가 그리운 만큼 탈춘도 그리고 정이 있는 그 곳의 사람들도 너무나도 그리워진다.

큐테페에서의 아쉬움을 뒤로 한 채 두 번째로 이동한 곳은 오르타쾨이었다. 오르타쾨이Ortaköy는 초룸의 북부에 위치해 있으며 최상의 히타이트 유물을 볼 수 있는 곳 이다. 왕궁지, 건물지, 시장터가 발견되었고 빌딩 A에서는 히타이트 문자로 새겨진 명판이 무려 800개가 넘게 발견되었다.

내가 갔을 때에도 명판 찾는 작업을 계속 해왔는데, 운이 좋게도 작은 부분을 발견하여서 하던 일을 멈추고 모두가 박수치며 즐거움을 나누는 시간도 가졌다. 이 곳에서는 청동 바늘, 조각상 주물과 같이 특이한 유물들이 많이 나왔는데 CNN 터키에서 취재를 나와 "호잠 브론즈 블룸!(선생님 청동 나왔어요!)"이라는 장면을 마치 드라마처럼 연출 하였는데 NG가 여러 번 나는 해프닝도 있었다. 사실 이 과정에서 세데프 선생님과 나는 카메라 뒤에서 몰래 몰래 피디님을 째려보며 툴툴거리기도 했다. 그래도 서로 터키에서의 데뷔 촬영이니 예쁘게 나와야 한다며 서로가 서로의 거울이 되어 머리를 다듬어 주었다.

오르타쾨이에 도착한지 그 이튿날, 교수님의 영어 선생님과 영어 선생님의 아들인 11살 꼬마 티벳이 방문했는데, 영어 선생님 아들답게 영어를 아주 유창하게 잘했다. 오르타쾨이에는 영어를 잘하는 학생도 선생님도 없으셔서 소통에 어려움이 있었는데, 티벳이 온 순간부터 티벳은 우리의 통역사가 되었다. 영어를 잘하는 만큼, 아는 상식도 궁금증도 많았다. 현장에 있을때, 티벳은 남자라서 힘이 세다면서 삽질도 도와주고 손수레도 밀어주며 남동생의 역할을 톡톡히 해주었다.

티벳은 한국어도 꽤나 빨리 배웠는데 그 중에서 잘 따라한 건 '누나'라는 단어였다. 매번 부를 때 어눌한 말투로 '누나' 라고 부르며 누나가 하는 건 뭐든지 따라하려 하고 머리는 푸들 강아지처럼 뽀글뽀글해서 전형적인 귀여운 남동생이었다.

오르타쾨이는 다른 유적지와는 조금 특별한 유적지인데, 맨 처음 오르타쾨이를 발견한 건 오르타쾨이 교수님과 교수님의 남편 분과 함께 발견하였다고 한다. 아무것도 없는 허허벌판의 유적지에서 교수님 부부는 첫 삽을 푸셨고, 그 곳에서 40년 넘게 발굴하고 오르타쾨이 연구를 해오셨다. 얼마 전 그렇게 오랜 시간동안 함께 고고학을 공부하고 평생을 사랑한 남편이 돌아가셔서 큰 슬픔에 빠져 오랜 시간동안 발굴을 못하였다는 이야기를 터키 친구에게 듣고 나서는 왜 이리 교수님이 우울해 보이시는지 이해 할 수 있었다. 마음이 편하지 않은 상황에도 우리를 받아 주시고 반가워 해 주신 게 더욱 더 감사해지고 죄송스러운 마음이 들었다.

오르타쾨이에서는 모두가 가족이었다. 실제로 가족은 아니지만, 나이 많으신 어머니같은 세데프 교수님, 큰딸 같이 듬직한 박사님, 모든지 고치시는 만능 무맷 큰형, 그리고 현장의 달인 세믹 작은 형으로 모두들 보수도 없이 그저 오르타쾨이 유적을 사랑하는 마음으로 10년 혹은 20년이 넘게 오르타쾨이에서 일해 오신 분들 이었다. 심지어 무맷과 세믹은 고고학 전공이 아닌 역사학 전공이었다. 어느 날 현장 작업을 하던 중 무맷이 앙카라대학교의 고고학 전공에 합격하였다는 전화를 받게 되어 우리 모두가 박수치고 파티를 하던 날이 있었는데, 늦은 나이에 오르타쾨이에 대한 공부를 더 하기 위해 다시 대학에 입학할 만큼 열정과 사랑이 가득했다.

오르타쾨이 유적지는 넓고 이어지는 건물지가 많아서 유구 별로 연결점을 찾는게 중요한데, 정사각형의 유구를 깊게 판 뒤에 1m 옆으로 같은 크기의 정사각형 모양의 유구를 똑같은 높이로 판 뒤 유구 간의 공통적

오르타쾨이 현장에서 인부 아저씨들과 유물 선별 작업 중

인 토양층이나 연결되는 건물지, 비슷한 유물층을 찾도록 노력했다.

워낙 중요한 유물들이 많이 나와서 항상 흙을 손수레에서 트롤을 이용하여 한번씩 확인한 후에 흙을 버렸다. 내가 있는 동안에만 많은 히타이트 문자가 새겨진 점토판과 청동 유물, 손 제스처가 새겨진 토기판과 같은 신기한 것들을 많이 볼 수 있었다. 오르타쾨이에서 발굴되는 많은 유물들은 보존처리와 수리가 끝나는 대로 바로 초룸 박물관이나 터키 박물관으로 이동시킨다고 하니 얼마나 대단한 곳에서 유물을 직접 본 것인지 실감이 절로 났다. 실제로 오르타쾨이가 히타이트 제국의 핵심적인 유적지로 교수님께서는 훗날 꼭 오르타쾨이 박물관을 세울 거라고 하셨다. 올해부터 교수님이 갖고 있는 연구 자료, 역사적인 자료를 정리하고 계시다고 하시는데 꼭 박물관에 초대해 주시겠다고 약속하셨다.

진귀한 유물이 워낙 많이 나오는 유적이다 보니, 흑요석 유물은 엄청 흔한 것으로 취급되었는데 내 눈에는 마치 보석을 발견 한 듯이 너무나도 예쁘고 반짝여 보여서 마음을 홀라당 빼앗겨 버렸다. 일을 도와주는 아저씨들도 교수님들도 '옵시디언(흑요석) 블룸!'이라며 흑요석만 나오면 나에게 바로 보여주고 내가 기뻐하는 모습을 엄청 즐거워했다. 나중에는 '옵시디언 걸'이라는 별명도 생겼었다.

뿐만 아니라, 오르타콰이 선생님께서 터키 이름도 지어 주셨는데, 'Zafer' 라는 이름으로 승리를 의미한다고 하셨다. 보통 남자 아이에게 쓰는 이름인데 종종 특별하고 씩씩한 여자 아이에게도 붙인다며 'Zafer' 라는 이름을 선물해 주셨다.

터키는 커피가 유명해서 배탈이 났을 때에는 터키 커피와 레몬즙을 먹기도 하고, 커피를 마신 후에 커피 잔 받침에 뒤집어 나오는 커피 찌꺼기의 모양대로 커피점을 보기도 한다. 터키에는 우리나라로 치면 문화재청 같은 기관에서 공무원이 유적지별로 한 명씩 파견되어 정부에 보고하는데, 특히 오르타콰이에 있던 선생님이 커피점 읽는 도사라고 모두들 칭찬하시면서 Zafer의 커피점도 봐주라고 하셔서 덩달아 나도 보게 되었다. 한국에 돌아가면 좋은 일이 엄청 많이 생기고 내년, 내후년에 해외 여행도 많이 다니고 심지어 한국으로 돌아가면 친구들과 여행이 계획 되어 있었는데 그것 또한 맞춰서 신통방통하다고 생각이 들었다.

세번째 유적지인 레술로글루Resuloğlu 유적은 순굴루라는 도시에 위치해 있다. 다른 유적에 비하면 상대적으로 동 떨어진 곳에 있다. 히타이트보다 앞선 시기로, 청동기 시대 취락이 밀집되어 있고 커다란 저장 수혈이 많이 발견되어 초기 계급 사회가 어떻게 발달 되었는지 살펴 볼 수 있어서 역사적인 중요성이 크다고 한다.

이 저장 수혈 안에 들어가서 발굴을 했는데 얼마나 깊은지 사다리를 타고 들어가야만 들어가고 올라 올 수 있었다. 레술로글루의 숙소는 자연 그 자체였는데 낮에는 닭들이 햇살을 쬐러 오고 닭들이 가고 나면 오리들이 숙소 옆에 있는 물가에서 물장구 치다가 쉬러 오고 밤이 되면 동네 개들이 숙소를 지켜주러 오곤 했다.

그래서 그런 탓인지, 침대에서 베드 버그에게 물리게 되었다. 온 몸에 반점이 일어나서 밤새 긁느라 잠 한 숨도 못 자고 간지러울 때마다 찬 물로 씻고 연고 바르며 곤혹을 치르기도 했는데, 아직도 상상만 하면 간지러움이 온 몸에 있는 듯한 느낌이 들 정도로 무척이나 간지러웠다.

레술로글루의 타이푼 교수님은 평소에도 참기름, 간장을 꼭 드실 정도로 한국음식을 좋아하셨는데 하루는 "Korean Food Day"로 정하여 한국식 야채볶음밥을 만들어 대접하기도 하며 마음을 나눴다. 오즈게 라는 친구는 나중에 볶음밥의 레시피를 알고 싶다고 해서 그림으로도 그리고 터키어 사전을 함께 찾아서 레시피를 작성해 주기도 했다. 보통 터키 사람들은 'What's app' 이라는 우리나라의 카카오톡과 같은 앱을 사용하여 소통하는데, 레술로글루의 터키 친구들은 한국 친구들과 많은 이야기를 나누고 싶다며 카카오톡을 다운 받아 아직도 종종 카카오톡을 이용하여 대화도 하고 안부를 묻기도 한다.

이곳에서 유난히 아쉬움이 많이 남아있는데, 더위를 먹는 바람에 레술로글루에서는 매일 같이 코피 흘리며 더위와 싸우느라 현장을 많이 경험 하진 못했다. 아쉽지만 실내에서 토기 복원 작업과 소금이 붙어있는 토기를 세척하는 작업을 하며 유물을 자세히 볼 수 있었다.

타이푼 선생님과 함께 오르타쾨이에 있는 승주와 주석이를 데리러 가는 날이었다. 그 날 점심은 길에서 먹을 거라며 슈퍼에 들려 참치캔, 양파, 콜라를 사고 빵집에 들려 방금 막 구워진 바게트 빵을 사들고 오르타쾨이로 향하던 중 멋진 호수가 보이는 길가에 차를 세워 뚝딱 뚝딱 참치샌드위치를 만들어 먹었다. 선생님의 차는 본래 캠핑을 위한 캠핑카로 캠핑을 원래 즐겨하시고 음악과 여행을 사랑하시는 유쾌한 선생님의 성격이 다 담긴 자동차이다. 태어나서 처음으로 참치 샌드위치를 통해서 생양파를 먹게 되었는데 왜 여태 먹지 않았나 싶을 정도로 너무나도 상쾌하고 맛있었다. 한국에 가서도 꼭 간단하고 건강에도 좋은 참치 샌드위치를 해 먹어야 겠다고 생각했다.

터키에서 한국으로 떠나기 전 날에는 타이푼 선생님께서 앙카라에 있는 집에 초대 해주셨다. 승주, 주석, 요빈 언니, 정미 언니, 지은 언니 그리고 나까지 초룸에 있는 한국 학생들을 모두 선생님 집에서 같이 디너 파티도 하고 하룻밤 편히 묵게 해 주셨다. 타이푼 선생님의 아내 분과 따님도 만나 뵈었는데, 우리한테만 다정하신 거 뿐만 아니라, 집 주변에 있는 길고양이들의 밥도 챙겨 주시고 친절하고 따뜻한 마음을 갖고 계신 분들이었다. 특히 타이푼 선생님과 아내 분은 여전히 알콩달콩 사랑이 넘치시는 모습이 우리 모두가 부러움에 빠지기도 했다. 얼마나 타이푼 선생님이 인간미와 사랑이 가득하신 분인지 다시금 알게 된 시간이었다.

마지막으로 머물렀던 유적지는 에스키야파르 유적이다. 이 곳은 전 시기의 문화층이 다양하게 다 확인되어, 주변 유적과 출토 유물의 편년 작업에 기준이 되는 곳이다. 아쉽게도 우리가 갔을 때에는 발굴을 하기 위한 준비 작업 기간이었다. 발굴을 본격적으로 시작하게 되면 다른 곳에 비해 더 많은 문화층을 확인 할 수 있어서 고고학적인 풍부한 경험을 할 수 있을 거라고 말씀해 주셨다.

에스키야파르에선 전자 레벨기를 이용하여 레벨을 찍었는데, 검은색으로 칠해진 측정자를 들고 측정 하고 싶은 곳에 가져다가 잡고 있으면 전자 레벨기가 그 검은 부분을 빛으로 반사하여 정확한 높이를 다 계산한 후 완성된 값을 보여주는 레벨기 였다. 큘테페에서는 레벨기의 기본적인 원리를 배워 직접 계산하며 이해 했다면 에스키야파르에서는 그 원리를 응용하고 발전 시킨 레벨기를 보게 되어서 한 순간에 다른 시대로 온 기분이 들기도 했다.

　카메라 또한 굉장히 신기하고 좋은 것을 사용하고 있었는데, 더 정확히 말하자면 카메라가 좋다기 보다 렌즈가 어마어마하게 비싸고 좋은 것이라고 하였다. 툰치 선생님께서 렌즈를 조심스레 닦으시며 이 건 내 돈으로는 절대 사지 못하고, 정부에서 프로젝트 지원비를 받아서 사게 되었다며 뿌듯한 아빠미소를 지으시며 자랑하셨다. 겉보기엔 CCTV 같이 둥글게 생긴 렌즈인데 찍고 난 사진을 보면 입체감과 정확도가 확연히 다르다는 것을 알 수 있다.

　에스키야파르 유적지는 다른 유적지에 비해 벌레가 적었지만, 흙이 축축한 탓에 조금만 땅을 들춰도 지렁이가 후두둑 나타나곤 했다. 그래서 방심한 탓인지, 마지막 날에는 수도를 틀어 손을 씻다가 작은 벌 한 마리가 손가락을 톡! 쏘고 가는 바람에 너무 놀라서 눈물 바람을 해버렸었다. 난생 처음 벌에 쏘여 본 느낌이 주사를 맞은 것보다 더 아파왔고, 꽤나 야무지게 쏘았는지 벌에 쏘인 오른 팔도 점점 저려오고 귀도 멍멍해져 왔었다. 다행이도 벌 알레르기는 없어서 발진과 쇼크는 없었지만, 아직도 손가락에 흉터가 남아있을만큼 작지만 고약한 벌이어서 지금도 얄밉기만 하다.

　에스키야파르 교수님이신 툰치 선생님과 아내 분은 아이가 없으셔서 이제 너희가 우리 딸이라고 불러주시고 정말 딸같이 하나부터 열까지 다 걱정해주시고 챙겨 주셨다. 특히 아내 분은 얼마나 다정하신지 때를 놓치고 밥을 못 먹고 급하게 다른 곳을 가야 할 일이 생기면, 어떻게든 먹을 것을 챙겨서 차에다 갖다 주시면서 배고플 때 언제든 먹으라며 챙겨 주시곤 했다. 음식 솜씨 또한 최고였는데, 매끼마다 케익이면 케익 과일이면 과일 맛있고 달콤한 디저트를 만들어 주셔서 배도 당도 든든히 채워 일을 더 열심히 감사히 할 수 있었다. 쉬는 날에는 교수님께서 유네스코 세계문화유산인 히타이트의 수도 하튜샤 유적, 에스키야파르에서 가까운 알라카회위크, 그리고 그 위에 위치해 있는 초룸 박물관 등에 데려가 주시면서 우리가 최대한 많이 보고 배울 수 있도록 도와 주셨다.

에스키야파르에는 한국 드라마 광팬인 조교님이 있으셨는데, 한국 사람인 나도 모르는 드라마 뿐만 아니라 드라마 OST까지 꿰고 계셨다. 장난도 많고 유쾌한 분이셔서 배우 이민호가 조교님 남자친구라고 소개해 주시길래, 수지 라는 가수랑 사귀고 있다고 말해주니 진심으로 우울해하시면서 이제 그럼 배우 이종석이 조교님 남편이라며 농담하며 장난치곤 했다. 항상 춤과 노래를 좋아하시며 '농담이야Shaka Shaka'라는 말을 둘이 종일 내내 달고 살며 눈만 마주치면 장난 치곤 했다.

서로 다른 매력을 가진 4개의 유적지는 다른 문화층, 다른 유물들, 다른 토층을 보였지만 사람들만큼 모두 정이 넘치고 의리있다는 공통점이 있었다. 왜 옛날부터 형제의 나라 터키라고 하였는지 다시 한 번 알 수 있었던 시간들이었다.

터키에서의 40여 일간 동안, 다큐멘터리에서만 보던 멋진 유적지를 내가 발굴 했다는 것도, 서툴고 부족한 영어로 부딪히며 소통했다는 뿌듯함도 물론 크지만, 그동안 내가 대학에 입학하여 우물 안을 벗어나 바다를 만났다고 생각했는데 한없이 아직 부족했다는 걸 깨닫게 된 시간이기도 했다. 물론, 처음엔 터키 학생들과 보이지 않는 신경전도 있었고, 매일 먹는 토마토와 빵 말고 시원한 된장찌개가 먹고싶어서 서러워 눈물 나기도 했었다. 한편으로는 땀에 절어 햇빛에 까맣게 타 버린 얼굴이 미워 보여서 고고학이 멋없다고 심통난 생각도 해보았지만 그럼에도 불구하고, 감히 말하자면 내 인생에서 가장 멋있고 뜨거운 기억이 아닐까 라고 생각한다.

선생님들과 선배님들에 비하면 나는 아직 병아리도 되지 못하였지만, 터키에서의 두 달동안의 시간이 나를 이제 조금은 계란에서 혼자 깨고 나오게끔 만들어준 원동력이 된 것 같다.

정성을 다하고 진심을 다 하면 모든 게 가능할거라는 이홍종 교수님의 말씀처럼 마음을 다하니 터키 친구들과 마음을 나눌 수 있었고 고고학이라는 학문 하나로 문화를, 사람을, 꿈을 다시금 배우고 자라게 된 값지고 값진 시간이었다. 이렇게 멋진 고고학을 어찌 안 좋아할 수 있을까.